Achim Neubarth

Führungskompetenz aufbauen

Achim Neubarth

Führungskompetenz aufbauen

Wie Sie Ressourcen klug nutzen und Ziele stimmig erreichen

GABLER

Bibliografische Information der Deutschen Nationalbibliothek
Die Deutsche Nationalbibliothek verzeichnet diese Publikation in der
Deutschen Nationalbibliografie; detaillierte bibliografische Daten sind im Internet über
<http://dnb.d-nb.de> abrufbar.

2. Auflage 2011

Alle Rechte vorbehalten
© Gabler Verlag | Springer Fachmedien Wiesbaden GmbH 2011

Lektorat: Stefanie Winter

Gabler Verlag ist eine Marke von Springer Fachmedien.
Springer Fachmedien ist Teil der Fachverlagsgruppe Springer Science+Business Media.
www.gabler.de

Umschlaggestaltung: KünkelLopka Medienentwicklung, Heidelberg
Druck und buchbinderische Verarbeitung: MercedesDruck, Berlin
Gedruckt auf säurefreiem und chlorfrei gebleichtem Papier
Printed in Germany

ISBN 978-3-8349-2413-1

„Dem Gehenden schiebt sich der Weg unter die Füße.“

[Martin Walser]

Karen in Dankbarkeit gewidmet

Inhaltsverzeichnis

Einleitung

Im Jahre 1492 entdeckte Christopher Columbus Amerika und schlug damit ein neues Kapitel im Zeitalter der Entdeckungen auf. Diese bahnbrechende Entdeckung veränderte unsere komplette Weltsicht und eröffnete uns neue Möglichkeitsräume. Natürlich ist seitdem viel Zeit vergangen und der Bezug zum modernen Management scheint vordergründig betrachtet auch nicht gleich einsichtig zu sein. Doch wenn Sie der Ansicht sind, heutzutage gäbe es keine neuen Kontinente mehr zu entdecken, ja diesbezüglich gäbe es nichts Neues mehr unter der Sonne, so irren Sie. Richteten sich früher die Blicke nach außen, um Neuland zu erobern, so richtet sich unser heutiger Blick eher nach innen. Tag für Tag, Woche für Woche arbeitet gegenwärtig eine ganze Forscherarmada daran, den vielleicht interessantesten und komplexesten aller Kontinente überhaupt zu entdecken. Diese „terra incognita", dieses geistige Neuland ist das menschliche Gehirn.

Die moderne Hirnforschung entdeckt heute fast täglich geistiges Neuland, indem sie die Funktionsfähigkeit unseres Gehirns immer besser zu entschlüsseln versteht und daraus praktische Erkenntnisse für unseren Führungsalltag ableitet. So treffen wir z. B. tagtäglich über 20.000 Entscheidungen. Viele dieser Entscheidungsprozesse verlaufen intuitiv und werden von unserem Unterbewusstsein gesteuert. Doch nach welchen inneren Gesetzmäßigkeiten verlaufen diese Entscheidungsprozesse genau?

Bekannterweise sind nicht alle Entscheidung, die wir treffen, zwangsläufig gut und richtig. Wie können wir demnach die Wahrscheinlichkeit erhöhen, die Spreu vom Weizen zu trennen und stimmigere Entscheidungen fällen?

Um mehr Trennschärfe in diese nebulösen Vorgänge zu bekommen, ist es notwendig, die eigene Sicht der Dinge qualitativ wertvoll erweitern zu können. Wenn Ihr Führungsverhalten an qualitativem Gewicht zulegen soll, dann braucht es Perspektivenvielfalt anstatt Ideenarmut. Es bedarf deshalb des Blicks auf benachbarte Wissensfelder, um dieses oft brachliegende Potenzial wirkungsvoll für die eigene Zielerreichung nutzen zu können. Es ist nun mal so, wie Johann Wolfgang von Goethe es auf den Punkt bringt: „Getretener Quark wird breit – nicht stark."

Deshalb werden in dem vorliegenden Buch neueste Erkenntnisse der Neurobiologie, der Organisationswissenschaft und der Lern- und Verhaltensforschung zum Thema Führungsverhalten vorgestellt.

Folgende Fragestellung ziehen sich wie ein roter Faden durch dieses Buch und geben Ihnen beim Lesen Sicherheit und Orientierung:

- Was zeichnet eine gute und wirkungsvolle Führungskraft aus Sicht der modernen Hirnforschung heutzutage aus?

- Wie genau können Sie Ihr eigenes Führungsverhalten wirkungsvoller reflektieren und neue attraktive Wahlmöglichkeiten daraus gewinnen?

- Was ist z. B. der neueste Stand der Hirnforschung in Sachen Entscheidungsfindung?

■ Welche Einflussfaktoren sind am Entscheidungsfindungsprozess beteiligt und wie kommen wir zu klugen und tragfähigen Ergebnissen?

■ Wie führen wir „gehirngerecht" uns selbst und andere wirkungsvoller?

■ Was motiviert uns wirklich?

■ Wie wecken wir bei uns selbst und anderen Interesse und Neugierde?

■ Wie können wir unsere Ziele angemessen und realistisch erreichen?

■ Welche Megatrends werden unser Arbeitsleben in Zukunft bestimmen?

■ Wie können wir die zunehmende Veränderungsdynamik konstruktiv nutzen und in Tatkraft verwandeln?

Ein erfolgsorientiertes Selbstmanagement hat auch eine ganze Menge mit einer stimmigen Emotionsregulierung zu tun. Die immer komplexer werdenden Aufgabenprozesse verlangen eine ausbalancierte Selbstführung von jedem Einzelnen. Viele Führungskräfte leiden heute an dem Gefühl, mit den steigenden Ansprüchen nicht mehr Schritt halten zu können: ständig neue Ideen generieren, passgenaue Lösungen finden, kontinuierliche Verbesserungen, hohe Qualität sicherstellen, Schnelligkeit und die viel beschworene Flexibilität. In Bayern nennt man dies: die Eier legende Wollmilchsau. Wer kann das schon alles komplett leisten? Ein solches Fabelwesen gibt es nicht.

Deshalb erfahren Sie in diesem Buch auch, wie Emotionen unsere Gegenwart, unser Denken und Handeln beeinflussen und bestimmen. Um erfolgreich handeln und führen zu können, brauchen wir den Zugang zu unseren Gefühlen, um in schwierigen Situationen gute Entscheidungen treffen, optimale Wege zur Problemlösung zu finden und mit Veränderungen gezielt umgehen und Erfolg haben zu können.

Außerdem wird Ihnen aufgezeigt, wie Sie die Stärken der emotionalen Selbstregulierung für sich konkret nutzbar machen. Sie erwerben Einblicke und Kenntnisse, sich selbst und andere bewusster wahrzunehmen, Ihre eigenen Kraftquellen umfassender zu nutzen und sich selbst und andere effektiver zu führen. Mit mehr Selbsterkenntnis und Bewusstheit treten Sie spürbar authentischer, somit glaubwürdiger auf. Mit mehr Menschenkenntnis können Sie auf andere verständnisvoller und differenzierter eingehen sowie Klima, Kooperation und Motivation im eigenen Wirkungsfeld positiv beeinflussen. Und: Ein kluges Emotionsmanagement ist heutzutage ein Karrieretreiber.

Noch eine persönliche Bemerkung vorweg: In zahlreichen Seminaren und Einzelcoachings habe ich beobachtet, dass viele Menschen beruflich wie privat in wichtigen Fragen eher reagieren, als zu agieren. Sie verhalten sich bildlich gesprochen wie Wartende an einer Bushaltestelle: Menschen stehen an einer Bushaltestelle und warten, dass der Bus kommt, um sie an den gewünschten Zielort mitzunehmen. Doch so mancher Bus kommt zu spät oder gar nicht. Besser wäre es hingegen, sie schlüpften selbst in die Rolle des Busfahrers, analog dem Motto:

„Versuche stets, der Busfahrer deines Lebens zu sein und nicht einfach an der Haltestelle zu warten und dich dorthin mitnehmen zu lassen, wo andere gern hin möchten."

Ein solch gewünschtes eigenverantwortliches Handeln ist jedoch nicht angeboren, sondern wird nur in der aktiven Auseinandersetzung mit den Herausforderungen des Lebens erworben. Dreh- und Angelpunkt ist hier die Entwicklung der eigenen Persönlichkeit. Nur wer sich ausreichend gut kennt, die eigenen Stärken, aber auch die eigenen Schwächen, förderliche und selbst sabotierende Muster im Denken und Handeln reflektieren kann, der kann ein starkes Selbstkonzept entwerfen. Dies ist dann die Basis, die Stabilität, innere Festigkeit und eigenverantwortliches Handeln gewährt. Somit gelingt es auch leichter, sich gegen ärgerliche Reize von außen unabhängiger zu machen und stets das Große und Ganze im Auge zu behalten.

Dazu lädt Sie die Lektüre dieses Buches herzlich ein.

1 Die Tatkraft der vier Basisemotionen

„Was dem Herzen widerstrebt, lässt der Kopf nicht ein."

[Arthur Schopenhauer, Die Welt als Wille und Vorstellung]

Die Kernbotschaft lautet: Jedes Ereignis ist unmittelbar mit Emotionen besetzt. Diese Basiserkenntnis liefert Treibstoff für die eigene Reflexion, löst eine Denkrichtung aus, beeinflusst unser Verhalten aktiv und prägt unser ganzes Leben. Unsere Gefühle und unser Verhalten sind deshalb unmittelbar aneinander gekoppelt, damit wir eine bessere Überlebenschance im heutigen Alltagsdschungel haben, vorhandene Fakten besser analysieren und bewerten können, um letztendlich klügere Entscheidungen zu fällen.

Erinnern Sie sich noch an die Fußball-Weltmeisterschaft 2006 in Deutschland? Natürlich tun Sie das, welch eine Frage. Das war Emotion pur. Die Freude, die von diesem Großereignis ausging, hat Deutschland in ein ganz neues Licht gerückt und der Welt eindrucksvoll bewiesen, wie viel Veränderungsenergie ein solches Großereignis freisetzen kann. Wie ein Lauffeuer ging die Kunde von einem neuen Deutschland um die Welt. Selbst in der „New York Times" war darüber zu lesen: Diese Stimmung müsste man in Flaschen abfüllen und in die ganze Welt versenden.

Eine Welle der Emotionalisierung rollte über das Land und sorgte für eine enorme Veränderungsdynamik, die einen neuen Lebenstrend markierte – die Emotionalisierung unseres Lebens. Dass wir hier tatsächlich von einem Trend und keiner Eintagsfliege sprechen können, verdeutlichen auch zwei weitere Gegenwartsphänome mit gravierenden Auswirkungen: die Wahl Barack Obamas ins Weiße Haus und die Bankenkrise 2008.

Die US-Wahl Barack Obamas zum ersten farbigen Präsidenten der USA wäre ohne die Nutzung der emotionalen Tatkraft nicht denkbar gewesen. In Obamas Slogan „Yes, we can!" manifestiert sich jene emotionale Antriebskraft, die einen notwendigen gesellschaftlichen Wandel erst möglich macht: Change, also der Mut zum Wandel, trifft in authentischster Manier den Zeitgeist, den Nerv der Menschen. Die Parole des Wandels und der aktive Aufruf „Yes, we can!" schaffen Gemeinsamkeiten und lösen bei den Menschen pure Emotionen wie Freude aus und die Gewissheit, den anstehenden Wandel auch erfolgreich gestalten zu können. Dieses Gefühl der freudigen Erwartung einer besseren Zukunft dient als Initialzündung für einen Neubeginn, einen Wechsel, der zum Handeln und Mitmachen aller einlädt. Die Vision von einem neuen Amerika, die dahinter steht, setzt neue Kräfte frei. Sie löst Handlung aus: Menschen feiern nach der erfolgreichen Wahl auf den Straßen, weinen vor Freude, liegen sich in den Armen. Barack Obamas Mantra „Change" liefert die Antwort auf einen ethischen Imperativ: Ja, wir können unser Leben ändern! Ja, wir sind in der Lage, den eigenen Kurs aktiv in die richtige Richtung zu lenken. Hier zeigt sich die positive Tatkraft der Freude in ihrem schönsten Gewand.

Vorsicht: Bloße Kopien wirken nicht

Dass solche emotionalen Phänomene nicht einfach eins zu eins auf deutsche Verhältnisse übertragbar sind, zeigte sich auf dem SPD Parteitag in Nürnberg 2008. Hubertus Heil, Generalsekretär der SPD, lieferte ein geradezu klassisches Beispiel für emotionale Inkompetenz: Während seiner Rede fordert Heil die Delegierten auf, auch mal gemeinsam den Slogan „Yes, we can!" laut zu sprechen. Was passierte? Nichts passierte. Daraufhin wiederum Heil: „Leute, ich kann Euch nicht hören, bitte nochmal lauter,…Yes? We? Can?"

Doch auch dieser Appell verhallte bei den Delegierten wirkungslos. Das Problem hierbei: Die Aktion wirkte aufgesetzt, wenig stimmig, holte die Menschen emotional nicht da ab, wo sie augenblicklich waren. Heils Angebot wirkte auf die Delegierten zu fremdartig und lief deshalb ins Leere.

Nur authentische Emotionen wirken nachhaltig

Schon hier wird deutlich: Damit Emotionen ihre ganze Kraft entfalten können, müssen sie authentisch sein. Emotionen können erst dann ihre ganze Heilkraft entfalten, wenn sie stimmig sind, zur Situation passen, eine atmosphärische Grundstimmung angemessen zum Ausdruck bringen.

Auch die Bankenkrise im Jahr 2008 zeigte eindrucksvoll den hohen Grad einer zunehmenden Emotionalisierung des öffentlichen Lebens.

Der rabenschwarze 15. September 2008 war der Tag, an dem die US- Investmentbank Lehman Brothers zusammenbrach und eine weltweite Krise des Finanzsystems auslöste. Als Leitfigur galt zuvor der Homo oeconomicus, der fernab aller Gefühle nur dem nackten Verstand, seiner kalten Logik vertrauend handelte. Der Zusammenbruch des weltweiten Finanzsystems, das klägliche Versagen der vorhandenen Finanzkontrollsysteme verwandelten nun aber diesen Homo oeconomicus blitzartig in einen Homo emotionalitas, also in ein Wesen, das nicht mehr rational handelt, sondern Gefühle zeigt und dabei eine verheerende Kettenreaktion auslöst. Gier und Euphorie folgten Angst und Panik – kurzum ein Beispiel für: Gier frisst Hirn.

Die Gier der Banken und Anleger, ohne große Anstrengung schnell reich werden zu wollen, verführte zu Leichtsinn und katastrophalen Fehlern. Ohne eine solche Gier als eine Art von Antriebsenergie hätte es weder eine New Economy, und den damit verbundenen Internet-Boom in den späten 90er Jahren, noch den darauf folgenden Crash des Jahres 2000 gegeben und die Auswüchse der Finanzkrise im Jahre 2008. Die aufkommende Angst, Geldrücklagen, Vermögen verlieren zu können, löste panikartige Verkäufe an den Börsen aus, die das Bankensystem zum Wanken brachten und in eine große Depression mündeten. Dieses Negativbeispiel zeigt: Unkontrollierter Wildwuchs der Emotionen kann einen großen Flurschaden verursachen. Denn wo Licht ist, da ist immer auch Schatten. Es gibt also auch eine dunkle Seite der emotionalen Kraft, die eine geradezu zerstörerische Wucht entwickeln kann. Die Finanzkrise hat diese negative Energie für viele von uns spürbar werden lassen. Der Ruf nach einer Neuregelung des Finanzsystems wird auch deshalb immer lauter. Umso mehr gilt es, vor allem ein kluges emotionales Selbstmanagement zu betreiben, um solche gravierenden Kollateralschäden künftig zu verhindern.

Die angeführten Beispiele belegen, dass wir den bewussten Zugang zu unseren eigenen Gefühlen brauchen, um unseren immer komplexer werdenden Alltag erfolgreich bewältigen zu können. Anders ausgedrückt: Nur wer den Umgang mit den eigenen Emotionen klug und stimmig regulieren kann und die Fähigkeit zur Selbsterkenntnis und Selbstregulierung ausreichend entwickelt hat, kann Schaden von sich und anderen abwenden. Eine intelligente emotionale Selbstregulierung bedeutet heutzutage, einen aktiven Überlebensschutz zu betreiben.

1.1 Freude, Angst, Wut und Trauer als Navigationshilfen für den beruflichen Kontext nutzen

Das Wort „Emotion" leitet sich von dem lateinischen Wort „movere" ab, was „bewegen" bedeutet. Das „e" davor gibt dem Wort den Sinn von „hinausschaffen" oder „hinwegbewegen". Das heißt, dass Emotionen etwas bewegen und dass mit dem „Hinwegbewegen" eine Handlung verbunden ist. Emotionen treten meist plötzlich und heftig auf, sind oft gar nicht so leicht zu kontrollieren und bereiten uns manchmal enorme Schwierigkeiten. Umso wichtiger ist es und wird es, einen guten Zugang zur inneren Achtsamkeit zu finden.

Abbildung 1.1   Wirkungsweise einer Emotion

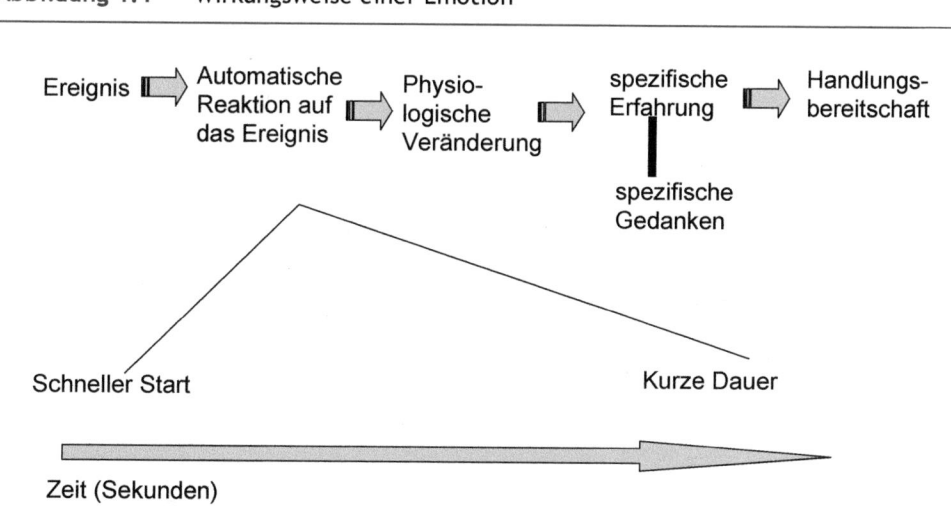

Am Anfang unserer Überlegungen stehen die vier Basisemotionen Freude, Angst, Wut und Trauer. Sie sind der Dreh- und Angelpunkt aller Verhaltensweisen und sollten schon deshalb eine gehörige Portion Aufmerksamkeit erfahren – denn alles erzeugt Stimmung. Jede Alltagssituation ist mit Gefühlen besetzt und beeinflusst unser Denken und Handeln. Entweder wir freuen uns über ein Ereignis wie z. B. eine Beförderung oder einen guten Abschluss oder wir sind vielleicht traurig, weil die ersehnte Beförderung ausgeblieben ist oder ein Projekt gescheitert ist. Vielleicht ärgern wir uns auch über eine verpasste Chance oder, dass uns ein wichtiger Kunde verloren gegangen ist. Manchmal sind wir auch richtig wütend, vor allem dann, wenn wir uns ungerecht behandelt fühlen. Kurzum: Freude, Ärger, Wut und Trauer – diese vier Basisemotionen – sind immer präsent und liefern uns die wirkungsvollste Antriebsenergie für unser Denken und Handeln. Sie sind auch im Berufsalltag überlebenswichtig. Sie liefern uns Tag für Tag wichtige Fakten, um gute und kluge Entscheidungen treffen zu können. Es geht also darum, die Tatkraft der Emotionen für das Erreichen persönlicher Ziele richtig zu nutzen.

Abbildung 1.2   Situative Motivation

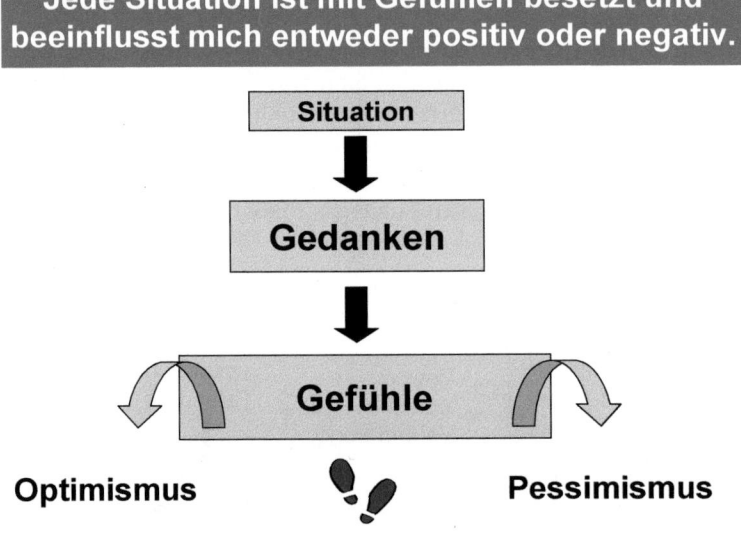

Warum jedoch nutzen bisher so wenige Unternehmen und Menschen dieses brachliegende Kapital?

Regeln für Verlierer: Irrige Annahmen über den Umgang mit Gefühlen.

„Indianerherz kennt kein Schmerz", „Kleine Jungen weinen nicht" – so manchen Glaubenssatz aus Kindheitstagen haben wir derart verinnerlicht, dass er auch noch im Erwachsenenalter seine Selbstsabotagekraft an den Tag legen kann. Vor allem vermeintlich negative Gefühle werden gerne verdrängt oder sogar tabuisiert. So wird die Wut als per se schlecht bewertet, denn wenn wir uns wütend fühlen, könnten wir unhöflich sein, vielleicht sogar gefährlich werden, außer Kontrolle geraten und letztendlich andere sogar verletzen.

Trauer gilt es ebenfalls stets zu meiden, denn wenn wir uns traurig fühlen, dann sind wir hilflos, schwach, unmännlich oder vielleicht auch unbequem im Umgang mit anderen Menschen.

Angst ist besonders schlecht, denn wenn wir uns fürchten, gelten wir schnell als feige, wenig vertrauenswürdig, ja wir könnten in einem solchen Gemütszustand andere mit unserer Angst anstecken, Panik verbreiten, und somit eine verheerende Wirkungen erzielen.

Selbst die Freude wird des Öfteren als zumindest bedenklich eingestuft, denn wenn wir uns fröhlich und heiter fühlen, werden andere Menschen schnell neidisch, wir gelten in freudiger Grundstimmung weniger professionell und die Freude wird uns sowieso bald wieder vergehen, wenn es dem bösen Nachbarn nicht gefällt.

Auch in unserer Arbeitswelt finden wir leider immer noch irrige Grundannahmen, die uns den Zugang zur Tatkraft der Emotionen erschweren. In vielen Unternehmen herrscht heutzutage weiterhin eine defizitäre „Mangeldenke": Am Arbeitsplatz gilt es als besonders unprofessionell, Gefühle zu zeigen. Die vielerorts noch anzutreffenden ungeprüften Vorannahmen lauten: Trete immer ganz logisch auf! Zeige niemals Emotionen, denn sie stempeln dich zum Softie ab! Gefühlsmanagement gehört zur Samthandschuhfraktion, ist nichts für harte Kerle!

So oder ähnlich lauten diese ungeschriebenen Unternehmensspielregeln, die uns den Zugang zur Tatkraft der Emotionen als intuitive Entscheidungshilfe erschweren. Die Weisheit einer emotional intuitiven Entscheidungshilfe bleibt somit ungenutzt. Betriebswirtschaftlich betrachtet, sind Emotionen heute jedoch durchaus geldwerte Größen. Wer es versteht, Kunden und Mitarbeiter zu motivieren und bei guter Laune zu halten, macht auch messbar mehr Umsatz. Der Arbeitsforscher Sigal Barsade fand in einer Studie heraus, dass die Gefühlslage des Managementteams sich unmittelbar auf die Gewinnsituation des Unternehmens auswirkt. Barsade stellte fest, dass ein Top-Managementteam, das eine ähnliche optimistische emotionale Grundhaltung teilt, vier bis sechs Prozent mehr Gewinn pro Aktie für das Unternehmen erwirtschaftet als ein Vergleichsteam, das emotional nicht auf einer Linie liegt.[1]

---

[1] Barsade, S. G., Ward, A. J., Turner, J. D. F., Sonnenfeld, J. A.: To your heart's content: The influence of affective diversity in top management teams. In: Administrative Science Quarterly, 45, 2000, S. 802-836.

Der Hirnforscher Antonio Damasio unterstreicht seit Jahren diese Tendenz und hat unlängst gar die emotionale Wende mit seinem Buch „Descartes Irrtum" eingeleitet.[2]

Descartes bekannter Leitsatz „Ich denke, also bin ich", mag für das 18. Jahrhundert als geistig moralische Leitwährung seine Berechtigung gehabt haben, für das 21. Jahrhundert gilt jedoch ein neues Motto: „Ich fühle, also bin ich."

Wie wir uns fühlen, beeinflusst ganz offensichtlich unsere Leistung.

Tatkraft der Trauer

Befinden wir uns beispielsweise in einem traurigen Gemütszustand, werden wir eher strukturierter und systematischer denken, als wenn wir glücklich gestimmt sind. Trauer fördert im Allgemeinen die Konzentrations- und Kommunikationsfähigkeit, hilft eher, gute Argumente zu finden, die durchdacht sind und somit auch besser überzeugen. Die Tatkraft der Trauer lässt sich also am wirkungsvollsten dann nutzen, wenn es darum geht, uns besser in eine Thematik einzufühlen und uns kritisch um Detailfragen zu kümmern. Beispielsweise dann, wenn es darum geht, eventuelle Fehler in einem Budget oder einem Haushaltsplan aufzuspüren. Entscheidend ist auch hier wieder die innere Einstellung, die unser Handeln prägt. Entweder verhalten wir uns wie Vogel Strauß, stecken den Kopf in den Sand und hoffen auf ein gnädiges Schicksal. Oder wir steuern aktiv den Prozess und behalten das Steuer des Handelns selber in der Hand.

Tatkraft der Freude

Dominiert dagegen eher eine freudige Grundstimmung, werden Sie bei einer Problemlösung vermutlich kreativer und origineller zu Werke gehen. Befindet sich Ihr Team beispielsweise in einer angespannten und kritischen Phase, ist dies sicherlich nicht der richtige Zeitpunkt, um aktive Botschaften zu formulieren, sondern eher ein günstiger Moment, um einen Werbeprospekt kritisch zu prüfen. Freude gibt uns Energie für Intuitionen, für Visionen, spendet Motivation für andere und löst Begeisterung aus. Ein Lächeln signalisiert Freundlichkeit und Offenheit und ermutigt andere, uns anzusprechen.

Machen Sie sich bewusst: 68 Prozent aller Befragten einer Emnid-Umfrage beurteilen ihr Gegenüber hauptsächlich anhand des Lächelns.[3]

Der Grad Ihrer Freundlichkeit entscheidet also auch erheblich über Ihren Wirkungsgrad. Allerdings geht es hier nicht darum, tagtäglich mit einem asiatischen Dauergrinsen für eine gute Stimmung zu sorgen. Ein maskenhaftes Auftreten schadet eher Ihrer Glaubwürdigkeit und sendet falsche Signale. Vielmehr geht es darum, Quellen der Freude im beruflichen Umfeld zu erkennen und sie dann auch als Sprungbrett zu einem erfolgreichen Ergebnis zu nutzen.

---

[2] Damasio, Antonio R.: Descartes' Irrtum. Fühlen, Denken und das menschliche Gehirn. DTV, München 1999.

[3] Meinungsumfrage des Forschungs-Instituts Emnid aus dem Jahre 2005

Schaut man jedoch in die Unternehmenswelt hinein, so rangiert die Basisemotion der Freude nur auf dem letzten der vier Plätze. Dies ermittelte ebenfalls Barsade in einer Arbeitsplatzstudie.[4]

Lediglich 19 Prozent der Befragten gaben an, Freude an ihrem Arbeitsplatz sichtbar nach außen zu zeigen. 53 Prozent hingegen gaben an, die Basisemotion der Wut im beruflichen Alltagsleben zu empfinden.

Tatkraft der Wut

Erinnern Sie sich noch an Jesus' Wutprobe im heiligen Tempel? Im Buch der Bücher nimmt die Tempelreinigung Jesu eine besondere Stellung ein. Bekanntlich hat damals der Zorn Gottes all jene Händler und Geldwechsler vertrieben, die das Gotteshaus zur Räuberhöhle gemacht hatten. Der Bezug zur gegenwärtigen Weltfinanzkrise liegt klar auf der Hand. Auch damals haben sich Werteinstellungen in ihr Gegenteil verkehrt und falsche Denkeinstellungen einiger Weniger für schreiende Ungerechtigkeiten gesorgt. Der Tempel, den Jesus im Zorn reinigte, richtete sich nur vordergründig gegen eine Handvoll kleiner Händler. In Wirklichkeit richtete sich diese Protestaktion gegen ein völlig aus dem Ruder gelaufenes Finanzsystem. Die kleinen Leute mussten damals ihre römischen Münzen in eine neue Tempelwährung umwechseln. Den Umtauschkurs setzten diejenigen fest, die davon am meisten profitierten, die Tempelherren. Diese stopften sich gierig die Säcke voll Geld. Den korrupten Machenschaften hat Jesu in seiner legendären Protestaktion ein Ende bereitet und die falschen Einstellungen hinausgeworfen. Die geballte Wut als Antwort auf eine eklatante Misswirtschaft hat die Wertmaßstäbe wieder geradegerückt und den sozialen Frieden wiederhergestellt. Das vermag die Tatkraft der Wut zu bewirken.

Gehen Menschen aus Verzweiflung und nackter Wut auf die Straße, weil sie sich wie jüngst bei Opel oder Karstadt ungerecht behandelt fühlen, zeigt dies, wie viel Wutenergie allgegenwärtig vorhanden ist und wozu sie wirkungsvoll genutzt werden kann. Der solidarische Schulterschluss bündelt gemeinsame Interessen und trägt diese bedeutend wirkungsvoller in die Öffentlichkeit als ein Einzelinteresse.

Auch der Fall BenQ hat eindrucksvoll aufgezeigt, wozu Wut gut sein kann. Managementfehler wurden von den Beschäftigten als maßlose Ungerechtigkeiten wahrgenommen, gegen die man sich zur Wehr gesetzt hat. Zwar konnten die Mitarbeiter das Unternehmen nicht retten, doch hat die aufflammende Wut vielen Mitarbeitern die Tatkraft gegeben, sich über ihre aktuelle Situation Klarheit zu verschaffen und nach dem zu fragen, was sie in dieser Situation konkret brauchten. Als Erfolge konnten immerhin Outplacementmaßnahmen für die Belegschaft generiert werden, sodass heute viele von ihnen wieder in einem aktiven Beschäftigungsverhältnis stehen.

---

[4] Barsade, S. G., Ward, A. J., Turner, J. D. F., Sonnenfeld, J. A.: To your heart's content: The influence of affective diversity in top management teams. In: Administrative Science Quarterly, 45, 2000, S. 802-836.

Wut grenzt einerseits unsere Perspektiven ein, richtet aber andererseits alle Energie gezielt auf die konkrete Bedrohung aus. Sie kann Prozesse aktiv starten und stoppen, Grenzen setzen sowie Entscheidungen treffen. Sie gibt uns Kraft und Konzentration, die wir in dieser Krisensituation brauchen, um klarzustellen, was richtig oder falsch ist.

Aber auch in privaten Alltagskontexten kann Wut Energie bündeln und in eine gute Richtung lenken. So kann die provokative Aussage eines Lehrers vor der ganzen Klasse: „Ach Thomas, Du bist einfach mathematisch unbegabt, die nächste Matheklausur wird eh wieder eine fünf minus" zu einer „Faust-in-der-Tasche-Reaktion" führen, nämlich den eigenen Ergeiz anzustacheln nach der Devise: „O. K., jetzt werde ich Dir mal zeigen, wozu ich in der Lage bin."

Die Wut hilft, eine Trotzreaktion zu entwickeln, die ungeahnte Kräfte freisetzten kann. Gezielte Emotionsregulierung kann also zu einer bewussten persönlichen Stärke werden. Schon bei Aristoteles heißt es: „Wütend werden kann jeder – das ist keine Kunst. Doch zur richtigen Zeit zum rechten Zweck auf die richtige Weise das rechte Maß an Wut auf die richtige Person zu entwicklen – das ist sehr wohl eine Kunst."[5]

Die Tatkraft der Angst

Angst ist die am meisten tabuisierte und betriebswirtschaftlich wohl entscheidendste Basisemotion. Bereits 1996 haben Professor Dr. Wienfried Panse und Wolfgang Stegmann von der FH Köln den volkswirtschaftlichen Schaden aufgrund von Angst auf etwa 50 Milliarden Euro beziffert, Tendenz steigend![6]

Angst vor Arbeitslosigkeit, Führungsangst, Angst, Fehler zu machen – Ängste sind in Betrieben allgegenwärtig. Wobei laut Panse und Stegmann alle betrieblichen Ängste letztendlich auf die Befürchtung von Beschäftigten zurückgeführt werden können, persönliche Wertschätzung und Anerkennung zu verlieren.

---

[5] Aristoteles: Poetik, Griechisch – Deutsch, Reclam, Stuttgart 1982

[6] Winfried Panse, Wolfgang Stegmann: Angst macht Erfolg. Erkennen Sie die Macht der konstruktiven Angst. Volk Verlag, München 2004.

Abbildung 1.3   Mitarbeiterängste

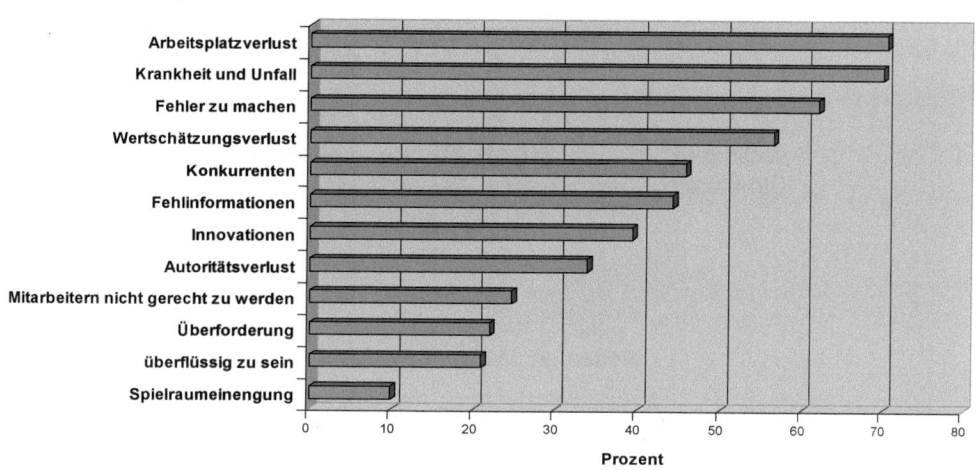

Doch auch hier gilt es, Herr im eigenen Haus zu bleiben und die Angst als eine konstruktive Macht, die sich in eine produktive Energiequelle verwandeln lässt, zu nutzen. Haben Sie beispielsweise Angst vor einem schwellenden Konflikt und vermeiden lieber eine klärende Auseinandersetzung, weil Sie nicht den „Scharfmacher" markieren wollen, so berauben Sie sich einer echten Wachstumschance. Viel zu oft herrscht bei uns der Gedanke vor, Konflikte seien von Haus aus schlecht und vergifteten nur die Atmosphäre. Natürliche Beißhemmungen halten uns ebenfalls zurück, den Konflikt rechtzeitig zu klären. Auch die Vorstellung, es gäbe im Falle eines ausgetragenen Konfliktes nur Sieger und Besiegte, ist eher kontraproduktiv. Die Erfahrung zeigt: Auch ein Unentschieden kann befreiend auf alle Beteiligten wirken. Ein ausgetragener Konflikt macht auf diese Weise unterschiedliche Standpunkte klar und rückt Positionen sichtbar ins Feld.

Abbildung 1.4   Konfliktpotenzial

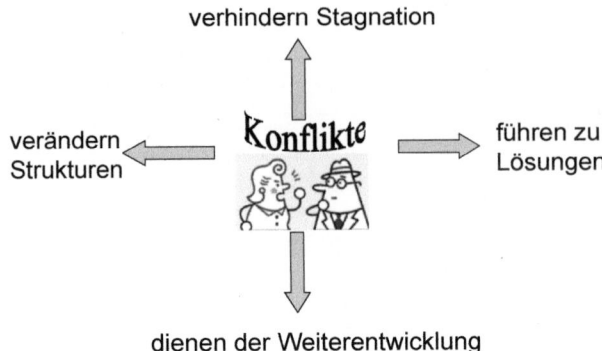

verhindern Stagnation

verändern Strukturen

führen zu Lösungen

dienen der Weiterentwicklung

Zusätzlich gilt: Angst engt die eigene Sichtweise ein. Oft ist es so, dass uns Situationen dann Probleme bereiten, wenn wir sie nur aus einer angstbesetzten Warte aus betrachten. Einen Ausweg aus diesem angstbesetzten Tunnelblick bietet uns oft ein Perspektiven-wechsel. Hohe emotionale Kompetenz entsteht erst dann, wenn wir verschiedene Blick-winkel, sozusagen probeweise, einnehmen können.

Abbildung 1.5   Wahrnehmungsblickwinkel

Probleme bereiten uns Situationen oft dann, wenn wir sie nur aus der eigenen Warte betrachten:

Ich-Position

Wahr-nehmungs-blickwinkel

Position des Anderen

neutrale Außenposition

Hohe emotionale Kompetenz entsteht, wenn ich verschiedene Blickwinkel, sozusagen probeweise, einnehmen kann.

Der emotionale Imperativ der Angst lautet immer: Handle jetzt, um negative Folgen zu vermeiden. Wenn wir um etwas besorgt sind, motiviert uns das, ins konkrete Tun zu gehen, um möglichen Schaden rechtzeitig abzuwenden. Sitzt uns die Angst im Nacken, weil eine wichtige Kundenpräsentation ansteht, so kann uns Angst zu erhöhter Konzentration und Sorgfalt, ja Achtsamkeit motivieren. Das „Premierenfieber" ist sogar eine notwendige Stimulanz, um Höchstleistungen zu erzielen – immer vorausgesetzt, dass meine innere Haltung stimmig ist, Angst also nicht lähmend, sondern im Sinne einer gesunden sportlichen Herausforderung wirkt. Es kann hilfreich und nützlich sein, sich das neueste Forschungswissen der Neurobiologie zu verdeutlichen, dass jede Entscheidung einen emotionalen Anstoß braucht. Aus purem Verstand heraus kann der Mensch nicht handeln.[7]

Das hängt aufs Engste mit unserem evolutionären Erbe zusammen. Unser Emotionssystem hat primär die Aufgabe, uns vor Schaden zu schützen, und dient uns somit als wertvolle Überlebenshilfe. Emotionen sollen uns demnach zum aktiven Handeln veranlassen, also wegzulaufen, wenn wir Angst haben, oder Hilfe anzunehmen, wenn wir niedergeschlagen, also traurig sind.

Festzuhalten bleibt: Erfolgreiche Emotionsregulierung hat bekanntlich eine ganze Menge mit Selbstregulierung zu tun und die beginnt zuerst im Kopf. Die innere Haltung prägt entscheidend unser Tun oder Lassen.

Nur wenn wir uns klar darüber werden, in welcher emotionalen Grundsituation wir uns gerade befinden, können wir unsere Emotionsenergie auch richtungsweisend steuern und letztendlich kluge Entscheidungen treffen. Viel zu oft jedoch verdrängen wir „negative" Gefühle, fällen zu schnell Urteile und hindern uns so am möglichen Erfolg.

Denken Sie daran: Emotionen sind die Abkürzung zum Gehirn. Wenn Sie beruflichen Erfolg anstreben und Ihre Mitarbeiter von Ihren Ideen überzeugen und motivieren wollen, so sind Emotionen die notwendige Basisressource Nummer eins. Versuchen Sie, mit anschaulichen Bildern und glaubwürdigen Geschichten konstruktive Gefühle bei Ihren Mitarbeitern auszulösen. Wissenschaftliche Studien belegen, dass es Führungskräften dann wesentlich leichter fällt, vorhandene Einwände oder gar Widerstände aller Beteiligten aufzulösen. Erfolgreiche Führungskräfte haben auch den Mut, ihre emotionale Befindlichkeit auf subtile Weise in ihre Redebotschaften mit einfließen zu lassen. Formulierungen wie die folgenden geben Ihnen ein Gespür für die einzuschlagende Richtung:

■ „Es liegt mir viel daran ..."

■ „Da habe ich ein gutes Gefühl ..."

■ „Das beschäftigt mich ..."

■ „Das macht mir noch Sorgen ..."

---

[7] Antonio R. Damasio: Descartes' Irrtum. Fühlen, Denken und das menschliche Gehirn. DTV, München 1999.

■ „Das ärgert mich besonders ...“

■ „Dieses konkrete Verhalten macht mich wütend.“

Es ist nun mal so, wie der Engländer sagt: „People don't believe in the message, if they don't believe in the messenger.“

Es wird Ihnen beruflich leichter fallen, die gewünschte Authentizität aufzubauen, wenn Sie die vier Basisemotionen als alltagstaugliche Navigationshilfe nutzen. Hilfreich hierbei ist das Bild vom Kompass: Die vier Himmelsrichtungen sind per se weder gut noch schlecht; sie geben uns einfach eine Richtung vor, schaffen Sicherheit und Orientierung, vor allem in unbekanntem Gelände. Und genauso sollten wir mit unseren Basisemotionen verfahren. Auch sie sind weder gut noch schlecht, sondern geben uns auch eine Orientierung in vielen beruflichen und privaten Fragen. Diese Energie gilt es, für ein kluges emotionales Selbstmanagement zu nutzen.

Abbildung 1.6   Vier Basisgefühle als Kompass

Betrachten Sie die Basisemotionen einfach als Information, so wie die vier Richtungen auf dem Kompass pure Information sind: sie sind weder gut noch schlecht.

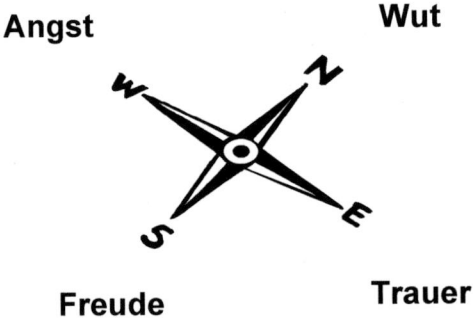

Angst   **Wut**

Freude   **Trauer**

Die Tatkraft der Emotionen zur täglichen Motivationssteigerung nutzen:

Wutenergie kann Dinge starten und stoppen, Grenzen setzen, Entscheidungen treffen, Klarheit schaffen und uns die Kraft geben, nach dem zu fragen, was wir brauchen. Wut bedeutet konkret: Kämpfe gegen Fehlverhalten und Ungerechtigkeit.

Trauerenergie erzeugt Einfühlen, Verbindung, Ehrlichkeit, Offenheit, Intimität und Vertrauen. Es steigert die eigene Kommunikationsfähigkeit. Trauer impliziert: Bitte andere um Hilfe und Unterstützung.

Angstenergie gibt uns Sensitivität, Wachsamkeit, Weisheit, Aktion, gute Fragen und damit die Fähigkeit, ins Unbekannte zu gehen und neue Möglichkeiten zu erschaffen. Angst heißt also: Handle jetzt, um negative Folgen zu meiden.

Freudeenergie öffnet uns für die Intuition, für Visionen, Motivation für andere, Begeisterung, Überfluss und Führung. Freude bedeutet konkret: Lasst uns dieses Ereignis wiederholen.

1.2   Coachingbeispiel

Der praktische Umgang mit der Tatkraft der vier Basisgefühle lässt sich trainieren wie ein Muskel, vorausgetzt, wir begegnen der Weisheit unserer Gefühlswelt mit mehr innerer Achtsamkeit. Dabei sollten wir uns auf die Entwicklung von drei zentralen Fähigkeiten konzentrieren:

1. Emotionale Bewusstheit: konkret die Fähigkeit, die eigenen Gefühle besser verstehen zu lernen.

2. Kommunikationsfähigkeit: die Fähigkeit, Gefühle sinnvoll zum Ausdruck zu bringen.

3. Beziehungsfähigkeit: also die Fähigkeit, mit anderen konstruktive und lösungsorientierte Gespräche zu führen.

Diese drei Fähigkeiten bilden die Basis für ein emotional kompetentes Agieren und helfen, im beruflichen Umfeld mit schwierigen Situationen selbstsicherer umzugehen.

Ein Beispiel aus einem Coachingprozess veranschaulicht die praktische Umsetzung:

Helga Engelmann ist Abteilungsleiterin in einem produzierenden Unternehmen. Neu strukturierte Produktionsabläufe werden ihren Arbeitsplatz in naher Zukunft wegfallen lassen. Es droht die Kündigung. Im Rahmen einer Coachingmaßnahme bekommt Helga Engelmann die Chance, sich mit ihrer schwierigen Situation vertraut zu machen und nach neuen Gestaltungsmöglichkeiten Ausschau zu halten. Das Coaching erfolgt in drei Teilschritten, die Helga Engelmann zum aktiven und selbstbewussten Agieren anleiten.

1. Gefühle zulassen, verstehen und rationalisieren

   Helga Engelmann hat sich vor zwei Jahren ein Haus gekauft. Nun denkt sie darüber nach, wie sie die monatlichen Hypothekenraten bezahlen soll. Diese negativen Gedanken wirken bei Helga Engelmann wie ein Energiegully, rauben ihr wertvolle Kraft und Energie. Denn diese Gedanken beeinflussen auch ihre Gefühle. Helga Engelmann hat große Existenzangst. Dazu gesellen sich Wut und Zorn über den Arbeitgeber, der in Aussicht gestellte berufliche Karriereschritte nicht eingehalten hat. Damit jedoch die Wut nicht zu einer blinden Wut wird und in eine unüberlegte Rachehandlung mündet, ist es nun von entscheidender Wichtigkeit, mithilfe konstruktiver Gedanken die emotionale Befindlichkeit in die richtige Richtung zu lenken.

2. Situationsanalyse

   Um handlungsfähig zu bleiben und einen Ausweg aus der emotionalen Engpasssituation zu finden, braucht Helga Engelmann jetzt eine klare Analyse der gegenwärtigen Lage. Da wäre als Erstes die drohende Kündigung. Zwei Optionen stehen zur Wahl: entweder die Rolle des wehleidigen Opfers zu spielen und damit der Gegenseite ein leichtes Spiel zu bereiten. Oder aber einen möglichst attraktiven Auflösungsvertrag anzustreben, der mit einer angemessenen Abfindung die ärgsten finanziellen Engpässe überbrückt. Im Laufe des Coachingprozesses bekommt Helga Engelmann wieder Boden unter den Füßen, baut Selbstsicherheit auf, was sich an ihrer Arbeit an konkreten Verhandlungszielen festmachen lässt. Das zweite drängende Problem betrifft das mit Hypotheken belastete Haus. Hier steht die Frage im Mittelpunkt, wie viel Herzblut Helga Engelmann tatsächlich in ihr Haus investiert. Was bedeutet ihr das Haus wirklich? Helga Engelmann will das Haus behalten.

3. Aktiv selbst steuern

Nachdem die wichtigsten Situationsziele klar definiert wurden, geht es nun an die praktische Umsetzung. Zum einen hat sie für das anstehende Personalgespräch einen Handlungsplan in der Tasche, der sowohl Maximal- als auch Minimalziele beinhaltet und sie zu einem kompetenten Verhandlungspartner macht. Durch Probehandeln im Coachingprozess sieht Helga Engelmann wieder mit mehr Mut und Entschlossenheit nach vorne, da sie sich nicht mehr ohnmächtig dem Lauf der Dinge ausgesetzt fühlt, sondern wieder aktiv den Prozess mitgestalten kann. Zum anderen hat sie auch gemeinsam mit ihrem Bankberater einen neuen Finanzierungsplan erarbeitet, der den neuen Umständen angepasst ist. Abschließend sagt Helga Engelmann: „Meine jetzige Situation erinnert mich an mein Tennisspiel. Wenn ich auf den Platz gehe, muss ich glauben, ich kann gewinnen, sonst brauche ich gar nicht erst zu spielen. Glaube und Überzeugung, das ist die halbe Miete."

Hilfreich sind in diesem Zusammenhang zwei Denk- und Verhaltensweisen:

1. Emotionen zulassen und reflektiert wahrnehmen: Emotionen liefern uns wichtige Informationen über unser Innenleben und unser soziales Umfeld. Sie sind der Resonanzboden wichtiger Ereignisse und prägen entscheidend unser Denken und Handeln. Emotionen sind Begleiter jeglichen Handelns. Um emotional klug zu handeln, sollten wir die Emotionen anderer ebenfalls genau erkennen und in der Lage sein, eigene Emotionen klar zu vermitteln und auszudrücken. Dies ist der Nährboden für eine stimmige und authentische Außenwirkung.

2. Emotionen für eigenes Handeln klug nutzen: Emotionen liefern uns wichtige Fakten, um unsere Handlungs- oder Denkweise in eine konstruktive Richtung zu lenken. Sie erweitern unseren Denk- und Handlungshorizont, generieren neue Ideen, ermutigen uns, neue Möglichkeiten in Betracht zu ziehen. Damit bewirken Emotionen eine klarere Zielsetzung, erlauben eine effizientere Detailanalyse und motivieren uns zu einer wirksameren Fehlersuche.

Festzuhalten bleibt: Mit mehr emotionaler Achtsamkeit gelingt es leichter, die positiv stimulierende Tatkraft der Basisgefühle für uns zu nutzen und gute Entscheidungen zu treffen. Somit gelingt es uns auch leichter, mit Veränderungen stimmiger umzugehen und letztendlich wieder mehr Lust statt Frust im Arbeitsalltag zu erleben.

1.3   Exkurs: Ärger als Jokerqualität nutzen

Neben den vier wegweisenden Basisemotionen existiert jedoch noch eine „fünfte Kraft-emotion", die uns als Energiequelle gute Dienste leisten kann: die Antriebskraft Ärger. Ärger kann der direkte Wegweiser zur Motivation sein, zeigt er doch schonungslos auf, wo etwas noch nicht so rund läuft. Das Potsdamer Meinungsforschungsinstitut Gallup misst Jahr für Jahr die Arbeitszufriedenheit in deutschen Unternehmen. Dabei haben die Gallup-Forscher vier existenziell wichtige „Ärger-Quellen" ausgemacht, die quasi als Energiegully viel Potenzial ungenutzt versacken lassen.

Erstens: Mitarbeiter ärgern sich, weil sie nicht genau wissen, was von ihnen erwartet wird. Fehlende Aufgabenbeschreibungen sowie unzureichende Jobprofile sorgen für Desorien-tierung, Redundanzen und viel Frust. „Im Zweifelsfall galoppieren", hieß es bei der fran-zösischen Kavallerie im 19. Jahrhundert. In wilden Aktionismus verfallen heißt jedoch noch lange nicht, effizient und zielstrebig unser Tun zu organisieren und für Nachhaltig-keit zu sorgen. Viel zu viel Energie geht durch unklare Vorgaben oder fehlende Zielvorga-ben verloren.

Zweitens: Mitarbeiter ärgern sich, wenn nicht genügend Ressourcen zur Erledigung der Arbeit zur Verfügung gestellt werden. Zeit, Geld und Mitarbeiter werden immer knapper, die vorhandene Arbeitslast steigt jedoch immer mehr.

Drittens: Mitarbeiter ärgern sich, wenn sie nicht das tun dürfen, was sie am besten können. Können Mitarbeiter ihre Stärken nicht konsequent ausspielen, weil sie auf der falschen Position eingesetzt werden, wirkt auch dies wie ein Energiegully. Philip Lahm ist auf der linken Verteidigerposition weltklasse und nicht auf der rechten. Werden Zielvereinba-rungsgespräche ohne dieses Basiswissen geführt, schadet dies nicht nur dem Betriebskli-ma.

Viertens: Mitarbeiter ärgern sich, wenn die erhoffte Anerkennung und Wertschätzung ausbleiben. Wird im Unternehmensalltag kein Wert auf ein konstruktives Feedback gelegt, geht der Mitarbeiter viel früher in die „innere Emigration" und macht nur noch „Dienst nach Vorschrift". Dies klingt nicht nur wie eine Drohung, sondern hat auch katastrophale Auswirkungen auf den Leistungsgrad des Mitarbeiters.

Sind diese Ärgerquellen allseits bewusst, können wir auch gezielter Verantwortung über-nehmen und für neue Motivation sorgen. In diesem Sinne ist Ärger nicht per se schlecht, sondern ein grundsätzlich positives Signal. Denn nur was uns wirklich wichtig ist, wird auch von unserem Gehirn mit Emotionen markiert und lässt uns nach Lösungsstrategien suchen. Legen wir hier die psychologische Definition von Ärger zugrunde, erkennen wir schnell den darin verborgenen Handlungsauftrag: Ärger ist jene Emotion, die entsteht, wenn wir unbefriedigende Ist-Soll-Differenzen erkennen, die wir aus eigener Anstrengung schließen können. Also: Nur wer will und kann, der murrt und grollt.

Ärger macht auf ein brachliegendes Optimierungspotenzial aufmerksam und sollte idealerweise in konkrete Maßnahmen münden. Es ist also „Chefsache", konkreten Ärgernissen auf den Grund zu gehen, gemäß dem Motto „Immer dem Ärger nach".[8]

Die Basisemotion Ärger dient auch hier wie ein Kompass: als effizienter Hinweisgeber, wo und wie Leistung gesteigert werden kann.

Neben dieser eher strukturellen Ebene kann Ärger jedoch auch ein guter Indikator für den persönlichen Entwicklungsstand sein. Regt uns als Führungskraft z. B. immer wieder die Forderung nach mehr Gehalt von Herrn Huber auf oder bringt uns ein und derselbe Kunde immer wieder auf die Palme, weil er unseren Preis nicht akzeptieren will? Falls ja, dann bekommen wir eine ganz konkrete Rückmeldung bezüglich unserer eigenen Schwächen und Defizite. Da Ärger oft aus einer inneren Unsicherheit heraus entsteht, könnten wir dies als indirekten Auftrag, an unserer eigenen Verhaltensweise zu arbeiten, auffassen. Es sei denn, wir wollen auch weiterhin mit dieser mentalen „Behinderung" leben und wertvolle Energie vergeuden.

Ärger ist auch deshalb ein Grund zur inneren Freude, da er uns auf versteckte innere Wünsche und Bedürfnisse aufmerksam macht. Ärgern wir uns z. B. darüber, dass ein bestimmter Kollege sich immer wieder ins Rampenlicht drängt und auf Anerkennung aus ist? Dann könnte dies auch ein versteckter Hinweis darauf sein, dass uns selber die erhoffte Wertschätzung nicht zuteil wird.

Ärgern wir uns darüber, dass wir z. B. eine Aufgabe noch nicht so gut durchführen können, dann könnte uns das auch zu einem gesunden Wettbewerb mit uns selber anstacheln. Wichtige Voraussetzung ist hier, unsere innere Achtsamkeit zu schärfen und reflexive Fragen zu stellen:

- In welchen konkreten Situationen tritt Ärger auf?

- Welche Bedürfnisse werden hier angesprochen und bleiben noch unbefriedigt?

- Über welche beruflichen Weichenstellungen sollte ich mir Gedanken machen?

Fällt es uns z. B. noch schwer, unseren Mitarbeitern konstruktives Feedback zu geben, und machen sie deshalb vielleicht auch immer öfter dieselben Fehler, über die wir uns ärgern, so sollten wir uns in einem nächsten Schritt ein praxistaugliches Feedbackmodell erarbeiten und dies auch klar nach außen kommunizieren. In Kapitel 8 „Lobkultur und Feedback im Unternehmen" finden Sie dazu genügend Treibstoff für die eigene Reflexion.

Gerade junge Führungskräfte verspüren heute häufig den Wunsch, die Arbeit in ihr Leben zu integrieren und eine gesunde Balance aus Arbeit, Familie und Freizeit zu leben. Dieser Wertewandel hat jedoch auch klare Auswirkungen auf unsere Arbeitsstruktur und fordert

---

[8] Christoph Burger: Der Zornkönig. Wie Sie Ihren Ärger positiv nutzen. Moderne Verlagsgesellschaft, München 2007.

uns zur aktiven Auseinandersetzung mit unseren persönlichen Zielen heraus. Dort, wo im Alltag die uns wichtig erscheinenden Werte nicht ausreichend gelebt werden können, entsteht Ärger. Dieser Ärger zeigt uns dann konkret auf, wo wir den Hebel ansetzen müssen, um wieder mit uns ins Reine zu kommen.

Und noch etwas Gutes kann Ärger für uns bewirken: Schutz vor „toxischen Typen". Es gibt eine Anzahl von „Machtspielen" in Unternehmen, die speziellen Regeln folgen. Da gibt es z. B. den Typus des „Karrieristen", der permanent Kollegen sucht, die er mit unfairen Attacken provoziert, um auszutesten, wie viel Ungerechtigkeiten die hinnehmen, ohne sich zu wehren. Wer hier keine Gegenwehr leistet, verfällt schnell in eine „Opferrolle", spielt dieses Machtspiel unfreiwillig mit und muss sich dauerhaft auf Folgeangriffe gefasst machen. Droht eine solche Situation, heißt es frühzeitig den Ärger als Tatkraft zu nutzen und eindeutige Stoppsignale zu senden. Zeigen wir dem Angreifer, dass wir etwas nicht mit uns machen lassen, sucht dieser sich schnell ein anderes „Opfer". Mit Mut wird hier vieles gut.

Ärger, der zur richtigen Zeit wohl proportioniert gezeigt wird, signalisiert Kompetenz und Führungsstärke. Geht uns z. B. ein wichtiger Kunde verloren und wir zeigen unseren Mitarbeitern in angemessener Weise unseren Ärger, kann dies allen Beteiligten deutlich vor Augen führen, wie wichtig es nun ist, mit noch mehr Anstrengung den eingetretenen Flurschaden zu beseitigen. Dieser Ärger fokussiert Leistung auf einen ganz besonderen Punkt und kann für schnelle Erfolge sorgen. Schlucken wir hingegen unseren Ärger stillschweigend hinunter, schaden wir nicht nur unserer Gesundheit, sondern auch der Karriere. Gerade erfolgreiche Menschen wie Bill Clinton und Barack Obama machen häufig von ihren Gefühlen Gebrauch und sagen klipp und klar, worüber sie sich freuen und worüber sie sich ärgern. Wir wissen schließlich aus der Wahrnehmungspsychologie, dass Menschen, die Gefühle zulassen und auch zeigen, sympathischer wirken als gefühlskalte Egomanen. Emotionsschwache Menschen sind schwerer einschätzbar und dies erzeugt Unsicherheit und Unbehagen beim Gegenüber.

Halten wir fest: Gut gelebter Ärger ist ein Karrieretreiber, liefert er uns doch wichtige Rückmeldungen auf „Schwachstellen" sowohl auf der organisatorischen Ebene als auch auf der persönlichen Verhaltensebene. Geschluckter Ärger wirkt auf Dauer deshalb so fatal, weil er zur echten „Wachstumsbremse" wird. Vielerorts arrangieren sich Menschen lieber mit einem Fehler, weil die Beseitigung oft auch unangenehme Konsequenzen hat, als das sie die Schwachstellen rechtzeitig beseitigen. Die Folge ist oft ein Vermeidungsverhalten, d. h., wir schauen da weg, wo uns etwas stört. Anfangs vielleicht noch bewusst, später wird es jedoch zur Gewohnheit. Die Wahrnehmung wird getrübt, die „blinden Flecken" vernebeln uns die klare Sicht auf die Realität, Eigeninitiative und Engagement gehen verloren. Es ist nun mal eine Illusion zu glauben, man käme ohne Widerstände durch den Alltag. Begreifen wir stattdessen Ärger als eine echte Wachstumschance, dann haben wir die besten Voraussetzungen für uns geschaffen, diese Tatkraft als pure Handlungsenergie zur Lösung von Problemen zu nutzen.

2 Die eigenen Ressourcen zutage fördern

„Wer sich nicht selbst führen kann, kann überhaupt niemanden führen."

[Managementvordenker Peter F. Drucker]

Die Kernbotschaft lautet: Zwei Kraftfelder bestimmen sowohl unser berufliches wie auch privates Leben: Bewusstseinsschärfung und Verantwortungsübernahme. Nur wenn wir den augenblicklichen Ist-Zustand gut reflektieren und analysieren können, sind wir in der Lage, die daraus notwendigen Veränderungsschritte situationsgemäß abzuleiten.

Führung ist eine schwierige Verabredung!

Unterführung:	Dort treffen wir uns.
Verführung:	Darauf hoffen wir.
Durchführung:	Da sind wir uns nicht sicher.
Aufführung:	Erst einmal spielt jeder seine Rolle.
Vorführung:	Aber das führt nirgendwo hin.
Entführung:	Im Notfall!
Abführung:	Dann kommt die Polizei.
Überführung:	Das wäre peinlich.
Ausführung:	Sollen wir es tun?
Führung:	Sich entscheiden.[9]

Sich selbst und andere führen ist in der Tat eine schwierige Verabredung. Soll sie glücken und zu zufriedenstellenden Ergebnissen führen, so setzt dies stets eine gute Selbstführung voraus, getreu dem Motto: Willst du eine gute Führungskraft sein, so schau' zuerst in dich selbst hinein. Nur wenn Sie in der Lage sind, Ihre eigenen Ressourcen gut zu managen, können Sie auch andere wirkungsvoller führen. Deshalb spielt die Selbstwahrnehmung im Rahmen eines klugen emotionalen Selbstmanagements eine zunehmend große Rolle. Im stimmigen Kontakt mit sich selbst zu sein bedeutet konkret, das Prinzip der inneren Achtsamkeit zu pflegen. Gute Zugangshinweise dazu könnten die folgenden Fragen sein:

- Wie geht es mir gerade?

- Bin ich augenblicklich im Vollbesitz all meiner Ressourcen, um meine anstehenden Aufgaben gut bewältigen zu können? Und falls nicht:

- Wie kann ich selbstregulierend meinen eigenen Zustandsprozess aktiv positiv steuern?

---

[9] Brand eins, Wirtschaftsmagazin, Ausgabe 04/2003.

Der folgende Selbsttest ist ein erster wichtiger Hinweisgeber für die eigene Selbstregulie-
rungskompetenz. Die Grundformel lautet: Gesund ist, wer selbstbestimmt lebt. Testen Sie
den Grad Ihrer Selbstregulation anhand des folgenden Fragenkatalogs. Er gibt ihnen Auskunft, wie autonom Ihr Denken und Handeln augenblicklich funktioniert.

Zur praktischen Vorgehensweise: Notieren Sie bei jeder Aussage, wie stark diese auf Sie
zutrifft, addieren Sie die Punkte und dividieren Sie das Ergebnis durch 16.

0 = überhaupt nicht, 1 = sehr schwach, 2 = schwach, 3 = mittelmäßig, eher in Richtung
schwach, 4 = mittelmäßig, eher in Richtung stark, 5 = stark, 6 = sehr stark, 7= absolut

1. Durch mein Verhalten erreiche ich regelmäßig solche Zustände und Situationen, die
    mich positiv anregen und für das Leben motivieren.

2. Ich verstehe es, immer wieder meine gefühlsmäßig wichtigsten Wünsche zu verwirkli-
    chen und meine bedeutendsten Bedürfnisse zu befriedigen.

3. Wenn ich mich einmal nicht wohl fühle, verstehe ich es immer, durch mein Verhalten
    für mich positive Situationen und Zustände zu erreichen, die mein Wohlbefinden wie-
    derherstellen.

4. Wenn mir eine Situation, eine Gruppe von Menschen oder eine Person nicht gut tut,
    entwickle ich so lange unterschiedliche Aktivitäten, bis ich die Zustände zu meiner Zu-
    friedenheit verändert habe.

5. Ich verstehe es, immer wieder unterschiedliche Bereiche in meinem Leben wie z. B.
    Arbeit, Erholung, Privates, Hobbys, Ernährung, Bewegung, Partnerbeziehung für mich
    optimal zu vereinbaren, sodass daraus lang anhaltendes Wohlbefinden entsteht.

6. Wenn ich mich in einer Situation bedroht fühle, verhalte ich mich letztlich immer so,
    dass ich aus dieser wieder heil herausfinde, sodass Zufriedenheit und Wohlbefinden
    entstehen.

7. Durch mein Verhalten erreiche ich immer wieder meine wichtigsten Ziele.

8. Durch mein Verhalten erreiche ich immer wieder Situationen und Zustände, die meine
    ganz persönlichen Wünsche und Bedürfnisse befriedigen.

9. Wenn mein Verhalten zu einem Misserfolg führt, ist dies nie ein Grund zur Resignati-
    on, sondern Anlass zur Verhaltensänderung.

10. Ich bin immer wieder fähig, neue Gesichtspunkte und Verhaltensweisen zu finden, die
    eine überraschende und angenehme Problemlösung ermöglichen.

11. Ich bin in der Lage, mein Verhalten entsprechend den eingetretenen Folgen zu verän-
    dern, das heißt, ich kann Verhalten abbauen, das anhaltend unangenehme Folgen hat,
    und ich kann solches aufbauen, das langfristig angenehme Folgen hat.

12. Wenn mein Verhalten nicht zum erwünschten Erfolg führt, bin ich fähig, neue Verhal-
    tensweisen zu erfinden und zu erproben.

13. Durch mein Verhalten erreiche ich zu wichtigen Bezugspersonen sowohl die gewünschte Nähe als auch den notwendigen Abstand.

14. Durch meine tägliche Aktivität löse ich bei mir immer wieder innere Zufriedenheit aus.

15. Durch meine tägliche Aktivität erreiche ich immer wieder seelisches und körperliches Wohlbefinden.

16. Durch mein Verhalten erreiche ich immer wieder Situationen, die bei mir lustvolle Erlebnisse hervorrufen.

Auswertung:

6 bis 7 Punkte: ausgezeichnete Selbstregulation
5 bis 6 Punkte: sehr gute Selbstregulation
4 bis 5 Punkte: gute Selbstregulation
3,5 bis 4 Punkte: befriedigende Selbstregulation
2 bis 3,5 Punkte: eher schlechte Selbstregulation
1 bis 2 Punkte: sehr schlechte Selbstregulation

2.1   Prozess und Stand reflektieren mit dem Befindlichkeitscheck und der Kraftfeldanalyse

Ein einfacher und effizienter Zugang zum eigenen Ressourcenmanagement ist der Befindlichkeitscheck.

Abbildung 2.1   Skalaarbeit von 0 bis 10

Auf einer Skala von 0 bis 10, wenn 0 = (schlechtester Wert) und 10 = (bester Wert) ist, wo stehen Sie gerade jetzt? Und was tun Sie (auf nächster Stufe), was Sie auf (derzeitiger Stufe) nicht tun?

|-----|-----|-----|-----|-----|-----|-----|-----|-----|-----|

0   1   2   3   4   5   6   7   8   9   10

Der Befindlichkeitscheck schafft Sicherheit und Orientierung

Stellen Sie sich einfach eine Skala von 0 bis 10 vor. Null steht für gähnende Leere. Ihr Tank ist total leer, keine Energie vorhanden. Die 10 bedeutet, Sie könnten eine ganze Stadt unter Strom setzen, Sie könnten heute Berge versetzen, Ihr persönlicher Akku ist voll geladen. Bezogen auf diese Skala: Wo stehen Sie gerade? Wie schätzen Sie Ihren emotionalen Energiehaushalt augenblicklich ein? Verorten Sie sich auf der Skala. Angenommen, Sie haben sich für eine 4 entschieden und das ist Ihnen für den Augenblick auch entschieden zu wenig. Was nun? Tun Sie jetzt etwas ganz Entscheidendes: Denken Sie mental in Babyschritten. Viel zu oft neigen wir dazu, uns zu überfordern, stellen uns selber unter einen enormen Erfolgsdruck. Wir wollen vor uns selber bestehen können und legen dabei häufig die eigene Messlatte viel zu hoch. Weniger ist aber definitiv mehr! Der Grad der eigenen Zufriedenheit steht und fällt auch mit meinen eigenen Ansprüchen. Auf unsere Skalenarbeit bezogen, heißt das ganz konkret: Lösen Sie grobe Verallgemeinerungen auf und zwingen Sie sich, Position zu beziehen. Augenblicklich stehen Sie bei einer 4. Nun ist es sinnvoll zu überlegen: Wie kommen Sie am schnellsten zur 5? Machen Sie sich frei vom Gedanken, sofort die 9 oder die 10 erreichen zu wollen. Es geht jetzt um anfassbare und schnell erlebbare Erfolgserlebnisse, nicht darum, die eigene Bestmarke zu schlagen. Viele Menschen scheitern an der eigenen Maßlosigkeit, daran, zu viel auf einmal bewältigen zu wollen.

Skalenarbeit schärft Trennschärfe zwischen Sollen und Tun

Noch ein Königstipp vorweg: Arbeiten Sie die Trennschärfe zwischen Sollen und Tun heraus. Sie kennen den ewig gleichen Klagegesang: „Ich sollte mal wieder mehr Sport treiben oder mir mehr Zeit für mich gönnen. Ich sollte mir mal Gedanken über eine echte Entlastungsstrategie machen. Wir sollten mal wieder zusammen essen gehen." Das sind alles reine Absichtserklärungen, die oft nur eine Funktion erfüllen, nämlich unser Gewissen zu beruhigen. Vergeuden Sie ab sofort keine weitere Energie, indem Sie bloße Absichtserklärungen in die Welt posaunen. Damit beschlagen Sie bestenfalls Ihren Spiegel, aber mit einem effizienten Ressourcenmanagement hat das nichts zu tun. Die alles entscheidende Frage lautet: Was tue ich auf der 5 konkret anders als momentan auf der 4? Weg von der Absicht und hin zur konkreten Tat. Angenommen, Sie fühlen sich im Moment noch etwas müde und unkonzentriert. Verschaffen Sie sich fünf Minuten ausreichend Bewegung und trinken Sie etwas. Und zwar sofort.

Die aktive Zustandssteuerung mittels der Skalenarbeit funktioniert jedoch auch bei anderen Themengebieten. Angenommen, Sie sind unzufrieden über die Meetingkultur in Ihrem Unternehmen. Ihr Arbeitsalltag ist eng getaktet und es ärgert Sie immer öfter, wie viel Zeit durch unproduktive Besprechungen verloren geht. Zu den wirklich wichtigen Aufgaben kommen Sie kaum noch, da Sie immer mehr hinterherlaufen und Altlasten entsorgen. Auch hier kann die Skalentechnik viel Gutes bewirken. Machen Sie die Probe auf's Exempel: Wo verorten Sie auf der Skala den augenblicklichen Stand Ihrer Besprechungskönnerschaft? Wenn Sie z. B. auf der Skala eine 6 vergeben, fragen Sie sich im Anschluss unmittelbar: Was tue ich konkret auf der 7 gleich heute bei unserem wöchentlichen Jour fixe anders als auf der bisherigen 6? Eine mögliche Antwort könnte lauten: Ich kläre gleich zu Beginn unserer Besprechung mit allen Beteiligten das heutige Besprechungsziel und definiere für alle unmissverständlich den gewünschten Zielzustand vorab. Somit gewährleiste ich, dass wir uns zielorientiert unterhalten und uns nicht auf Nebenschauplätze begeben, die uns nur Zeit stehlen. Wie Sie das konkret in Szene setzen können, erfahren Sie in Kapitel 7 unter „Zielearbeit".

Natürlich ist das Instrumentarium der Skalenarbeit individuell veränderbar. Darin liegt auch ihre Stärke, denn so lässt sich jede relevante Ist-Situation schnell erfassen und auf den Punkt bringen. Nachfolgend noch eine Variante, um Ihren ressourcenorientierten Handlungsspielraum situationsgerecht zu erweitern. Wie bereits erwähnt, die einzelnen abzufragenden Parameter sind variabel austauschbar.

Bewerten Sie bitte auf einer Skala von -5 bis + 5 Ihre augenblickliche persönliche

■ Befindlichkeit …

    I-----I-----I-----I-----I-----I-----I-----I-----I-----I-----I

    -5   -4   -3   -2   -1   0   +1   +2   +3   +4   +5

■ Zufriedenheit mit Ihrer Führungsarbeit …

    I-----I-----I-----I-----I-----I-----I-----I-----I-----I-----I

    -5   -4   -3   -2   -1   0   +1   +2   +3   +4   +5

■ Kommunikationskultur in der Abteilung …

    I-----I-----I-----I-----I-----I-----I-----I-----I-----I-----I

    -5   -4   -3   -2   -1   0   +1   +2   +3   +4   +5

■ abteilungsübergreifende Kommunikationskultur …

    I-----I-----I-----I-----I-----I-----I-----I-----I-----I-----I

    -5   -4   -3   -2   -1   0   +1   +2   +3   +4   +5

■ Freude und Spaß bei der Arbeit mit Ihrem Team …

    I-----I-----I-----I-----I-----I-----I-----I-----I-----I-----I

    -5   -4   -3   -2   -1   0   +1   +2   +3   +4   +5

Auf den Punkt gebracht: Zwei Leitgedanken führen über eine verbesserte Selbstwahrnehmung zu einer effizienteren Selbstführung und fördern somit entscheidend das Prinzip der inneren Achtsamkeit:

Die Kraftfeldanalyse

Erfolgreiche Veränderungsarbeit beginnt erstens immer mit der Bewusstmachung, wo Sie augenblicklich stehen. Diese Bewusstheit bildet ein machtvolles Kraftfeld, das Sie kennen und nutzen sollten. Nur wenn wir in der Lage sind, den aktuellen Stand und Prozess bewusst wahrzunehmen, eine stimmige Selbsteinschätzung vorzunehmen, kann eine bewusste Verhaltenssteuerung in die gewünschte Richtung einsetzen. Diese Bewusstseinsschärfung macht erst den Weg frei für den zweiten wichtigen Schritt, nämlich Verantwortung zu übernehmen! Sie entscheiden, was Sie tun oder lassen. Dieses Prinzip der Selbstverantwortung bildet das zweite mächtige Kraftfeld. Oft fühlen wir uns stark und energie-geladen, wenn wir aktiv steuern können. Wenn wir handlungsfähig sind und unsere Tat-kraft in die richtige Richtung geht. In Kombination mit dem ersten Kraftfeld entsteht eine Veränderungsenergie, die Sinn macht und uns vom Sollen zum Tun führt. Nur unter dem Einfluss dieser beiden Polaritäten entwickelt sich unser Potenzial am wirkungsvollsten.

Abbildung 2.2   Kraftfeld-Analyse

Denken Sie daran: Die Struktur, die wir uns geben, prägt unser Verhalten. Mit der Kraft-feldanalyse und dem Befindlichkeitsscheck mittels der Skalenarbeit haben wir nun zwei Alltagswerkzeuge an der Hand, mit denen wir sofort loslegen können.

Das Grundprinzip eines erfolgreichen Selbstmanagements

Zum anderen lässt sich das Prinzip der Selbstverantwortung in eine einfache Kurzformel zum Ausdruck bringen:

Love it,
change it or leave it.
But decide and be happy!

Hier wird mit einfachen Worten ein Grundprinzip des erfolgreichen Selbstmanagements ausgesprochen. Entweder Sie akzeptieren oder schätzen sogar den entsprechenden ge-genwärtigen Zustand, den Sie gerade erleben, oder Sie verändern ihn so, dass er besser zu

Ihrer Situation passt. Funktioniert all dies nicht, beenden Sie diesen Zustand. Doch egal, wie Sie sich entscheiden, stehen Sie zu Ihrer Entscheidung und versöhnen Sie sich mit ihr. Wenn Sie sich dieses Grundprinzip zu Herzen nehmen, werden Sie feststellen, wie befreiend es wirkt.

Die viel beschworene Selbstmotivation hat eine ganze Menge mit Selbstregulierung zu tun und die beginnt zuerst im Kopf. Die innere Haltung prägt entscheidend Ihr Tun oder Lassen. Um diese EDV, also unsere Einstellungen, Denkweisen und Verhaltensweisen zielorientiert zu hinterfragen, bedarf es eben genau des Wissens um diese zwei Kraftfelder im Leben: nämlich das der Bewusstheit und das der Verantwortung. Nur wenn Sie sich klar darüber werden, in welcher emotionalen Grundsituation Sie sich gerade befinden, können Sie Ihre Emotionsenergie auch richtungsweisend steuern und kluge Entscheidungen treffen.

2.2   Perfektheitsfalle vermeiden

Einer energiegeladenen und positiven emotionalen Selbstregulierung drohen zwei Gefahren: zum einen die Perfektheitsfalle, zum anderen die Bewertungsfalle.

Jeder von uns wird mehr oder weniger von dem inneren Wunsch getrieben, besser zu werden, einen hoffentlich hohen Grad von Perfektion im eigenen Leben zu erreichen. Wer erfolgreich in seinem Job ist, zu dem schaut man respektvoll und anerkennend auf. Wer perfekt agiert, macht keine Fehler und erntet so eine Menge Macht und Prestige. Wir wollen fit sein, möglichst gut aussehen und unseren Job richtig und fehlerfrei erledigen. Diese Geisteshaltung spiegelt sich in zahllosen Castingshows wider und scheint normprägend auch für unser Verhalten zu sein. Ein Michael Schumacher steigt wieder ins Formel-1-Cockpit und zeigt aller Welt, was er am besten kann: schnell Auto fahren. Es scheint in uns ein Gen zu geben, das nach Perfektion und Vollendung strebt. Und das ist eigentlich auch ganz gut so. Denn wäre dies nicht der Fall, würden wir wohl immer noch in Höhlen leben und die Wände bunt anmalen oder in der Savanne auf Großwildjagd gehen. Der Mensch ist schlichtweg auf Fortschritt programmiert. Das Wachstumsbeschleunigungsgesetz der Bundesregierung aus dem Jahr 2009 legt davon eindrücklich Zeugnis ab: Die Wirtschaft muss wieder wachsen, koste es, was es wolle. Wachstum gleich Fortschritt, immerzu. So weit, so gut. Doch das Leben spielt sich bekanntlich immer zwischen Polaritäten ab. Und wo Licht ist, muss auch Schatten sein. Der Wunsch, perfekt sein zu wollen, ist nicht per se ohne Makel. Die Kehrseite der Medaille ist übertriebene Pedanterie, gesteigerter Kontrollzwang und eine übermäßige Angst vor Fehlern.

Auch hier können uns unsere inneren mentalen Landkarten in unwegsames Gelände führen. Vor allem dann, wenn man von der perfektionistischen Idee getrieben wird, möglichst allem gerecht werden zu wollen: Firma, Familie und auch den eigenen Bedürfnissen. Das Streben nach Perfektion, nach der 100-prozentigen Lösung kann eine Menge Energie rauben und bedeutet nicht zwangsläufig größeren Lebenserfolg. Wer im Drang nach Perfektionismus und Kontrolle übertreibt, rutscht schnell in eine Paradoxie: Das Leben wird nicht sicherer, sondern angstbesetzter.[10]

Die Gefahr eines Burnouts, eines emotionalen Erschöpfungszustands nimmt eher zu. So ist jüngst von der prominenten Kommunikationsmanagerin Miriam Meckel das Buch erschienen „Brief an mein Leben". Es handelt von ihrem Burnout. Sie beschreibt dort ihr rastloses Leben, eng getaktete Terminpläne, die ihr selten mehr als drei Stunden Schlaf gönnten. Ihr Ehrgeiz, viel und vor allem schnell im Leben etwas zu erreichen, so galt sie 1999 als jüngste Lehrstuhlinhaberin Deutschlands, ließ sie rastlos und maßlos sich selbst gegenüber werden. So sagt sie heute über sich selbst: „Ich habe bislang versucht, meine Leistung, meine Erfolge, meinen Input, meine Schnelligkeit zu steigern, irgendwie immer auf der Suche nach dem nächsten Kick, der genug Adrenalin ausschüttet, damit ich mich gut fühle und weiß, es ist richtig, was ich mache."[11]

Doch dann bricht sie plötzlich zusammen und nichts geht mehr. Es folgt ein sechswöchiger Klinikaufenthalt.

Um nicht in die „Perfektheitsfalle" zu tappen und viel Zeit zu Ärzten zu tragen, brauchen wir einen positiven Gegenwert, der sozusagen ausgleichend und ressourcenschonend wirkt. Dieser Gegenwert lässt sich in einem gesunden Pragmatismus finden.

Perfekt erledigte Jobs schießen des Öfteren am Ziel vorbei: etwa, wenn eine Kundenpräsentation jetzt zwar perfekt ist, der Kunde sich aber zwischenzeitlich für Ihren Mitbewerber entschieden hat, weil dieser sein Angebot schneller abgeliefert hat. Gut ist in 80 Prozent aller Fälle besser als super. Weniger ist meist mehr und lässt in den meisten Fällen auch noch genügend Energiereserven, um im Zweifelsfall noch einen Gang höher schalten zu können. Wir fahren schließlich unser Auto auch nicht immer mit Vollgas durch die Gegend, also sollten wir auch mit uns selber schonender umgehen. Entschleunigung führt uns oft überlegter und schneller zum Ziel.

> **Die folgende Geschichte bringt diesen Gedanken anschaulich auf den Punkt:**
>
> Till Eulenspiegel ging eines schönen Tages mit seinem Bündel an Habseligkeiten zu Fuß zur nächsten Stadt. Auf einmal hörte er, wie sich schnell Hufgeräusche näherten und eine Kutsche hielt neben ihm.
>
> Der Kutscher hatte es sehr eilig und rief: „Sag schnell – wie weit ist es bis zur nächsten Stadt?"
>
> Till Eulenspiegel antwortete: „Wenn Ihr langsam fahrt, dauert es wohl eine halbe Stunde. Fahrt Ihr schnell, so dauert es zwei Stunden, mein Herr."

---

[10] Bernd Sprenger: Die Illusion der perfekten Kontrolle. Kösel-Verlag, München 2009.

[11] Miriam Meckel: Brief an mein Leben. Erfahrungen mit einem Burnout. Rowohlt, Hamburg 2010.

> „Du Narr", schimpfte der Kutscher, trieb die Pferde zu einem schnellen Galopp an und die Kutsche entschwand Till Eulenspiegels Blick.
>
> Till Eulenspiegel ging gemächlich seines Weges auf der Straße, die viele Schlaglöcher hatte. Nach etwa einer Stunde sah er nach einer Kurve eine Kutsche im Graben liegen. Die Vorderachse war gebrochen und es war just der Kutscher von vorhin, der sich nun fluchend daran machte, die Kutsche wieder zu reparieren.
>
> Der Kutscher bedachte Till Eulenspiegel mit einem bösen und vorwurfsvollen Blick, worauf dieser nur sagte: „Ich sagte es doch: Wenn Ihr langsam fahrt, eine halbe Stunde ..."

Zum Glück vollzieht sich augenblicklich in der Unternehmenswelt vielerorts ein Paradigmenwechsel: weg vom übertriebenen Perfektionismus und hin zu einem entspannteren Pragmatismus. Die Hauptgründe lauten: Zunehmend wird erkannt, dass das Streben nach Perfektion erstens sehr ineffizient ist und zweitens sogar leicht zur Karrierefalle wird.

Das Pareto-Phänomen: Wie Perfektionismus die eigenen Arbeitsergebnisse verhagelt

Für unseren Zusammenhang spielt Alfredo Pareto eine tragende Rolle. Der italienische Volkswirt und Soziologe machte vor rund 100 Jahren eine bahnbrechende Entdeckung. Er fand heraus, dass 20 Prozent der Italiener 80 Prozent des Volksvermögens besaßen. Daraus leitete er eine allgemeine Bankenempfehlung ab, die besagt, dass sich die Banken zu 80 Prozent um die kleine Gruppe der Reichen kümmern sollten und lediglich zu 20 Prozent ihre Energie auf die Betreuung der viel gößeren Gruppe der ärmeren Klientel verwenden sollten. Nur dieses ökonomische Verhalten führe zu maximalem wirtschaftlichen Gewinn.

Diese Kernbotschaft fassen wir heute in der 80/20-Regel zusammen, die auch als Pareto-Prinzip bezeichnet wird. Die Paretoformel konnte jedoch nur deshalb zu einer weltweiten Erfolgsgeschichte werden, weil diese Gesetzmäßigkeit nicht nur den Bankensektor betraf, sondern auch auf viele andere Sektoren Anwendung fand und auch heutzutage weiterhin findet. Pareto-Verteilungen prägen unser Arbeitsleben dramatisch. In aller Regel generieren Unternehmen 80 Prozent ihres Umsatzes mit 20 Prozent ihrer Kunden. Vor einigen Jahren entdeckten US-amerikanische Arbeitssoziologen in einer US- und europaweiten Studie, die die Effizienz in Firmen untersuchte, ebenfalls eine Pareto-Verteilung: In 20 Prozent der Arbeitszeit, so ihre Beobachtung, werden 80 Prozent der Ergebnisse erzielt. In vier Fünftel der Zeit wird demnach lediglich ein Fünftel des Gesamtoutputs generiert. Diese dramatische ökonomische Schieflage schreit förmlich nach einer Erklärung. Wie entsteht eigentlich ein solches Pareto-Phänomen?

Abbildung 2.3   Pareto-Verteilung nutzen

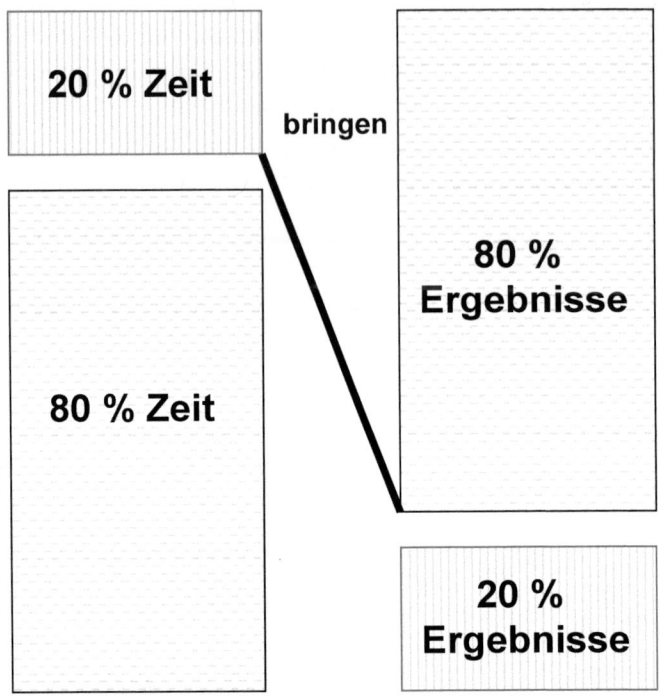

Egal, ob es sich um eine Projektplanung, die Produktion oder die Abwicklung von Arbeitsprozessen handelt. Stets ist es der letzte Schliff, für den unverhältnismäßig viel Aufwand und Energie betrieben wird. Der letzte Veredelungsschritt, die haarfeine Feinarbeit macht den Hauptgrund für die ungleiche Verteilung von Aufwand und Ertrag aus. Oft sind wir nur mit 120-prozentigen Lösungen zufrieden. Doch der Preis, den wir dafür zahlen, ist hoch. Hoher Kontrollaufwand, Korrekturgänge auf verschiedenen Ebenen sind zeit- und kostenintensiv. Das Erstaunlichste: Der Mehraufwand bringt in der Regel kaum Ertrag und erzeugt Wartezeiten bei Anschlussprozessen. Vor allem der Versuch – so die Forscher – , alle möglichen Fehler im Vorfeld zu vermeiden, sorgt für eine große Diskrepanz zwischen Aufwand und Ertrag. Kurzum: Der Wunsch, möglichst nur perfekte Ergebnisse abzuliefern, verhagelt uns oft die Bilanz. Es gibt also einen Umkehrpunkt, wo sich konstruktives Denken in Selbstsabotage verwandelt.

Dieses kontraproduktive Perfektionsstreben ist auch aus neurobiologischer Sicht eher eine Verhinderungsstrategie. Neueste Forschungsergebnisse der Hirnforschung besagen, dass unser Gehirn anderen Prinzipien folgt. Dazu ein Experiment: Neil J. Roese und Jeff R. Kuban von der Universität Illinois stellten 200 Studenten Mathematikaufgaben und maßen dabei deren Gehirnaktivität.

In einem ersten Durchgang hatten die Studenten 15 Minuten Zeit, die Aufgaben zu lösen, was als eine realistische Zeitvorgabe galt. In einem zweiten Durchgang, hatten sie nun 30 Minuten Zeit, wobei der Schwierigkeitsgrad das gleiche Niveau wie im ersten Durchgang hatte. Allerdings sollten die Studenten nun die volle Zeit nutzen, um eventuelle Fehler zu korrigieren. Das verblüffende Ergebnis: Die zur Verfügung gestellte Mehrzeit erbrachte kaum Ergebnisverbesserungen! Interessanterweise arbeitete das Gehirn der Studenten umso mehr, je länger sich diese mit einer Aufgabe beschäftigten. Ebenfalls bemerkenswert: Fast alle Studenten sagten hinterher, dass sie die Aufgaben im zweiten Durchgang schwerer fanden. Daraus zogen die Wissenschaftler den Schluss, dass Menschen Aufgaben als grundsätzlich umso schwieriger wahrnehmen, je länger sie sich mit ihnen beschäftigen. Offenbar ist das menschliche Gehirn nicht dafür programmiert, Dinge erschöpfend bis ins letzte Detail zu durchdringen. Evolutionär tickt unser Gehirn eher so, dass es Herausforderungen möglichst schnell erfolgreich bewältigen will, um zur nächsten Herausforderung wechseln zu können.

Eine weitere Forschungsstudie belegt, wie teuer Perfektion werden kann.

Proudfoot, ein amerikanisches Consulting-Unternehmen berechnet alljährlich, was es die Unternehmen kostet, seine Arbeitsstrukturen möglichst perfekt auszurichten. Für Deutschland ergab sich: 26 Arbeitstage gehen pro Jahr und Mitarbeiter für jedes Unternehmen verloren. Redundanzen, also unnötige Doppelarbeiten und häufige Wartezeiten sind hier die signifikantesten Störgrößen. In Summe verbrennen deutsche Unternehmen Jahr für Jahr somit satte 135 Milliarden Euro. Alles in allem ist der Hang zur Übergenauigkeit eine hochtourig laufende Geldvernichtungsmaschine, die zig Milliarden Euro verbrennt.[12]

Welche Schlüsse lassen sich nun daraus nutzbringend ziehen? Vor dem aufgezeigten Hintergrund wird nun eine positive Fehlerkultur immer wichtiger. Dafür sprechen drei Dinge: Erstens ist es wesentlich zielfördernder, wenn gemachte Fehler umgehend ausgebügelt werden, anstatt zu versuchen, alle erdenklichen Fehlerquellen im Vorfeld auszuschließen.

Zweitens bewahren uns Fehler vor zu viel Routine, provozieren uns zum Nachdenken und sind damit eine stetige Quelle der Verbesserung.

Drittens lässt sich eindrücklich belegen, dass angstfreie Mitarbeiter mehr leisten. Wer Angst hat, Fehler zu machen, also unter dem Damoklesschwert der Perfektion arbeitet, bringt im Durchschnitt bis zu 20 Prozent weniger Leistung. Darauf macht der Wirtschaftswissenschaftler Winfried Panse von der Fachhochschule Köln aufmerksam.[13]

---

[12] In der jährlichen Produktivitätsstudie von Alexander Proudfoot 2008 werden wichtige Probleme und Chancen in Bezug auf die Produktivität benannt. Die Erkenntnisse der Studie sind das Ergebnis von Gesprächen mit 1.276 Managern der mittleren Ebene in 12 Ländern und acht Branchen, einer Analyse von Daten, die bei Proudfoot-Aufträgen im Jahr 2007 erfasst wurden, und von ausführlichen Interviews mit Führungskräften in der ganzen Welt.

[13] Winfried Panse, Wolfgang Stegmann, Angst macht Erfolg. Erkennen Sie die Macht der konstruktiven Angst. Volk Verlag, München 2004.

Jeder fünfte Deutsche neigt zum Perfektionismus

So weit, so gut. Doch wie lassen sich nun diese Erkenntnisse in den Alltag transformieren? Jeder von uns weiß, wie schwer es uns fallen kann, eine tiefergehende Verhaltensänderung nachhaltig auf unserer Festplatte zu implementieren. Viele Menschen neigen nun mal zum Perfektionismus und können dieses erlernte Verhalten auch nicht mal so eben wie einen getragenen Hut ablegen. Gelernt ist schließlich gelernt, und oft gleicht dieses Muster den Rillen einer Schallplatte, welches von der Nadel des Tonabnehmersystems – unser Verhalten -, abgespielt wird. Psychologische Schätzungen gehen davon aus, dass jeder fünfte Deutsche einen ausgeprägten Hang zum Perfektionismus hat. In einer Gallup-Umfrage von 2009 gab sogar jeder Dritte an, im Job Perfektionist zu sein. Dieser Hang zur Übergenauigkeit, ein nicht zu bremsender Verbesserer zu sein, kostet Kraft und eine Menge Nerven. Wo liegen die Ursachen dafür?

Normalerweise prägen sich solche Verhaltensmuster in den ersten zehn Lebensjahren ein. Die Grundmatrix unseres Gehirns wird in der ersten Lebensdekade entscheidend geprägt. Das heißt konkret, ob jemand Perfektionist wird oder nicht, entscheidet sich in diesem frühen Zeitfenster der Menschwerdung. Und der Mensch lernt am Modell. Das, was die Eltern vorleben, hat also eine große Wahrscheinlichkeit auf Nachahmung. Schließlich wollen wir Akzeptanz und Liebe erfahren, übernehmen deshalb auch recht unreflektiert Wertmaßstäbe der Eltern und eifern diesen nach. So werden wir eher von unseren prägenden Vorbildern wahrgenommen und wertgeschätzt. Nochmals zum Fall Miriam Meckel zurück: „Die preußische Erziehung, die ich mitbekommen habe, lässt uns glauben, es müsse immer alles möglich sein, wir müssten immer funktionieren."[14]

Diese meist von den Eltern unkritisch übernommenen Glaubenssätze führen in eine Abwärtsspirale von Leistung und Anerkennung. Meist läuft es auf Folgendes hinaus: Je perfektionistischer die Eltern, desto perfektionistischer wird auch das Kind. Das Leben spielt sich oft ganz banal ab und prägt uns doch so entscheidend. Treten die Eltern beispielsweise sehr perfektionistisch auf, loben ihr Kind nur für Einsen in der Schule und tadeln bereits bei einer Zwei, wird das Kind stets die Eins anpeilen und selber ein Gefühl des Ungenügens in sich tragen, wenn es „nur" eine Zwei mit nach Hause bringt.

Sind die Eltern nur mit einem penibel aufgeräumten Kinderzimmer zufrieden und erteilen sie für ein im Großen und Ganzen ordentliches Zimmer bereits einen Rüffel oder quittieren sie den zweiten Platz beim Tennisturnier mit der Mahnung, dass das Kind künftig mehr trainieren muss, dann legt das Kind zwangsläufig die Erfolgslatte ganz nach oben.

Für unseren Zusammenhang sind nun vier Eigenschaften von Interesse, die zusammen das Persönlichkeitskonstrukt Perfektionismus erst ausmachen: Organisiertheit, das Anlegen hoher persönlicher Standards, Leistungszweifel sowie eine hohe Fehlersensibilität und eine damit einhergehende Bewertungsangst. Treten letztere zwei Dispositionen verstärkt hervor, überwiegt der ungesunde Perfektionismus und bereitet uns eher Probleme. Hier

---

[14] Miriam Meckel: Brief an mein Leben. Erfahrungen mit einem Burnout. Rowohlt, Hamburg 2010.

dominieren nun also eher Zweifel und Angst, eine gefährliche Mischung, die zum Phänomen des getriebenen Perfektionisten führt. Wir sind nicht mehr Herr im eigenen Haus und
geben zu viel Macht an den inneren Antreiber „Perfektionist" ab.

Sind diese beiden dunklen Eigenschaften des Persönlichkeitskonstrukts hingegen schwach
ausgeprägt, sprechen Psychologen von einem funktionalen oder gesunden Perfektionismus.

Die gute Erkenntnis lautet: Da Perfektionismus ein durch Erfahrung erlerntes Verhaltensmuster ist, kann es auch wieder „verlernt" werden bzw. durch ein neues Muster über-
schrieben werden. Was wir brauchen, ist also zuerst ein Musterbruch! Brechen Sie mit dem
negativen Muster.

Die 3x7 Formel der Hirnforschung

An dieser Stelle greift nun wieder die Denkweise der Kraftfeldanalyse: Bewusstheit und
Verantwortung. Eine emotional gesunde Selbstregulierung läuft nur über klare Verhal-
tensregeln. Wenn Sie z. B. das Meetingprotokoll verfasst haben, lesen Sie es nur noch
zweimal durch, bevor Sie es Ihrem Chef vorlegen. Oder: Das Preisangebot rechnen Sie
einmal nach und schicken es dann zeitnah dem Kunden. Zwei Dinge unterstützen Sie
hierbei tatkräftig: Disziplin und Ausdauer. Das Dranbleiben ist entscheidend. Wem es
auch nach dem dritten, vierten oder fünften Mal immer noch schwerfällt, eine Aufgabe als
beendet anzusehen, sollte sich Folgendes klarmachen: Bevor ein neues Verhalten intuitiv
in Fleisch und Blut übergeht, brauchen wir laut Neurobiologie bis zu 21 Versuche. Geben
Sie sich am Anfang mehr Kredit und befolgen Sie diese „3 x 7 Formel".

Erinnern Sie sich daran, wie schwer es Ihnen anfangs gefallen ist, das Autofahren zu erlernen? Kuppeln, Schalten, Gas geben, komplexe mehrdimensionale motorische Abläufe, die
Sie heute fließend beherrschen, mussten einst mühselig eingeübt werden. Wer aber Geduld mitbringt, der wird auch belohnt. Oder glauben Sie etwa ernsthaft, beim einmaligen
Besuch eines Fitnessstudios hinterher wie Arnold Schwarzenegger herauszukommen?
Machen Sie die Erfahrung, dass gut oft gut genug ist, dass es nicht immer perfekt sein
muss und schauen Sie über unbedeutende Schönheitsflecken immer öfter hinweg. Das
entspannt und fördert die Einsicht, dass ein kleiner Fehler nicht das ganz Große verdirbt.
Öffnen Sie ihr „körpereigenes Kokainschränkchen", indem Sie viel häufiger jenen Zustand
erreichen, den die Stressforschung als Flow bezeichnet – eine Art Rauschzustand, der sich
dann einstellt, wenn eine anspruchsvolle Aufgabe erfolgreich zu Ende gebracht wird.
Dann werden nämlich Noradenalin und Serotonin ausgeschüttet, Glückshormone, für die
Sie selber sorgen können. Das ist eine erfolgreiche emotionale Zustandssteuerung, die eine
Spirale aus Lust und Leistung zum Drehen bringt.

Vielleicht mögen Sie an dieser Stelle einwenden, dass es ohne jenen Drang zum Perfektionismus keine guten Karrierechancen gäbe – doch weit gefehlt. Eine aktuelle IBM-Studie
räumt auch mit diesem Klischee auf. Nach dieser Studie ist Präsenz, nicht Perfektion der
entscheidende Karrieretreiber. Nach Meinung der 1.000 befragten deutschen Beschäftigten
hängt der berufliche Aufstieg lediglich zu zehn Prozent von der Qualität der eigenen Ar-

beit ab. Viel schwerer wiegen dagegen der Bekanntheitsgrad im Unternehmen (60 Prozent) und eine souveräne Ausstrahlung (30 Prozent).[15]

Und hier greift eben genau jene Pareto-Denkweise. Derjenige, der eine Aufgabe inhaltlich nicht loslassen kann, läuft Gefahr, sich im Dickicht der Details zu verlieren. Er kommt nicht weg vom Schreibtisch und hat folglich auch kaum Ressourcen, um im Plausch mit den Kollegen und Vorgesetzen an seinem sozialen Netzwerk zu basteln. Das ist aber oft das Sprungbrett zum Erfolg. Nur wer ausreichend Zeitreserven einplant – eben genau nach der Pareto-Verteilung! – dem bleibt Zeit, im entscheidenden Augenblick Präsens zu zeigen. Und zwar dann, wenn es wirklich darauf ankommt, z. B. bei Sondereinsätzen.

Das Wie ist oft entscheidender als das Was!

Ein Kollege ist ausgefallen, das Projekt droht zu kippen, der Chef braucht dringend Unterstützung. Wenn Sie jetzt einspringen, tun Sie mehr für Ihr berufliches Fortkommen, als wenn Sie stets zwar perfekte Arbeit abgeben, dies jedoch zur Gewohnheit geworden ist und Sie damit auch keine besondere Beachtung mehr ernten. Können Sie jedoch flexibel genug reagieren, um den Brandherd zu löschen, sind das die wahren Big Points, die Sie wirklich weiterbringen.

Denken Sie daran: Das Wie ist oft entscheidender als das Was. Dass Sie Ihre Arbeit korrekt und gut machen, setzt der Chef stillschweigend voraus. Aber wie flexibel und angemessen Sie auf Unvorhersehbares reagieren, macht das entscheidende Mehr aus. Nutzen Sie vor allem die informellen Räume in Ihrem Wirkungskreis, also all jene Kontaktplattformen, die sich jenseits Ihres Schreibtisches abspielen. Hier lernen Sie bis zu 80 Prozent. An Ihrem Schreibtisch verbleiben also nur noch 20 Prozent Wirkkraft. Das macht einen Unterschied, oder?

Wenn wir schon beim „Wie" sind: Ihre Strahlkraft steigt in dem Maße, in dem Sie souveräner wirken. Souveräner wirken jedoch in der Regel weniger perfektionistisch agierende Menschen, weil sie grundsätzlich gelassener wirken. Rechnen Sie damit, dass hin und wieder etwas schiefgeht, dann bringen auch Fehler Sie nicht aus der Ruhe. Wer hingegen stets versucht, alle möglichen Fehler im Vorfeld zu vermeiden, es also mal wieder perfekt zu machen, überfordert nicht nur sich selbst, sondern wirkt auch auf andere schneller überfordert. Und nicht zuletzt kann eine solche überhöhte Erwartungshaltung auch andere leichter unter Druck setzen.

Und noch etwas kann den gewissen kleinen und entscheidenden Unterschied ausmachen. Selektieren Sie bewusster. Wenn Sie Karriere machen wollen, dann sollten Sie sich nicht jeden noch so unwichtigen Termin und Arbeitsschritt aufschreiben und alles penibel abarbeiten. Verzichten Sie auch bei Ihrer Zeitplanung auf Perfektion und plädieren Sie lieber für einen gesunden Mut zur Lücke. Notieren Sie sich nur die wichtigsten Termine, das, was Sie vergessen, ist im Moment auch nicht wirklich wichtig. Auf diese Weise verschaffen

---

[15] IBM-Studie aus dem Jahre 2009 zum Thema Karrierefalle Perfektion.

Sie sich Zeit und gedankliche Freiräume, um das große Ganze nicht aus den Augen zu verlieren. So haben Sie Ressourcen frei, um Entwicklungen vorauszudenken, Strategien zu entwerfen, tatkräftig zu führen und damit einen in Summe wirklich „perfekten Job" zu machen!

2.3 Das Werte- und Entwicklungsquadrat als Orientierungshilfe nutzen

Das folgende Werte- und Entwicklungsquadrat bietet Ihnen Sicherheit und Orientierung im Umgang damit perfekt sein zu wollen, ohne dass Sie dabei mit Ihrer Einstellung in den Graben rutschen.[16]

Abbildung 2.4   Wertequadrat Perfekt-sein-wollen

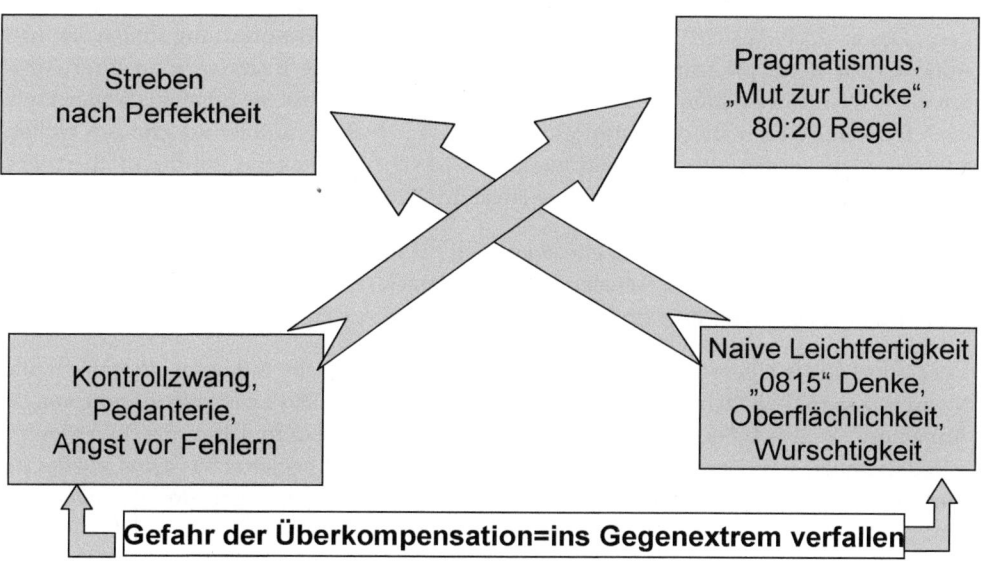

[16] Diese Methode geht auf den „Gründungsvater" Friedemann Schulz von Thun zurück. Miteinander Reden, Bd.1, 2 und 3. rororo, Hamburg 2000.

Denken Sie daran: Ein übertrieben gelebter Perfektionsdrang wirkt wie ein Energiegully, raubt Ihnen Kraft und Stärke, kratzt an Ihrem Selbstbewusstsein und ist eine echte Wachstumsbremse. Ein Zuviel des Guten führt meistens zur Verschlimmbesserung. Dies wusste man auch schon zu Shakespeares Zeiten. In seinem König Lear heißt es treffend: „Wer bessern will, macht oft das Gute schlimmer."

2.4   Bewertungsfalle vermeiden

Nachdem wir nun den Selbstsabotagefall des perfekten inneren Antreibers kennen gelernt haben, wenden wir uns nun einem nicht weniger interessanten Energiegully zu: nämlich dem der „Bewertungsfalle".

Sie mögen jetzt vielleicht einwenden, dass das Bewerten an sich doch ein ganz wichtiger Bestandteil ist, um zu guten und stimmigen Entscheidungen zu kommen, oder etwa nicht? Urteilen Sie bitte am Ende dieses Kapitels, um nicht zu Beginn schon in diese ominöse „Bewertungsfalle" zu tappen.

Stellen Sie sich bitte folgendes Szenario vor: Sie sitzen in einer Abteilungsbesprechung. Ihr Kollege, Herr Harry Hurtig, gibt einen Statusbericht über den aktuellen Stand des Projekts. Am Ende des Meetings erhalten Ihr Chef und zwei noch anwesende Mitarbeiter die wichtigsten Schlüsseldaten als Handout, Sie gehen allerdings leer aus. Sie fühlen sich übergangen. „Das ist doch Absicht", denken Sie sich. Direkt nach der Besprechung stellen Sie Ihren Kollegen zur Rede. „Warum habe ich vorhin eigentlich keine Unterlagen zu Ihrer Arbeit erhalten? Deutlicher hätten Sie mir ja nicht zeigen können, dass Sie mich ausgrenzen wollen." Ihr Kollege ist irritiert, kontert dann aber: „Was heißt denn hier ausgrenzen wollen? Sie müssen nicht über alles Bescheid wissen. Es ist echt anstrengend mit Ihrem übertriebenen Arbeitseifer. Überall müssen Sie ihre Nase drin haben."

So oder ähnlich könnte sich die Szene abgespielt haben. In Summe ein eher unbefriedigendes Ergebnis mit einem sehr schalen Nachgeschmack. Ein Konflikt ist vorprogrammiert, die kommunikative Tretmine droht den Arbeitsfrieden zu zerstören.

Der Grund dieses Übels liegt in der vorschnellen Bewertung der Situation. 75 Prozent aller Menschen verhalten sich wie im obigen Beispiel skizziert. Die Diagnose kommt vor der Annamese, so als ob Sie zu ihrem Arzt gingen und bevor Sie ihm Ihre Beschwerden geschildert haben, hat dieser flugs ein Rezept geschrieben und begleitet Sie schon wieder zur Tür. Werden Sie diesen Arzt wieder konsultieren? Wohl eher nicht, denn notwendiges Vertrauen konnte sich auf diese Art und Weise nicht aufbauen.

Im täglichen Umgang miteinander verhalten wir uns leider viel zu oft wie der vorher skizzierte Mediziner und müssen dann die Kolateralschäden ertragen. Das ist anstrengend und wenig lustvoll.

Deeskalationsstrategie betreiben

Denken Sie daran: Die höchste Form der menschlichen Intelligenz zeigt sich in der Fähigkeit, erst zu beobachten, ohne pfeilschnell eine Bewertung folgen zu lassen. Wenn Sie jedoch sofort die „Kalaschnikov" ziehen, wundern Sie sich bitte nicht über eine Eskalation der verbalen Gewalt. Geschickter wäre es hingegen, mit einer Deeskalationsstrategie folgenden Musters zu agieren. Stellen Sie sich bitte noch mal die geschilderte Ausgangssituation vor. Sie reagieren diesmal weniger überstürzt und warten eine passende Gelegenheit zu einem Gespräch ab. Wenn Sie diese ruhige Minute gefunden haben, könnten Sie zu ihrem Kollegen sagen:

„Herr Hurtig, in der Besprechung heute Nachmittag haben die anderen Kollegen und der Chef Unterlagen mit Ihren Projektdaten erhalten, ich aber nicht. Das irritiert mich, ja verärgert mich, denn ich wäre auch gerne informiert über das, was bei Ihnen läuft. Schließlich könnte es Überschneidungen zu meinem Projekt geben. Würden Sie mir daher die Infos bitte nachreichen?" Herr Hurtig reagiert bestürzt: „Oh, das war keine böse Absicht. Ich dachte, Sie wären augenblicklich so ausgelastet mit Arbeit, dass ich Sie nicht auch noch mit meiner Arbeit belasten wollte. Natürlich reiche ich Ihnen die Informationen zeitnah weiter, einverstanden?"

Die Lösung lautet hier: Bedürfnisorientiert kommunizieren mit dem Vierschrittmodell.

Der Ton und das Wie machen bekanntlich immer wieder die Musik. Vermeiden Sie Vorverurteilungen und ungeprüfte Vorannahmen. Dies sind ausgemachte Energiegullys und rauben Ihnen nur unnötig Kraft und Energie. Stattdessen gehen Sie bedürfnisorientiert vor und zwar in einem bewährten Vierschrittverfahren.[17]

1. Anstatt zu deuten, schildern Sie Beobachtungen.

    Beschränken Sie sich in einem ersten Schritt nur auf das reine Beobachten der maßgeblichen Situation. Suspendieren Sie vorerst Ihre eigene Meinung, auch wenn es Ihnen schwerfällt. Da wir alle unsere Umwelt nur beschränkt, also selektiv wahrnehmen, kann uns unsere Wahrnehmung auch schnell einmal einen Streich spielen. Was haben Sie in der Situation konkret gesehen oder gehört? Unterlassen Sie jegliche Form von Bewertung oder Interpretation.

2. Anstatt zu beschuldigen, haben Sie den Mut, Ihre augenblickliche Gefühlslage anzusprechen.

    Jetzt geht es darum zu sagen, was mit Ihnen los ist. Welches Gefühl hat Ihre Beobachtung ausgelöst? Bei unserem Beispiel bleibend: „Ich bin verärgert." Niemand kann Ihnen Ihre Gefühle absprechen, sie sind immer wahr und geben auch hier eine konkrete

---

[17] Marshall B. Rosenberg; Gewaltfreie Kommunikation. Eine Sprache des Lebens. Junfermann Verlag, Paderborn 2005.

Marschrichtung vor. Problematisch wird es erst dann, wenn wir Gefühle und Bewertungen miteinander vermischen. Vermischungen sind oft die Quelle von Leid. So wäre die Aussage: „Ich fühle mich ausgegrenzt", eine eindeutige Bewertung und kein Gefühl. Wir sprechen in diesem Zusammengang von einem „Pseudogefühl", denn es macht den anderen für die eigene Befindlichkeit verantwortlich. Der Satz kommt einer Beschuldigung gleich: „Du grenzt mich aus."

Pseudogefühle sind oft der Grund, warum z. B. in der Partnerschaft häufig aneinander vorbeigeredet wird und das Gefühl, vom anderen nicht verstanden zu werden, aufkommt. Die Aussage: „Ich fühle mich einsam", stellt eine klare gedankliche Bewertung dar, fällt also in die Kategorie „Pseudogefühl". Das analoge Gefühl dazu wäre hier traurig. Ich bin traurig.

Dieser Kerngedanke offenbart eine tiefergehende Erkenntnis, nämlich dass ich allein für meine Gefühle verantwortlich bin – und nicht der andere! Die Erkenntnis nimmt unglaublich viel Druck von Situationen.

3. Anstatt Strategien zur Bedürfniserfüllung anzuwenden, formulieren Sie Ihre Bedürfnisse.

    Es klingt so einfach, doch oft erlebt man eher einen verbalen Eiertanz: Sagen Sie ihrem Gegenüber, welches Bedürfnis hinter dem Gefühl steckt. Wieder zu unserem Beispiel zurück: Sie ärgern sich, dass Ihr Kollege seine Projektdaten nicht an Sie weitergeleitet hat, da Sie Klarheit darüber haben wollen, ob es Überschneidungen zu Ihrem eigenen Projekt gibt.

4. Anstatt zu fordern, äußern Sie eine Bitte.

    Zum Schluss machen Sie Ihrem Gesprächspartner deutlich, was dieser konkret tun kann, damit Ihr eigenes Bedürfnis erfüllt wird bzw. Sie diesem ein Stück näher kommen. Dies sollte immer als Bitte, nie als Forderung formuliert werden.

Neurotisches Zuhören vermeiden

Ein großes Problem im Umgang miteinander ist das Phänomen des neurotischen Zuhörens. Viel zu oft beobachten wir eine Situation viel zu ungenau und hören vor allem gar nicht richtig zu, weil wir innerlich schon auf der Lauer der Bewertung liegen. Viel zu oft sind wir auch schon gedanklich weit enteilt, sozusagen auf dem Sprung zum eigenen nächsten Gedanken. Vielleicht hört man auch zwischenzeitlich sehr schnell das Gras wachsen und schon ist das Tor zur Vorverurteilung des anderen sperrangelweit offen. Und schnapp, die Bewertungsfalle hat sich geschlossen.

Denken Sie daran: Wir haben im Umgang miteinander keine Wiederholungstaste. Machen Sie den zweiten Schritt nicht vor dem ersten. Also suspendieren Sie zuerst Ihre eigene Meinung und klären Sie in schwierigen Situationen folgende Fragen:

■ Wo ist meine Aufmerksamkeit?

■ Wohin geht meine Handlungsenergie?

■ Bin ich Teil des Problems oder Teil der Lösung?

Wichtig in diesem Zusammenhang ist, einen gesunden Abstand zur Stress auslösenden Situation zu finden. Wechseln Sie in diesem Sinne lieber die Perspektive: also weg von der vorschnellen Bewertung und Schuldzuweisung und hin zur gemeinsamen Lösung.

„Echt" rangiert stets vor „perfekt"

Und noch eins: Echt geht immer vor perfekt. Sie werden schnell merken, dass Sie im Umgang mit dem Vierschrittmodell etwas Übung benötigen. Die nötige Trennschärfe herauszuarbeiten, ist mühsam und lohnend zugleich. Am Anfang ist alles schwierig, bevor es leicht wird. Wichtig ist, dass Sie einen stimmigen Zugang zu dieser Vorgehensweise bekommen und sich damit wohl fühlen. Basteln Sie mit verschiedenen Formulierungsvarianten und Sie erhalten ein hoch wirksames Feedbackmodell, das Ihre Gesprächskultur entscheidend bereichert. Letztendlich mündet jede Form der Selbstorganisation in Kommunikation, weil jede Entscheidung, die Sie scheinbar nur für sich selbst treffen, Auswirkungen auf Ihr Umfeld hat.

3　Wie komme ich zu positiven Gefühlen?

Die Kernbotschaft lautet: Menschen sind produktiver, leisten mehr, besitzen ein größeres Durchhaltevermögen, sind belastbarer und zufriedener mit ihrer Arbeit, wenn sie Zugang zu ihren positiven Gefühlen haben.

Ein guter Zugang zu der Fülle unserer eigenen Ressourcen ist die Voraussetzung für ein stimmiges und ausbalanciertes Leben. Die positive Selbstregulierung meines Emotionshaushalts entscheidet maßgeblich darüber, ob ich meine Arbeit gut gelaunt und gerne tue. Eine gelungene Emotionsregulierung ist somit die beste Prophelaxe gegen Hektik und Stress.

Wer demnach über ausreichend positive Gefühle verfügt, der erreicht auch eher seine Ziele und Absichten. Nur, wie gelingt uns das am besten? Wie können wir der Produzent unser eigenen positiven Gefühle werden? Liegt das überhaupt in unserer Macht?

Zuerst einmal gilt es, mit althergebrachten Klischees aufzuräumen. Entrümpeln Sie angestaubte Glaubenssätze, wie: Positive Gefühle sind allein für positive Situationen reserviert und ganz bestimmt nicht in belastbaren Situationen möglich. Oder: Positive und negative Gefühle existieren zeitlich streng getrennt voneinander – können also nicht co-existieren.

Am fatalsten wirkt jedoch die Annahme, dass positive Emotionen wie ein Göttergeschenk aus heiterem Himmel uns schicksalhaft gegeben sind, also niemals durch eigenes Engagement hervorgerufen werden können. Umgekehrt wird ein Schuh daraus.

Wenn Sie Geld benötigen, gehen Sie in der Regel zu Ihrer Bank oder einem Geldautomaten in Ihrer Nähe. Doch diese Erfolgsstrategie funktioniert nur, weil Sie auch vorher etwas auf Ihrem Konto eingezahlt haben. Falls nicht, gehen Sie leer aus. Genauso funktioniert auch Ihr Gefühlsmanagement. Wie bei einer Bank führen Sie ein Gefühlskonto, und zwar sind Sie in diesem Fall Ihre eigene Bank. Ihr Gefühlskonto kann sowohl im Soll als auch im Haben sein. Sie allein sind verantwortlich für das, was Sie empfinden. Sie sind der Macher Ihrer eigenen Stimmung. Die „Bewertungsfalle" des vorangegangenen Kapitels erinnert uns daran. Menschen, die z. B. ihre Mundwinkel ständig nach unten ziehen, rauben nicht nur sich selbst Energie und Freude, sondern auch anderen. Sie wirken oft wie ein Energiegully, der wie ein schwarzes Loch jegliche Lebensfreude schluckt. Es ist unschwer zu erkennen, dass deren Emotionskonto deutlich im Minus steht.

Laut Gallup-Umfrage werden jedoch Menschen, die lächeln, also positive Gefühle zum Ausdruck bringen, als grundsätzlich seriöser und glaubwürdiger eingeschätzt. Dies bestätigt auch eine Emnid-Umfrage, nach der 68 Prozent der Befragten ihr Gegenüber hauptsächlich anhand des Lächelns beurteilen. Kurzum: Man folgt ihnen lieber.

Auch die Emotionsforschung stützt diese Sicht. Die Emotionsforscherin Alice Isen von der Cornell Universität in New York kam schon 2001 aufgrund zahlreicher Studien zu folgenden Ergebnissen.[18]

Menschen sind produktiver, leisten mehr, besitzen ein größeres Durchhaltevermögen, sind belastbarer und zufriedener mit ihrer Arbeit, wenn sie Zugang zu ihren positiven Gefühlen haben. Daraus ergibt sich noch eine weitere entscheidende Konsequenz. Sie erhalten bessere Bewertungen durch Vorgesetzte und erzielen ein höheres Einkommen. Kurzum: Gute Gefühle fördern die Karriere.

Dieser Tatbestand wird durch weitere Forschungsergebnisse untermauert. Barbara Fredrickson, die Direktorin des Labors für Positive Gefühle und Psychophysiologie an der Universität Michigan, entwickelte die für unseren Zusammenhang aufschlussreiche Broaden-and-Build-Theory.[19]

3.1   Die „Broaden and Build Theorie" der neueren Hirnforschung

Positive Gefühle wirken demnach auf zweierlei Weise. Zum einen erweitern positive Gefühle unser Gedanken-Handlungs-Repertoire (to broaden = erweitern). Zum anderen steigert das Erlebnis positiver Gefühle auch nachhaltig personelle Ressourcen, d. h., wir haben mehr Energie, mehr Überzeugungskraft und mehr Ausdauer (to build = aufbauen).

Weitere Vorteile sind: Positive Gefühle machen kreativer und verbessern die Problemlösekompetenzen. Sie wirken als Stresspuffer, machen uns also belastbarer und fördern soziale und kommunikative Fähigkeiten.

Wie aber gelingt es uns nun, diese positiven Gefühle für uns nutzbar zu machen?

Erneut liefert uns die Emotionsforscherin Barbara Fredrickson Treibstoff für die eigene Reflexion: Sie sprach mit Opfern des 11. Septembers 2001, also jenen Menschen, die den Terroranschlag auf das World Trade Center in New York überlebten. Ihre erstaunliche Erkenntnis: Menschen sind selbst in schwersten Krisen in der Lage, auch positive Gefühle als Handlungsauslöser zu nutzen. Viele Menschen erlebten unmittelbar nach dem Anschlag positive Gefühle wie Dankbarkeit darüber, dass Familie und Freunde verschont geblieben sind. Sie erlebten nach dem Anschlag ein neues Gefühl der Nähe und Verbundenheit mit den engsten Angehörigen und Freunden. Bei vielen veränderte sich dadurch

---

[18] Alice Isen: In: Handbook of Positive Psychology. CR Snyder and SJ Lopez. Oxford, England and New York, NY, Oxford University Press: Chapter 38: 528-540. 2002.

[19] Barbara Fredrickson: Positive Emotions. In: C. Snyder, S. Lopez (Hrsg.): Handbook of Positive Psychology. Oxford University Press, New York 2002.

auch ihr persönlicher Wertmaßstab: weg vom kurzfristigen Profitdenken und hin zu religiösen und spirituellen Werten.

Wichtig für unseren Zusammenhang ist nun: Wir scheinen in der Lage zu sein, sowohl positive als auch negative Gefühle gleichzeitig zu erleben. Offenbar existieren zwei voneinander unabhängige biologische Systeme nebeneinander. Das hat wichtige praktische Konsequenzen für unseren Alltag: Wenn wir etwas gegen negative Gefühle tun, haben wir damit also nicht automatisch positive Gefühle, sondern einfach nur weniger negative Gefühle.

3.2   Basistriebe als Motivationstreiber nutzen

Positive Gefühle müssen und können wir stattdessen aktiv erzeugen – und das in jeder Lebenslage. Wir sind sogar geradezu darauf programmiert. Wir sind auf Anstrengung programmiert, auf den Einsatz unserer natürlichen Energie und wir werden dafür mit einem tiefen Gefühl der Zufriedenheit, ja mit Lust belohnt. Wie befriedigend es ist, eine anspruchsvolle Aufgabe abzuschließen, haben Sie sicherlich schon viele Male erlebt. Der Frust entsteht oft dadurch, dass wir viel zu viele Dinge gleichzeitig bewegen wollen und nichts davon richtig abschließen. Anders ausgedrückt: Gäbe es diese Lust durch Leistung nicht, dann würden wir wohl immer noch wie die Neandertaler in Höhlen leben. Unser gemeinsames evolutionäres Erbe ist der Schlüssel zum Verständnis. Wir brauchen diese positiven Gefühle als pure Antriebsenergie, um an unsere Grenzen heranzukommen, neue Herausforderungen zu suchen und uns entscheidend weiterzuentwickeln.

Alle lebenswichtigen Verhaltensweisen folgen diesem inneren Gesetz der Triebbefriedigung: Sex und Sättigung folgen dem Lustprinzip wie die Motten dem Licht. Wir können erst dann Ruhe und innere Befriedung genießen, wenn wir etwas erreicht haben, nämlich jenen anvisierten Zielzustand. Dieser Mechanismus treibt uns an und verschafft uns gute Gefühle. Ein gemütlicher Fernsehabend mit Bier und Chips mag verlockend und vielversprechend sein, dauerhaft glücklich und zufrieden macht er jedoch nicht. Wir wollen etwas leisten und finden deshalb den Zugang zu unseren positiven Gefühlen am besten über echtes Engagement. Einfache und wirksame Hilfsfragen lauten:

- ■ Wofür schlägt mein Herz?
- ■ Was ist mir wirklich wichtig?
- ■ Wofür will ich mich mit meinem Herzblut einbringen?

Tiefergehend glücklich und zufrieden wird der Mensch erst dann, wenn er die Sinnfrage – wozu strenge ich mich eigentlich an? – für sich positiv beantwortet.

Zwei Beispiele verdeutlichen diesen Kontext: Haben Sie gewusst, dass Andre Agassi, einer der besten Tennisprofis aller Zeiten, lange Zeit das Tennisspielen gehasst hat? In seiner Autobiografie gibt er Einblick in sein Seelenleben. Im Jahre 1997, da war Agassi schon elf Jahre Profi, hatte schon alles gewonnen, was es zu gewinnen gab, und stand trotzdem kurz vor dem Karriereaus. Der Grund: Existenzielles Vakuum – die große Sinnleere, das Erfolgsquartett zu Ende gespielt, „Mein Auto, mein Haus, meine Yacht …" Agassi konnte damals seinem Tun keinen tieferen Sinn mehr abgewinnen. Der Werteakku war leergelaufen. Nach längerem Nachdenken stellte er sich eine entscheidende Frage: Gibt es überhaupt einen Grund, dass ich weiterspiele, einen einzigen? Die Antwort fand er kurze Zeit später: die Gründung der Andre-Agassi-Stiftung, die Kinder aus einem schwierigen sozialen Umfeld schulisch ausbildet und unterstützt. Andre Agassi: „Tennis ist weiterhin hart, schwierig für den Kopf, aber Du spielst für etwas, das bleibt, dass wichtiger ist als Deine Bedürfnisse."[20]

Eins wird hierdurch deutlich: Wahre und innere Zufriedenheit entsteht erst dann, wenn wir unsere Werte kennen und bewusst leben. Erst dadurch können wir unserem Tun einen höheren Sinn geben, wenn wir also wissen, wozu wir etwas Sinnstiftendes beitragen können. Somit fällt es uns auch leichter, das höhere Ganze im Auge zu behalten. Eindimensionales materielles Denken und Trachten hingegen wird jenseits der 30 fad und führt eher in die Frustfalle. Dazu passt auch, dass heute mittlerweile jeder vierte Deutsche als Ehrenamtlicher unterwegs ist. So entstehen positive Gefühle.

Soziale Bindung als Antriebsenergie nutzen

Neben der Sinnfrage bietet uns auch der Bindetrieb einen energiereichen Zugang zur Fülle unserer positiven Gefühle. Im Jahre 2008 gewann der Ire Colin O'Conner einen Millionenbetrag im Lotto. Er gab seinen Job bei McDonald's auf und dachte, dass von nun an ein Leben in Saus und Braus ihn ausfüllen würde. Weit gefehlt. Nach nur drei Monaten kehrte er an seinen Arbeitsplatz zurück, da ihm die Kollegen fehlten. Was sich so banal anhört, trifft doch einen elementaren Lebensnerv: Wir wollen dazugehören. Das Zusammengehörigkeitsgefühl ist eine unermessliche Quelle guter Gefühle. Das „Wir-Gefühl" stärkt unser Selbstwertkonzept und setzt Kräfte frei. Das Bedürfnis nach Bindung erleben wir von klein auf in der Familie oder im Freundeskreis. Dieser Wunsch nach Nestwärme ist uns genetisch eingepflanzt und will gelebt werden. Die Belohnung folgt mittels guter Gefühle auf dem Fuß. Der nicht ausreichend gelebte Bindetrieb des Lottogewinners war ausschlaggebend für seine Rückkehr an seinen Arbeitsplatz. Weder das Leben im Schlaraffenland macht uns wirklich glücklich, noch wollen wir ewig in der Hängematte den Traum von der einsamen Insel leben, sondern wir wollen uns aktiv einbringen.

Zusammengefasst gilt: Positive Gefühle gibt es nicht umsonst. Drei Schritte sind zu gehen:

1. Machen Sie sich Ihre Stärken und Leidenschaften bewusst:

    Wofür haben Sie ein gutes Händchen? Was fällt Ihnen leicht? Auf welchem Gebiet sind Sie richtig gut? Falls Sie hier noch auf der Suche nach stimmigen Antworten sind, kann Ihnen die folgende Übung mehr Klarheit bringen.

---

[20] Andre Agassi: Open: Eine Autobiografie. 2009.

Ressourcencheck: „Ebenen des Könnens"

Nehmen Sie dazu ein leeres Din-A4-Blatt und unterteilen Sie dieses in drei Spalten. Setzen Sie von links nach rechts folgende Überschriften über die Spalten: „Mein bisheriges Leben", „Situationen, die mir gut gelungen sind" und „Fähigkeiten, die dazu beitrugen". Unterteilen Sie Ihr bisheriges Leben in drei Zeitabschnitte, also Ihr erstes Lebensdrittel, Ihr zweites und Ihr aktuell drittes. Jetzt richten Sie Ihre Aufmerksamkeit nach innen und durchforsten diese Lebensabschnitte nach besonderen Ereignissen und Meilensteinen. Definieren Sie für sich diese herausragenden Erlebnisse und halten Sie sie stichpunktartig schriftlich fest. Jetzt kommt der entscheidende abschließende Schritt, der oft Altbewährtes neu bewusst macht. In die dritte Spalte tragen Sie nun Ihre besonderen Fähigkeiten ein, die zum Gelingen der Situation beigetragen haben. So kann z. B. Ihre erste selbst unternommene Ferienreise ohne Ihre Eltern mit einem Freund oder einer Freundin besondere Fähigkeiten gefördert haben wie ein gutes Organisationstalent.

Ebenen des Könnens

Mein bisheriges Leben	Situationen, die mir gut gelungen sind	Fähigkeiten, die dazu beitrugen

1/3

2/3

3/3

Mit dieser Vorgehensweise fördern Sie Ihr eigenes brachliegendes Wissen und Können. Sie schärfen somit wirkungsvoll Ihr eigenes Profil.

2. Engagieren Sie sich:

    Alle relevanten Studien belegen: Aktivität ist Trumpf. Relaxen im Liegestuhl (Mit Bier und Chips bestrafst du dich auf Dauer gesehen) hat auch seine Berechtigung – doch aufs Ganze gesehen, belohnt uns gesunde Anstrengung mit mehr positiven Gefühlen.

3. Binden Sie sich emotional an das, was Sie tun:

    Die meiste Zeit verbringt der Mensch im Bett, den zweitgrößten Anteil an Zeit bei der Arbeit. Deshalb ist es besonders wichtig, gerade der Arbeit auch positive Seiten abzugewinnen.

Arbeit ist nicht immer ein Zuckerschlecken, dennoch entscheidet vor allem unsere innere Einstellung über Be- oder Entlastung: Auch unter schwierigen Bedingungen lässt sich unsere Arbeit positiv bewerten – z. B. indem wir uns auf den tieferen Sinn unserer Tätigkeit besinnen und uns Ziele setzen. Fällt es uns augenblicklich etwas schwer, unserer Arbeit einen positiven Sinn zu entlocken, sollten wir einen mentalen Gang höher schalten. Probieren Sie Folgendes aus: Konzentrieren Sie sich auf den eigentlichen Mehrwert Ihrer Arbeit. Wo liegt der motivierende Zusatznutzen?

■ Arbeit bringt Struktur in den Alltag.

■ Arbeit schafft soziale Kontakte.

■ Arbeit gibt Ihnen finanzielle Sicherheit.

■ Ihre Arbeit erleichtert die Arbeit Ihrer Kollegen.

■ Arbeit schafft Anerkennung.

Das Rennen wird im Kopf entschieden. Die Steuerung der eigenen Aufmerksamkeit ist eine der wichtigsten Strategien in der Emotionsregulation. Die wichtigste Frage lautet: Wohin geht Ihre Aufmerksamkeit und damit auch Ihre Energie? Entscheidend für die eigene Emotionssteuerung ist, dass positive Gefühle uns den Mut zum Anderssein geben. Sie helfen uns, neue Verbindungen zu erkennen und innovative Lösungen für Probleme zu entwickeln. Positive Gefühle

■ steigern und verlängern die eigene Lebenszufriedenheit und Lebensdauer,

■ machen leistungsfähiger,

■ fördern Kreativität,

■ verbessern Problemlösestrategien,

■ setzen Energien frei,

■ steigern die Selbstwirksamkeitsüberzeugung,

■ stärken soziale Kompetenzen und fördern Beziehungen

■ und wirken in schwierigen Situationen als Stresspuffer.

Abbildung 3.1   Bauch- und Herzgefühle

Nur wenn Bauch, Verstand und Herz zusammen spielen, haben wir eine Chance auf dauerhaften Erfolg.

Gefühl und Herz sind keineswegs deckungsgleich. Es gibt Gefühle, die zum Herzen gehören, andere sind eher der Bauchregion zuzuordnen:

Empfindungen wie: Freude, Mut und Liebe sind dem Herzen zuzuordnen.

Emotionen wie Wut, Ärger, Trauer, Lebenslust und sexuelle Begierde gehören dagegen eher der Bauchregion an.

Achten Sie auf Ihre körperlichen Empfindungen.
Manche sitzen im Bauch, andere im Herzen. Probieren Sie es aus!

4 Entscheidungsfindung: Wie komme ich zu klugen und tragfähigen Ergebnissen?

„Jede Entscheidung braucht einen emotionalen Anstoß.
Aus purem Verstand heraus kann der Mensch nicht handeln."

[Antonio R. Damasio, Descartes' Irrtum]

Die Kernbotschaft lautet: Eine kluge Entscheidungsfindung ist nur dann möglich, wenn sie emotional unterfüttert ist. Das Fehlen von Emotionalität offenbart meist irrationale Entscheidungen.

4.1 Die Ebene der intuitiven Entscheidungsfindung

Von den Germanen ist bei Tacitus ein besonderes Entscheidungsfindungsritual überliefert. Wollten die Germanen eine tragfähige Entscheidung herbeiführen, so taten sie zwei Dinge:

Zum einen gingen sie sehr rational an die Problemsituation heran, analysierten die Vor- und Nachteile nüchtern und bei klarem Verstand. Danach tranken sie sich einen ordentlichen Rausch an und fällten in diesem betrunkenen Zustand nochmals eine Entscheidung. Offenbar trauten sie der reinen Verstandesgabe nicht so recht über den Weg. Was lag also näher, als bei einem Schoppen Wein jenen beschwingteren Geisteszustand herbeizuführen, der auf einer emotional offeneren Ebene darüber nachspürte, ob man mit dem Ergebnis auch weiterhin gut leben könnte. Falls dem so war, stand der Entscheidung nichts mehr im Wege.

Erst die Verbindung von Ratio mit dem vorhandenen Bauchgefühl schien für die Germanen der goldene Mittelweg zu sein, um gute Entscheidungen herbeizuführen. Wurde in beiden Geisteszuständen das gleiche Ergebnis erzielt, so war die Entscheidung getroffen.

Aus der modernen Hirnforschung ist bekannt, dass Tacitus eine bahnbrechende menschliche Beobachtung beschrieben hat: die Theorie des Geistes.

Gewinn der Außenperspektive erweitert den Bewusstseinsrahmen

Der Mensch entwickelt um das vierte Lebensjahr herum eine besondere Fähigkeit. Ab diesem Lebensjahr bildet sich unser Bewusstsein aus. Da uns nun auch klar wird, dass der andere, der Mitmensch, auch ein Bewusstsein hat, ist nun die Voraussetzung gegeben, sich in die Lage eines anderen versetzen zu können. Ab sofort ist es demnach dem Menschen möglich, eine Außenperspektive zu sich selbst, zu anderen oder zu einem Problem, das man hat, einzunehmen. Dieser neue Möglichkeitsrahmen ist grundlegend für unser geistiges Geschehen und für alle folgenden Entscheidungsprozesse. Wir können uns gemeinsam ein Bild anschauen oder einen Haushaltsplan diskutieren. Wir sind in der Lage, von uns selber zu abstrahieren und abzuwägen, welche Entscheidung die vermutlich beste für uns ist. Der Gewinn der Außenperspektive ermöglicht uns in diesem anderen Bewusstseinszustand, ganz nüchtern über relevante Fragen nachzudenken und gute Analysen zu formulieren.

Der Münchner Hirnforscher Ernst Pöppel betont die Wichtigkeit, „dass bei Entscheidungen beide Bewusstseinszustände berücksichtigt werden müssen, also die emotional gefärbte intuitive Bewertung und die klare und distanzierte Analyse. Bei strategischen Entscheidungen setzt man oft nur auf die Analyse aus der Außenperspektive und vergisst hierbei, dass Menschen auch ‚mitgenommen' werden müssen, um strategische Entscheidungen umzusetzen. Ohne die emotionale Einbindung und das ich-nahe Nachvollziehen von Entscheidungen bleiben Entscheidungen im leeren Raum hängen, sind also fruchtlos."[21]

Betrachten wir die Gegenwart genauer: Das eingangs skizzierte germanische Entscheidungsritual findet auch heutzutage häufig statt. Sie schmunzeln? Wollen Sie mit Asiaten gute Geschäfte machen, werden Sie z. B. in Japan nach einem langen und anstrengenden Verhandlungstag gerne noch auf einen Karaokeabend eingeladen. Denn auch die Japaner wissen, dass tragfähige Entscheidungen weit besser geraten, wenn die rationale Basis mit einer emotionalen und intuitiven Bewertung verbunden wird. Stimmt die Chemie auch in der geselligen Runde, ist die Entscheidung gefällt. Nicht nur Japaner wollen schließlich wissen, mit wem sie gute Geschäfte machen. Wir haben das Bedürfnis zu erfahren, welcher Mensch hinter der taktierenden Maske des Geschäftsmenschen steckt.

4.2   Welchen Anteil haben Emotionen bei der Entscheidungsfindung?

Dieses Alltagsbeispiel verdeutlicht folgende auch neurobiologisch abgesicherte Erkenntnis: Es ist ein Irrtum zu glauben, dass Entscheidungen nur durch die reine Vernunft gesteuert würden. Neueste bildgebende Verfahren der Neurobiologie belegen eindeutig, dass bei Entscheidungsprozessen jene Gehirnareale aktiv sind, die emotionale Bewertungen repräsentieren. Hirnphysiologisch ist ein Entscheiden ohne Emotionen schlichtweg unmöglich. Bedenken wir die Tatsache, dass sich das lymbische System/Gehirn – der Hauptsitz unsere Emotionen – zuerst herausgebildet hat und erst in einem viel späteren Prozess der kühlere

---

[21] Ernst Pöppel, Zum Entscheiden geboren. Hirnforschung für Manager. Hanser Verlag, München 2008.

Verstand dazugekommen ist, erscheint das Zusammenspiel von Ratio und Emotion als ganz selbstverständlich. Und dieses Wissen kann ich auch in vielen Alltagssituationen klug nutzen.

Kraft der intuitiven Weisheit nutzen

Wodurch ist unsere Gegenwart geprägt? Zum einen steigt die Komplexität vieler Prozesse, zum anderen nimmt auch deren Tempo stetig zu. Aus der Neurobiologie ist bekannt, dass wir Tag für Tag bis zu 20 000 schnelle Entscheidungen treffen. Natürlich laufen diese Prozesse oft automatisch, intuitiv ab. Wir brauchen also nicht lange zu überlegen, ob wir jetzt gleich einen Schluck Wasser trinken, weil wir Durst haben, sondern wir machen es einfach. Es hat sich schlicht und einfach bewährt. Unser Gehirn sucht automatisch nach Entlastungsstrategien, will mit wenig Aufwand eine möglichst große Hebelwirkung erzielen. Was sich Jahrtausende als Erfolgsstrategie bewährt hat, das lässt sich auch auf komplexe Entscheidungsprozesse übertragen. Die Zauberformel lautet: Nutze die Kraft der intuitiven Weisheit. Leider liegt diese oft unbenutzt brach. Fragen wir einen erfolgreichen Vertriebler, was konkret sein Erfolgsrezept ist, so werden wir erstaunt feststellen, dass dieser es oft gar nicht auf den Punkt bringen kann. Er denkt nicht viel nach, wenn er mit dem Kunden Kontakt hat. Er ist voll und ganz präsent in der Situation und macht intuitiv alles richtig. Doch diese Könnerschaft ist kein Geschenk der Götter, sondern über Jahre generiertes Erfahrungswissen. Ein solcher Profi kann intuitiv entscheiden, welche nächste Schritt nun ansteht, und geradezu traumwandlerisch die richtigen Register ziehen. Auch ein erfahrener Unfallchirurg oder ein Feuerwehreinsatzleiter weiß genau, welche Handgriffe wann und wie zu erfolgen haben. Müsste er erst abwägend lange nachdenken, wäre er längst verloren.

Die Hirnforschung empfiehlt die „3 x 7 Formel"

Denken Sie an das Autofahren: Wie leicht fällt es Ihnen heute, hochkomplexe motorische Abstimmungsprozesse wie Kuppeln, Schalten, Gas geben intuitiv erfolgreich ablaufen zu lassen. Und wie schwer fiel Ihnen damals die erste Fahrstunde, um dieses neue motorische Entscheidungsmuster einzuüben. Auch in diesem Zusammenhang bietet uns die moderne Hirnforschung einen nützlichen Erklärungsansatz an. Demzufolge müssen neue Verhaltensweisen der „3 x 7 Formel" folgen. Soll auf unserer eigenen „Festplatte" ein neues Verhaltensmuster erfolgreich implementiert werden, so brauchen wir mindestens 21 Versuche.

Somit wird deutlich: Um überhaupt handlungsfähig zu bleiben, brauchen wir den Zugang zu unserem intuitiven Erfahrungswissen. Diese Intuition wirkt entlastend und nimmt viel Druck aus Alltagssituationen. Mal haben wir zu viele, mal zu wenige Informationen oder aber sie widersprechen sich in manchen Fällen sogar. Und trotzdem muss ich immer wieder entscheiden. Sinnvoll ist also, in angemessener Weise Komplexität aus Entscheidungssituationen herauszunehmen. Es ist auch gut zu wissen, dass psychologische und neurologische Erkenntnisse vorliegen, die eindeutig aufzeigen, dass intuitive Entscheidungen nicht nur ökonomischer und schneller, sondern oft auch besser sind. Um dem magischen Zauber der Intuition mehr Transparenz zu verleihen, bietet sich folgende Arbeitsdefinition an. Unter Intuition oder auch dem sogenannten Bauchgefühl ist ein Urteil zu verstehen, das sehr schnell – also ad hoc – im Bewusstsein auftaucht, ohne dass die kausale Begründung ganz klar wäre und eine gute Handlungsalternative verspricht.

Da unser Gehirn vorwiegend in Analogien denkt, braucht es Vergleichswerte, „Referenzprojekte", um gute Entscheidungen abzurufen. Diese Aufgabe übernimmt unser adaptives Unbewusstes. So bezeichnet man im Fachjargon jenen Hirnbereich, der Zugriff hat auf das gesamte Erfahrungswissen, das wir im Laufe des Lebens erworben haben. Blitzschnell werden vorliegende Erfahrungswerte auf Lösungsorientiertheit gecheckt und Handlungsoptionen geliefert. Insofern kann man auch unsere Intuition als sich selbst organisierende Intelligenz bezeichnen. Nur leider liegt diese „Intuitions-Ressource" oft ungenutzt brach. Vielleicht auch gerade deshalb, weil wir dieser intuitiven Kompetenz nicht so recht über den Weg trauen, weil sie so schwer fassbar ist und wir uns somit nicht die innere Erlaubnis ausstellen, einen solchen inneren Berater mit einer gezielten Suchanfrage zu beauftragen. Die Wahrnehmungspsychologie geht davon aus, dass wir nur über ein sehr schmales Bewusstseinsfenster verfügen. Schätzungen gehen davon aus, dass nur fünf Prozent dessen, was in unserem Organismus geschieht, uns auch wirklich bewusst ist. Drehen wir diese Schätzung um 180 Grad, bleiben uns 95 Prozent aller Prozesse unbewusst. Im Sinne eines effizienten Ressourcenmanagements sollten wir den Zugang zu diesem Potenzial ausfindig machen.

4.3   Kernkompetenz der inneren Achtsamkeit fördern: Somatische Marker als Einflussgröße nutzen

Hier greift nun unser schon vorab thematisiertes Prinzip der inneren Achtsamkeit. Der Hirnforscher Antonio Damasio spricht in unserem Zusammenhang von somatischen Markern. Hiermit meint er einfachste Körpersignale wie das allseits bekannte „Kribbeln im Bauch" oder das „flaue Gefühl im Magen", die immer dann auftreten können, wenn wir verschiedenste Handlungsalternativen vor unserem geistigen Auge betrachten. Bei positiven Signalen verspüren wir oft eine Leichtigkeit, die Brust weitet sich, es wird hell im Kopf oder wir sehen helle Bilder. Verspüren wir jedoch eher einen Kloß im Hals oder ein Zittern der Knie, sehen wir eher düstere innere Bilder, dann deuten diese Impulse auf negative Symptome.

Damasio hat nachgewiesen, dass diese somatischen Marker im Zusammenspiel mit unserem Erfahrungsgedächtnis entstehen. Im Erfahrungsgedächtnis werden äußere Begebenheiten vor dem Hintergrund bewusster wie unbewusster Erfahrungen verarbeitet. Das Erfahrungsgedächtnis drückt dann über verschiedenste Körpersignale aus, wie es vor diesem Hintergrund die gegenwärtige Situation bewertet. Und noch etwas Entscheidendes kommt hinzu: Unser Erfahrungsgedächtnis ist sehr schnell, so schnell, dass wir uns oft nicht sofort rational erklären können, wieso wir gerade so ein komisches Gefühl empfinden und eher für eine Sache positiv oder negativ eingestellt sind. Der nackte Verstand kommt öfters verspätet zum Tatort. Deshalb ist es so wichtig, diese Körpersignale wie ein seismografisches Frühwarnsignal für die eigene Entscheidungsfindung zu nutzen.

Spüren wir mit unserer inneren Achtsamkeit genau dahin, wo sich uns ein solches Gefühl mitteilt, liefert es uns somit wichtige entscheidungsrelevante Fakten. Missachten wir diese Infobörse, dann berauben wir uns einer wichtigen Entscheidungskomponente und laufen Gefahr, eine Entscheidung zu treffen, die nicht zu uns passt. Wenn wir jedoch diese Körpersymptome bewusst wahrnehmen und in unseren Entscheidungsprozess integrieren, haben wir bereits viel Gutes für uns bewirkt.

Die Kraft des intuitiven Wissens kann sich aber auch über eine innere Stimme oder in Gestalt von inneren Bildern bemerkbar machen. Kennen Sie den deutschen Chemiker Friedrich August Kekule? Dieser forschte Mitte des 19. Jahrhunderts sehr erfolgreich auf dem Gebiet der Kohlestoffverbindungen. Nur mit dem Benzol wollte es nicht so recht klappen. Dieser Strukturformel kam er trotz hartnäckigster Forschungsarbeit nicht auf die Schliche und bekanntlich stellt sich dann mit der Zeit die gefürchtete Denkblockade ein. Erst als er eines Abends am Schreibtisch in Halbschlaf verfiel und dabei in das Feuer seines Kamins starrte, kam ihm die Lösung. Vor seinem geistigen Auge sah er eine Schlange, die sich wie ein Rad in den eigenen Schwanz zu beißen schien. Plötzlich war Kekule wieder hellwach und hatte mit diesem Traumbild den Schlüssel zur Lösung gefunden. Kekule erklärte sich die Struktur des Benzols als Ringbindung und traf damit ins Schwarze. Dieses Beispiel verdeutlicht die Wirkprinzipien der Intuition. Am Anfang haben die Götter bekanntlich den Schweiß vor den Erfolg gestellt. Zuerst muss die intensive geistige Auseinandersetzung mit dem Problem stattfinden. Auf Beton kann schließlich auch kein Getreide wachsen. Diese „mentale Schwangerschaft", also jene Zeit des intensiven Nachdenkens über eine Problemlösung, ist der erste entscheidende Schritt. Nach dieser Phase der Anspannung sollten Sie nun in die Gegenpolarität in Form des aktiven Loslassens überwechseln. Im obigen Beispiel war es der Halbschlaf, der die notwendige Entspannung brachte und das Tor zur Intuition öffnete. Die Lösung lauert meist auf einer anderen Ebene, womit der Gedanke einhergeht, dass die Strategie des „Immer-mehr-desselben" eher blockiert als Vorteile generiert.

Ähnlich kam Isaac Newton zu seiner Theorie der Erdanziehungskraft. Er saß bekanntlich unter einem Apfelbaum und sah den Äpfeln beim Fallen zu. Und dann hat es in seinem Hirn „Klick" gemacht. Selbst beim Baden kann man Geschichte schreiben: So war es Archimedes, der, in der Wanne liegend, seine berühmte Volumenberechnung eines Körpers anhand der Menge des von ihm verdrängten Wassers erstellte.

In allen skizzierten Fällen war es stets die Kombination aus geistiger Anstrengung und der dann nötigen Entspannung, die die Lösung brachte. Anders ausgedrückt: Einseitigkeit macht dumm. Nur im Verbund aus Bauchgefühl und Kopfarbeit entstehen die besten Lösungen. Da unser Gehirn niemals schläft, liefert es uns ständig ein nützliches Hintergrundrauschen an Informationen, die zu dem bekannten Phänomen des „Aha-Erlebnisses" führen. Der Geistesblitz kommt also nicht wie oft fälschlicherweise angenommen aus heiterem Himmel, sondern aus den Tiefen des adaptiven Unbewussten. Und dieses Zusammenspiel kann auch nur funktionieren, wenn der dafür notwendige Erfahrungspool prall gefüllt ist. Und dieser Erfahrungspool wird von unserem zeitlebens erworbenen Erfahrungswissen gespeist.

4.4   Das „Vier-Phasen-Modell" der intuitiven Entscheidungsfindung

Damit kann die Frage, woher nun die Kraft der intuitiven Weisheit kommt, einfach beantwortet werden: aus unserem Erfahrungswissen.

Dieser dargestellte Wirkzusammenhang lässt sich in einem Vier-Phasen-Ablaufschema zusammenfassen.

1. Die Präparationsphase: Hier dominiert die Ratio. Mit Verstandeskraft widmet man sich intensiv der Aufgabe oder dem Problem und sucht nach einer Lösung.

2. Die Inkubationsphase: Hier verfährt man getreu nach Goethes Faust: „...denn alles, was entsteht, ist wert, dass es zugrunde geht." Hört sich schrecklich an, ist aber sehr wertschätzend gemeint: Lassen Sie mal los. Üben Sie sich in der Kunst des Loslassens – gewiss kein einfaches Anliegen und trotzdem so wirkungsvoll. Gehen Sie spazieren, joggen Sie oder gehen Sie einem Hobby nach. Es gibt immer eine Zeit des Säens und eine Zeit des Erntens. Dies ist das Beste, was Sie machen können, um zur Phase drei vorzustoßen.

3. Die Illuminationsphase: Hier stellt sich die Lösung ein – der berühmte Geistesblitz, das viel bejubelte „Aha-Erlebnis", die Erleuchtung. Sie wissen plötzlich – und zwar ganz ohne Anstrengung -, was zu tun ist. Die einzige Schwierigkeit besteht darin, sich in die Demut des Abwartens zu begeben. Schließlich haben wir es nicht in der Hand zu sagen, wann genau die Saat aufgeht.

4. Verifikationsphase: Ganz wichtig: Machen Sie jetzt den Ökocheck. Passt die gefundene Lösung in Ihre Umgebung? Ist sie realistisch umsetzbar? Oder was müssten Sie vielleicht noch verändern, damit sie in Ihre Umgebung passt? Welche neuen Fragen treten jetzt auf?

Aber bekanntlich ist auch nichts ohne sein Gegenteil wahr; es wäre verheerend, gäben wir jedem Bauchgefühl reflexhaft nach. So stellt die Intuitionsforschung klar heraus, dass Intuition immer nur so gut sein kann wie die Erfahrungen, die der Betreffende auf einem Gebiet gemacht hat.

Vorsicht Gefahr! Intuitive Geisterfahrer stoppen.

Die Gefahr, dass uns intuitive Impulse auch in die Irre führen können, ist stets gegeben. Nicht jeder erste Eindruck ist mit einer intuitiven Impulssteuerung in Verbindung zu setzen. Nicht jede schlechte Stimmung ist ein intuitiver Indikator dafür, dass mit der gerade zu behandelnden Sache etwas nicht stimmt. Sie wissen gut genug, wie oft Ihr Handeln in unbewusster Form auch von Automatismen, persönlichen Befindlichkeiten, ungeprüften Vorannahmen, Wunschdenken und Projektionen beeinflusst wird. Oberflächlich betrachtet, mögen sich diese unbewussten Prozesse ähnlich anfühlen wie unsere intuitive Kompetenz, deshalb ist ja auch die Verwechselungsgefahr leicht gegeben. Doch in Summe bieten sie nur schematische Antworten, die wenig zielführend sind.

Umso wichtiger ist es, der verborgenen Ressource der intuitiven Entscheidungskraft mit viel innerer Achtsamkeit zu begegnen. Selbstkritische Fragen helfen, genauer hinzuschauen:

- In welchen konkreten Situationen habe ich intuitive Impulse wahrgenommen?

- In welcher individuellen Sprache spricht meine Intuition zu mir (in Bildern, in Körpersignalen oder in einer inneren Stimme) ?

- Wann genau treten diese Signale auf?

- Wie sind diese intuitiven Impulse zu interpretieren?

- Gibt es eindeutige „Startsignale" wie ein Kribbeln im Bauch oder ein Weitegefühl im Brustbereich?

- Gibt es klare „Stoppsignale" wie eine Verspannung im Rücken oder ein Knoten im Hals?

- Waren diese intuitiven Impulse hilfreich oder haben Sie mich eher sabotiert?

Halten Sie Ihre Ergebnisse in Tagebuchform fest. Zum einen beruhigt das Niederschreiben Ihrer Gedanken Körper und Geist. Andererseits schärft ein differenzierteres Wahrnehmen und Hinterfragen der eigenen Gefühle die Beurteilungsqualität der eigenen Impulse. Je mehr Sie sich die innere Erlaubnis ausstellen, Ihre intuitiven Kraftquellen unter die Lupe zu nehmen, desto eher haben Sie einen Zugang gefunden zu Ihrer persönlichen intuitiven Weisheit.

4.5 Wie kommuniziere ich meine „Intuitions-Ressource" adäquat im Unternehmensumfeld?

Vielleicht fragen Sie sich an dieser Stelle, wie Sie in einer überwiegend rational tickenden Unternehmenswelt Ihre intuitiven „Bauch-Entscheidungen" nach außen kommunizieren sollen. Klingt das nicht etwas komisch, wenn Sie in einer Projektteamsitzung sagen: „Leute, ich hab' da so ein komisches Gefühl und das sagt mir, wir sollten das Projekt noch mal überdenken. Das wird so nichts." Schnell könnten Sie von Ihren Kollegen mit dem Verdikt der unprofessionellen Gefühlsduselei versehen werden oder gar als Softie abgestempelt werden. Ein unangenehmer Gesichtsverlust wäre mitunter die Folge.

Zwei Dinge könnten hier den Weg weisen. Zum einen geht es um ein angemessenes Verhältnis zur eigenen Intuition. Betrachten Sie intuitive Impulse als Perspektivenerweiterung, als neue hausinterne Beraterqualität und nicht als der Weisheit letzter Schluss. Machen Sie kein Dogma daraus, denn wo das Dogma anfängt, hört meist das Leben auf. Intuitive Weisheit führt nicht immer zu klaren Ja- Nein-Antworten, sondern liefert Ihnen differenzierte Informationen und lässt Sie weitere Zugangsfragen finden.

Hypothesen und Metaphern weisen den Weg

Andererseits können Sie nach außen hin Ihre „Bauchgefühle" auch in einer rollenkonformen Verpackung anbieten. Sie können Ihren Gesprächspartnern Hypothesen oder auch Metaphern anbieten. Mit Blick auf unser Eingangsbeispiel könnte das folgendermaßen lauten: „Dieses Projekt gleicht einem Schiff ohne Segel und wird, wenn wir nicht aufpassen, von einem Sturm zum anderen getrieben, findet aber nie seinen Bestimmungshafen." Was Sie hier tun können, ist das Kopfkino Ihrer Gesprächspartner anzuwerfen und in Analogien und Bildern laut zu denken. Das ist oft eine hilfreiche Strategie, denken wir doch zu 80 Prozent in Bildern. Bilder eröffnen uns auch den verborgenen Zugang zur Intuition und somit haben Sie Ihrem Bauchgefühl eine goldene Brücke zur möglichen Akzeptanz der übrigen Projektteilnehmer gebaut.

Natürlich wäre es auch denkbar, Ihre Bauchentscheidung in ein passendes Expertenzitat zu kleiden. Schließlich folgt man eher anerkannten Persönlichkeiten. So ist in unserem Zusammenhang Albert Einstein immer eine gute Referenzgröße: „Es ist schon paradox, dass wir heutzutage angefangen haben, den Diener (= Verstand) zu verehren und die göttliche Gabe der Intuition zu entweihen."[22]

Festzuhalten bleibt: Die menschliche Intuition ist und bleibt eine Grundfunktion unseres Gehirns. Unser Bauchgefühl ist aufs Engste mit unserem Verdauungstrakt verbunden. Dort gehen 100 Millionen Nervenzellen ihrer Arbeit nach. Dieses in der Fachsprache „enterische Nervensystem" kommuniziert ständig mit unserem Kopfhirn und deshalb kann man auch mit Fug und Recht von unserem „Bauchhirn" sprechen. Es sendet sogar mehr, als es von oben empfängt, kann die Daten seiner Sensoren selbst generieren, verarbeiten und deren Reaktionen kontrollieren.

Der Psychologe, Autor und Direktor des Berliner Max-Planck-Instituts für Bildungsforschung, Gerd Gigerenzer, ist einer jener Gegenwartsforscher, die dem Thema der intuitiven Entscheidungsfindung wissenschaftlich nachgehen. „Das Problem ist doch, dass wir zu viel auf Logik setzen, dabei ist die nur ein Werkzeug, ein Instrument für Entscheidungen, die wir treffen müssen." Für ebenso wichtig hält er die Intuition, das berühmte Bauchgefühl. „Wir sind umzingelt von Menschen, die behaupten, sie könnten jede Situation rational beurteilen – Berater, Lebenshilfeautoren und viele andere. Allein für Prognosestudien werden weltweit 200 Milliarden Euro ausgegeben." Solche „Scheinsicherheiten" kosten viel Geld. Vernünftiger wäre es aber, wenn wir den Menschen und künf-

---

[22] Carl Seelig (Hrsg.): Albert Einstein – mein Weltbild. Berlin 2005.

tigen Generationen den Umgang mit Risiken und Unsicherheiten beibringen würden, die eben einmal zur Welt gehören."[23]

Intuition ist eine wichtige Schlüsselkompetenz und kann als alltagstaugliche Navigationshilfe vor allem auf den beiden folgenden Anwendungsgebieten gute Dienste vollbringen:

1. Entscheidungsfindung: Vor allem, wenn Sie für eine Entscheidungsfindung zu wenig „anfassbare" Daten haben oder sich viele widersprüchliche Fakten aufdrängen, verarbeitet Intuition die komplexen und rational schwer fassbaren Informationen besser.

2. Komplexitätsmanagement: Bei der zunehmenden Komplexität vieler Abläufe, der überbordenden Datenfülle und der ständigen Veränderungsdynamik, der wir heutzutage ausgesetzt sind, bringt uns der nackte Verstand in vielen Fällen nicht mehr weiter. Der hier so dringend notwendige Paradigmenwechsel im Denken setzt die Einsicht voraus, Unsicherheit ertragen zu lernen und sich intuitiven Urteilen anzuvertrauen. Intuitive Urteile helfen, Komplexität herauszunehmen und handlungsfähig zu bleiben, indem sie uns Muster und darin relevante Aspekte unmittelbar aufzeigen. Das heißt nichts anderes, als dass Sie sich der Frustration von zu großen Datenmengen aussetzen und sich dann analog zu der weiter oben beschriebenen Vorgehensweise, ablenken, ausruhen und einfach das Unbewusste für sich arbeiten lassen.

Bei all dem gilt es natürlich, intuitiv den richtigen Zeitpunkt für die angedachte Maßnahme zu finden. Jede gute Idee braucht auch das Gespür für den richtigen Augenblick. Die richtige Zeitqualität – auch Kairos genannt – lässt sich rein rational kaum definieren.

Auf den Punkt gebracht: Kluges Entscheiden bedeutet die intuitive Kraft der Weisheit zu nutzen. Daraus leitet sich eine nützliche Entlastungsstrategie für den Alltag ab.

Unsere Intuition eröffnet uns den Zugang zu verborgenem und oft brachliegendem Erfahrungs- und Handlungswissen und führt in Summe zu tragfähigen Entscheidungen und guten Ergebnissen.

Intuition ersetzt keinesfalls rationales Denken, sondern ist als intelligente Kompetenzinstanz ein wichtiger Impuls- und Ratgeber. Legen Sie sich Ihre persönliche Trophäensammlung zu, indem Sie alle außergewöhnlichen positiven Erlebnisse festhalten, die Sie Ihrer intuitiven Weisheit verdanken. So wertschätzen Sie nicht nur Ihre „Intuitions-Ressource", sondern verankern sie auch fest in Ihrem Gedächtnis. Wird dieser Prozess auch noch durch eine wertschätzende und freundliche Feedbackkultur in den Unternehmen gefördert, können alle Mitarbeiter von einem validen Erfahrungsschatz profitieren. Bekommt nämlich ein Mitarbeiter konkrete Rückmeldung, ob seine Entscheidungen zielführend waren oder nicht, kann sich die Intuition nachhaltig entfalten.

---

[23] Brand eins, Wirtschaftsmagazin, Warten auf den Eiermann, Ausgabe 05/2010.

„Mentale Behinderung" vermeiden

Denken Sie daran: Man kann heutzutage auch recht gut mit einer „mentalen Behinderung" leben: Besser wäre es jedoch, Sie nützten Ihr ganzes Repertoire an Möglichkeiten – einschließlich Ihrer intuitiven Weisheit.

Verwechslung von Schnelligkeit mit Intelligenz vermeiden

Neben dem wichtigen Einflussfaktor der Intuition spielen jedoch im Entscheidungsprozess noch weitere Parameter eine große Rolle. Wenn Sie als Führungskraft entscheiden, hat das naturgemäß Folgen für Menschen und Märkte. Der heutige Turbokapitalismus betreibt einen verheerenden Kult um den Mythos Schnelligkeit. Die altbekannte Alltagsformel „Zeit ist Geld" erlebt eine Renaissance und verleitet viele Führungskräfte zu dem Irrglauben, dass nur derjenige ein guter Manager ist, der auch schnell handelt, also auch schnelle und kurzfristige Entscheidungen trifft. „Kurzfristdenken" scheint Konjunktur zu haben. Die offenbar weitverbreitete Überzeugung, dass nur schnelle Entscheidungen auch gute Entscheidungen sind, gehört in den geistigen Vorruhestand. Eine potenzielle menschliche Fehlerquelle liegt gerade in der Verwechslung von Schnelligkeit mit Intelligenz. Das neue neurobiologische Grundlagenwissen zur Intuitionsgabe zeigt wie weiter oben ausführlich geschildert eindrucksvoll auf, wie wichtig es ist, Entscheidungen zu treffen, hinter denen Sie als Manager auch emotional stehen können. Und solche Entscheidungen brauchen nun einmal Zeit. Wie bei einem gut gebrauten Bier müssen auch die Gedanken einen gesunden Gärungsprozess durchlaufen, um zu stimmigen und tragfähigen Ergebnissen zu kommen. Und da unser Gehirn pausenlos im Einsatz ist, folgt früher oder später auch die Lösung.

4.6   Stolpersteine wie „Kurzfristdenken" und „Eindimensionalität" im Entscheidungsprozess erfolgreich umgehen

Welche große Gefahr der Stolperstein „Kurzfristdenken" für ein erfolgreiches strategisches Handeln darstellt, zeigte das Krisenszenario der viertgrößten US-Investmentbank Lehman Brothers auf. In kürzester Zeit musste der damals amtierende Finanzminister Henry Paulson viele Entscheidungen von größter Tragweite treffen. Am 14. September 2008 war die Insolvenz der Bank absehbar. In einem harten Verhandlungsmarathon wurde mit Vertretern der Wall-Street-Banker über notwendige Finanzspritzen gerungen. Doch Paulsen wollte nicht erneut Steuermilliarden zur Übernahme der Risiken zur Verfügung stellen, und die Banker waren auch nicht bereit, ohne staatliche Rückendeckung einzusteigen. Das Ergebnis kennen Sie: Die Insolvenz am Montag danach führte zum Kollaps der Finanzmärkte rund um den Globus.

Dieses Schreckensszenario hatte nichts mit einer klugen Entscheidungsfindung gemein. Die Entscheider sind hier in die Falle des „Kurzfristdenkens" getappt, mit katastrophalen Folgen für Menschen und Märkte rund um den Globus.

Für unseren Zusammengang der Entscheidungsfindung bleibt festzuhalten: Ein Erfolg versprechendes strategisches Handeln setzt immer ein langfristiges Denken voraus. Dem widerspricht ein nur auf kurzfristige Ziele ausgerichtetes Handeln. Ein Langfristdenken zeichnet sich auch durch eine gewisse Robustheit gegenüber schnellen Szenarienwechseln aus. Gefährliche Turbulenzen bringen Sie und Ihre Vorhaben dann ins Trudeln, wenn Sie zu früh Strategien infrage stellen.

Hinzu kommt ein weiterer Denkfehler, den wir sozusagen als evolutionäres Erbe mit uns herumschleppen: die kausale „Eindimensionalität". Der Mensch neigt dazu, an der „Monokausalitis" zu erkranken. Wir neigen dazu, wenn wir etwas verstehen wollen, immer nur einen singulären Grund als Ursache anzugeben. Wie schade, denn Perspektivenarmut führt nicht automatisch zu guten Entscheidungen – eher zu mentaler Mangelernährung.

Als Entscheider sind Sie gut beraten, nicht alles durch eine monokausale Brille zu betrachten, also nicht der Perspektivenblindheit zu verfallen, sondern mittels Perspektivenvielfalt eine tragfähige Weitsicht an den Tag zu legen.

Das „W-h-i-d" Syndrom

Aus neurobiologischer Sicht unterscheiden wir beim Entscheiden zwei Ebenen. Zum einen hat unser Gehirn tagtäglich etwa 20.000 schnelle Entscheidungsprozesse durchzuführen, die in einem Drei-Sekunden-Gegenwartsfenster stattfinden. Sie kennen das „Zapping-Syndrom"? Innerhalb von drei Sekunden entscheiden Sie, ob Sie bei einem Fernsehsender bleiben oder nicht. Unser Gehirn tickt nun mal so, dass es immer wieder eine zentrale Frage an uns stellt: „W-h-i-d"? Diese vier magischen Buchstaben stehen für: Was hab' ich davon? Was hab' ich davon, wenn ich bei diesem Sender bleibe? Werde ich mit interessanten Informationen versorgt, passen diese Neuigkeiten in meine Welt? Generieren sie einen Zusatznutzen für mich? Interessieren sie mich? Unser Gehirn überprüft demnach rasend schnell und ganz automatisch, ob etwas Neues „in der Welt passiert" und somit nach unserer Aufmerksamkeit verlangt oder ob alles beim Alten geblieben ist. Gegen diesen Mechanismus können Sie gar nichts machen, er ist genetisch bedingt. Wir können also hirnpyhsiologisch gesprochen gar nicht anders, als zu entscheiden. Wir sind zum Entscheiden geboren, wie es der Hirnforscher Ernst Pöppel auf den Punkt bringt.[24]

Sie werden jetzt vielleicht einwenden, dass dieses Beispiel nur eine Facette aus einem wesentlich komplexer ablaufenden Prozedere darstellt. Natürlich gibt es weitere Ebenen mit längeren Zeittaktungen. Betrachten wir uns die Ebenen aus der Sicht der modernen Hirnforschung anhand eines Alltagsbeispiels etwas genauer.

Da wäre als Erstes die strategische Ebene: Stellen Sie sich vor, Sie haben gleich morgen in der Früh einen wichtigen Geschäftstermin bei einem Kunden. Sie kennen die Strecke und

[24] Ernst Pöppel, Zum Entscheiden geboren. Hirnforschung für Manager. Hanser Verlag, München 2008.

aus Erfahrung wissen Sie, dass Sie dafür etwa 40 Minuten brauchen werden. Der Wetterbericht kündigt jedoch schon in der Nacht einsetzenden Schneefall an, die Straßen werden also morgen glatt sein. Sie entscheiden sich früher loszufahren. Sie treffen also eine strategische Entscheidung, um rechtzeitig beim Kunden zu sein.

Unter dieser strategischen Ebene liegt die taktische Ebene. Hier treffen Überlegungen eine Rolle, die der Zielerreichung dienlich sind. Ein eventueller Tankstopp kann hier Ihre Fahrtaktik bestimmen. Ihr Routenverlauf weist gewisse Meilensteine auf, also Fixpunkte wie eine bestimmte Brücke, einen Tunnel oder eine Kreuzung, die Sie zu einem gewissen Zeitpunkt erreichen müssen, um im Zeitlimit zu liegen. Vielleicht verlangen aktuelle Stauwarnungen und Baustellen eine taktische Reaktion. All diese aufgezählten Einflussgrößen verlangen von Ihnen auf der taktischen Ebene die Bereitschaft zur Flexibilität und Offenheit, um Ihr strategisches Ziel erreichen zu können.

Noch eine Ebene tiefer liegt die operative Ebene. Auf dieser Ebene kommt Ihr Fahrverhalten zur Wirkung. Sie beherrschen operative Fähigkeiten des Autofahrens, wissen intuitiv, wie ein Überholversuch abläuft oder was Sie bei einer roten Ampel zu tun haben. Und dann entscheidet unser Gehirn auch noch auf der oben skizzierten „Drei-Sekunden-Bühne", ob es etwas Neues gibt und ein Bremsen oder Beschleunigen notwendig ist.

All diese Ebenen kommunizieren ständig miteinander, auf ihnen finden bewusste aber auch viele unbewusste Entscheidungen statt. Das Alltagsgeschäft unseres Gehirns funktioniert nach diesem funktionalen Beziehungsmuster und macht erst zielgerichtetes Handeln möglich. Ob Sie also über eine neue Produktidee, eine neue Marketingstrategie oder einen Neuwagenkauf nachdenken, immer wieder wird das Zusammenspiel dieser Ebenen sowohl intuitiv als auch bewusst inszeniert.

4.7   Entscheidungsrelevante Aspekte der modernen Hirnforschung gewinnbringend nutzen

Ordnen wir nun diese wichtigen entscheidungsrelevanten Aspekte in ein Gesamtmuster ein, damit Sie für Ihre persönlichen Entscheidungsfindungsprozesse noch mehr vom aktuellen Forschungsstand der modernen Hirnforschung partizipieren können.

Abbildung 4.1   Entscheidungspyramide

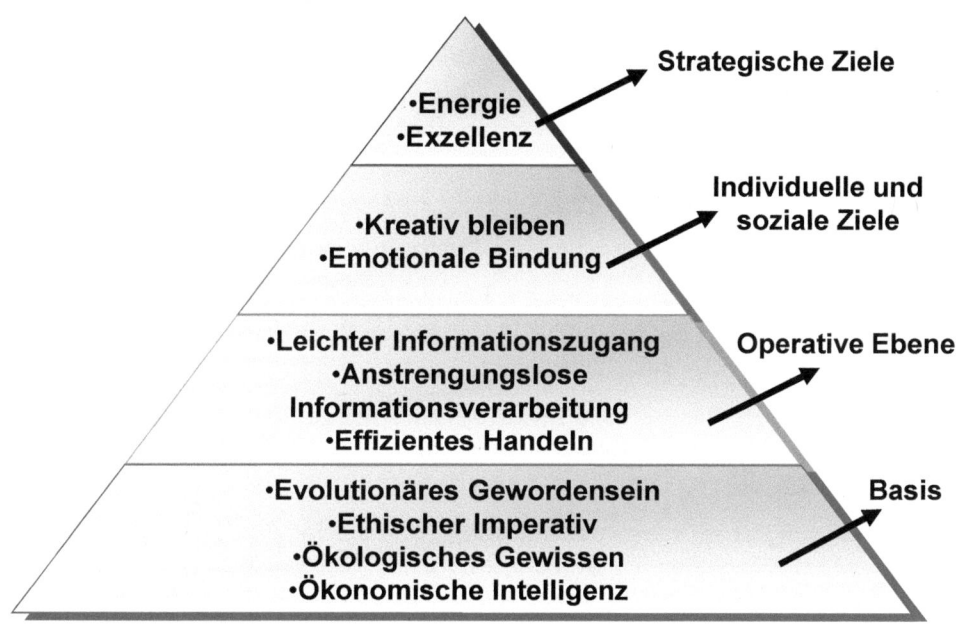

Der Nutzen dieser Entscheidungspyramide ist, Entscheidungsprozesse in einfacher Art und Weise verständlich zu machen. Dazu gehört, die Rahmenbedingungen zu kennen und über die persönlichen Möglichkeiten und Ziele Bescheid zu wissen.

Die Entscheidungspyramide setzt sich aus zehn Bausteinen auf vier Ebenen zusammen. Das Fundament – die unterste Ebene – besteht aus vier Elementen. Hier spiegeln sich die Basics wider, also die grundlegenden Entscheidungsbedingungen. Dazu zählen „Der evolutionäre Rahmen", „Ethische Regeln", „Ökologische Verantwortlichkeit" und „Ökonomische Intelligenz".

Die zweite Ebene besteht aus drei Bausteinen, die einen rein operativen Charakter aufweisen. Sie sind uns als Grundausstattung von der Natur mitgegeben und spielen bei allen geistigen Operationen und somit auch beim Entscheiden eine maßgebliche Rolle. Die Bausteine heißen „Leichter Informationszugang", „Anstrengungslose Informationsverarbeitung" sowie „Effizientes Handeln".

Die dritte Ebene definiert sich über zwei Hauptziele, die bei jeder Entscheidung das Maß der Dinge bilden, nämlich die Trennschärfe zwischen individuellen und sozialen Zielen.

Die abschließende vierte Ebene – sozusagen das Dach unserer Entscheidungspyramide – bilden die übergeordneten unternehmensrelevanten strategischen Ziele. Sie dienen in erster Linie der Systemstabilität. Hierunter fällt zum einen die Sicherstellung eines gesunden Gleichgewichts – also der wirtschaftliche Erfolg im Marktgeschehen –, zum anderen aber auch die Schaffung von Exzellenz im Unternehmen, um das dynamische Gleichgewicht des Systems abzusichern. Und nicht zuletzt geht es auch darum, allen Beteiligten einen wirkungsvollen Gestaltungsrahmen anzubieten, der Zielerreichung erst möglich macht.

Also weg von einem Kurzfristdenken, das nur auf den schnellen Profit schaut, und hin zu einem Langfristdenken, das auch zeitweise auftretende Schwankungen mit einkalkuliert.

All diese Erkenntnisse fördern das Wissen über das eigene Selbst, das eigene Gewordensein. Dieses Hintergrundwissen eröffnet einen besseren Zugang zum eigenen Verständnis und zum respektvollen Umgang mit anderen.

Nachfolgend die einzelnen Bausteine im Einzelnen:

1. Baustein: Unser evolutionäres Gewordensein

Jede Entscheidung ist auf's Engste mit unserem evolutionären Erbe verknüpft. Wir haben uns im Laufe der Evolution ein Grundrepertoire von geistigen Werkzeugen angeeignet, mit denen wir uns erfolgreich in dieser Welt zurechtfinden. Anderenfalls gäbe es uns ja heute gar nicht mehr, so wie z. B. den Neandertaler. Alle geistigen Prozesse, die Wahrnehmungen, Erinnerungen, Träume, Gefühle und Absichten einschließen, haben sich erst in einem viele Millionen Jahre dauernden Prozess entwickeln müssen. Natürlich leben wir heute nicht mehr in der Steinzeit, die äußeren Bedingungen haben sich dramatisch verändert, doch unser evolutionäres Erbe lebt immer noch in uns fort und setzt uns natürliche Grenzen. Ohne Zweifel, der Mensch ist enorm lern- und sehr anpassungsfähig, doch längst nicht alles ist jederzeit machbar. So gilt es, gewisse neuronale Regeln, die Prozesse unseres Bewusstseins bestimmen, zu kennen und auch zu akzeptieren. Die Lernforschung hat längst festgestellt, wie wichtig und prägend das Lernen neuer Inhalte zum richtigen Zeitpunkt ist. Wollen wir z. B. ein Meistergeiger werden, so müssten wir in der Regel im zarten Alter von vier Jahren das hierfür relevante „Lernfenster" nutzen.

Die erste Lebensdekade prägt unsere Grundmatrix
Es stellt sich immer mehr heraus, dass die ersten zehn Lebensjahre für die Grundarchitektur unseres Gehirns prägend sind. Hier wird der Bauplan, das Fundament für das eigene „Haus des Seins" entworfen. Im Bild bleibend: Ob es sich hier um ein Appartement oder eine großzügige Villa handelt, entscheidet sich in diesem vorgegebenen Zeitfenster von zehn Jahren.

Natürlich können wir im späteren Leben auch noch „anbauen", doch wie wir wissen, ist das wesentlich anstrengender, da wir eventuelle Auflagen der Baubehörden oder knappe Ressourcen wie Zeit und Geld etc. berücksichtigen müssen. Anders ausgedrückt: Die Grundmatrix unseres Gehirns wird in der ersten Lebensdekade geprägt. Unser Sinn für

Gerechtigkeit, die sprachliche Kompetenz, unsere sexuellen Vorlieben und religiösen und politischen Neigungen, all das wird als Grundmuster in unserem Gehirn fest verankert. Und diese Informationen machen die Grundmelodie des Lebens aus, festgepresst wie auf einer Vinylschallplatte. Die Kultur, in die wir hineingeboren werden, wird zur Struktur des Gehirns. Natürlich kann der Mensch auch später noch dazulernen und Verhaltensveränderungen bewirken, nur längst nicht mehr so mühelos wie in der frühen Kindheit.

Auch unser tagtäglicher Umgang mit der Ressource Zeit ist evolutionär konditioniert. Wie bereits weiter oben skizziert, bestimmt uns bei bis zu 20.000 schnellen Tagesentscheidungen eine innere Uhr, die in einem „Dreisekundenzeitfenster" arbeitet.

Unser evolutionäres Erbe zeichnet auch dafür verantwortlich, dass wir unsere Welt nur selektiv, also ausschnitthaft wahrnehmen. Wir erfassen die Welt über unsere Sinne und dieses Repräsentationssystem lässt viele Dinge außen vor, für die wir keine „Antenne" haben, die wir also sinnlich nicht wahrnehmen können, wie z. B. den Ultraschall.

Last but not least sei an dieser Stelle auf ein weiteres evolutionär bedingtes Strukturprinzip verwiesen, dem bei unserer Entscheidungsfindung herausragende Bedeutung zukommt: das ästhetische Prinzip.

Im ästhetischen Prinzip spiegelt sich der Grundsatz der Einfachheit und Klarheit unseres Denkens wider. Vereinfacht ausgedrückt: Eine gute Entscheidung zeichnet sich durch Einfachheit und Klarheit aus. Dazu nachfolgend eine kleine Geschichtsanekdote:

Christopher Columbus und das ästhetische Prinzip
Als Christopher Columbus nach seiner spektakulären Entdeckungsreise in die alte Welt zurückkam, fand er viele Neider vor, die vorgaben, dass es gar nicht so schwierig gewesen sei, Amerika zu entdecken. In einem solchen Abendkreis konfrontierte und besiegte Columbus seine Kontrahenten mit einem einfachen Wahrnehmungsexperiment. Er bat die Anwesenden ein hartgekochtes Ei aufrecht hinzustellen. Nach langem vergeblichem Ausprobieren gab die Besserwisserfraktion auf. Nun wollten sie von Columbus die Lösung des Problems erfahren. Columbus nahm dafür ein hartgekochtes Ei und schlug es sanft auf die Tischplatte, sodass es aufrecht stehen blieb. So einfach und klar sah die Lösung aus. Erneut aber meckerten die Nörgler und gaben vor, dass das doch eine billige Lösung wäre. Columbus erwiderte nur kurz und knapp: „Ja, warum haben Sie sich dann nicht für diese einfache Lösung entschieden?"

Und genau diesem Wirkprinzip ordnet sich das ästhetische Prinzip unseres Gehirns unter. Dies gilt auch für unser bildliches Wissen. Jeder von uns unterhält sein eigenes „Heimatmuseum", ich fasse darunter jenen Gedächtnisort, wo unser implizites Wissen all unsere bildlichen Erinnerungen aufbewahrt. Und zwar in gut aufgeräumten Schubladen. Hier kommt nur das Vergangenheitswissen hinein, das drei Kriterien erfüllt: Es muss eindeutig, klar und mit einer emotionalen Bedeutung ausstaffiert sein. Anders ausgedrückt: Manchmal belohnt uns die Natur auch, wenn wir nur in „Schubladen" denken. Das geht in diesem Fall nicht nur schneller, sondern auch effizienter über die Bühne. Sie können umgehend den Beweis antreten: Markante und wichtige Erinnerungen wie Ihren ersten Kuss, schmerzhafte Niederlagen oder glorreiche Siege können Sie unmittelbar in Ihr Wachbe-wusstsein kicken, Sie werden intensiv nachspüren können, wie sich das anfühlt, auch wenn der Vorfall schon „in Ehren ergraut" zu sein scheint. Das Gehirn unterscheidet in diesen Fällen nicht zwischen Fiktion und Wirklichkeit.

Und noch ein letzter Hinweis rundet den ersten Baustein inhaltlich ab: Auch unsere oben skizzierte „Intuitions-Ressource" folgt den inneren Gesetzen des ästhetischen Prinzips. Sie können das an Ihrem Bewegungsapparat gut überprüfen. Beobachten Sie einen richtig guten Tennisspieler oder Golfer. Wann empfinden Sie einen Schlag als richtig gelungen? Wahrscheinlich erst dann, wenn er sowohl vom Betrachter als auch vom aktiven Sportler als harmonisch erlebt und erfahrbar wird.

Und genauso verhält es sich auch bei dem Phänomen des „Aha-Erlebnisses": Die plötzli-che Einsicht in einen zuvor unverstandenen Sachkomplex wird durch eine erfolgreiche Vereinfachung verständlich. Ordnung und Klarheit siegen über anfängliches Chaos und Unübersichtlichkeit.

Eine zu grobe Vereinfachung führt oft in die Irre und wird einem komplexeren Sachver-halt auch nicht gerecht. Denn eine einfache Entscheidung muss nicht zwangsläufig auch eine gute Entscheidung sein.

2. Baustein: Der ethische Imperativ

Bei Immanuel Kant heißt es in seiner Kritik der praktischen Vernunft klipp und klar: „Handle so, dass die Maxime deines Willens jederzeit zugleich als Prinzip einer allgemei-nen Gesetzgebung gelten könne." Eine solche „goldene Regel" findet sich auch im Buch der Bücher. Im Matthäus-Evangelium steht geschrieben: „Alles nun, was ihr wollt, das euch die Leute tun sollen, das tut ihnen auch."

Entscheidungsfindung hat immer auch etwas mit ethisch verantwortungsvollem Verhalten zu tun. Die katastrophalen Auswirkungen der Weltfinanzkrise haben schonungslos offen-gelegt, wozu die Gier Weniger fähig ist. Die hier gezeigte schamlose Verantwortungslosig-keit hat auch deshalb unsere Gesellschaft bis ins Mark erschüttert, weil ein essenziell wich-tiger Wert verletzt wurde: unser Gerechtigkeitssinn. Unser moralisches Urteilsempfinden – und auch dieses gehört zu unserem evolutionären Erbe – ist ein entscheidender Eckpfeiler für das erfolgreiche Funktionieren unseres Zusammenlebens. Niemand ist eine Insel, wir sind soziale „Herdentiere", nur im sozialen Verbund überlebensfähig und deshalb auch von der Natur zur Empathie befähigt. Nachzufühlen, wie es dem anderen gerade geht, sich geistig in den anderen hineinzuversetzen, ist für einen gesunden gesellschaftlichen Zusammenhalt unabdingbar. Unsere persönliche Identität wird fundamental von zwei Polaritäten geprägt. Zum einen aus dem Willen zur Autonomie und Selbstständigkeit. Zum anderen durch das notwendige Eingebundensein in eine größere soziale Gemein-schaft. Wir sprechen in diesem Zusammenhang auch von der Regel der „Komplementari-tät als generatives Prinzip". Beides gehört untrennbar zusammen: der Wunsch nach Selbstständigkeit und die Einsicht in die Notwendigkeit zum Gemeinschaftsleben.

Doch diese erbbiologisch bedingte Einsicht muss auch immer wieder aufs Neue eingeübt werden. Hier liefert die Spieltheorie gutes Anschauungsmaterial. Zwei Kinder bekommen zur Belohnung einen Kuchen. Das Problem hierbei: Wie kann man die Kinder aktiv dazu anleiten, gerecht zu teilen? Bewährt hat sich die folgende Vorgehensweise: Der eine teilt, der andere darf wählen. Diese subtile Taktik trainiert den „empathischen Muskel" meisterhaft. Der Teilende muss sich in die Lage des anderen hineinversetzen. Fallen die Kuchenstücke unterschiedlich groß aus, läuft er selber Gefahr, nur das kleinere Stück für sich selbst zu bekommen. Logischerweise wird er sich für gleichgroße Kuchenteile entscheiden. In Summe ist beiden geholfen und die hergestellte Gerechtigkeit wahrt den Frieden.

Festzuhalten bleibt: Eine kluge Entscheidungsfindung ist auch aufs Engste mit der „theory of mind" verbunden. Diese setzt voraus, dass jeder Einzelne von uns eine Außenperspektive zu sich selbst einnehmen kann, indem er die Innenperspektive des Mitmenschen zur Kenntnis nimmt. Mit etwa vier Jahren sind wir dazu befähigt.

3. Baustein: Ökologisches Gewissen

Die Überlebensfähigkeit ganzer Wirtschaftszweige wie z. B. der Autoindustrie hängt entscheidend vom Faktor Umweltverträglichkeit ab. Der weltweite Energiehunger ist so groß, dass die daraus resultierenden drängenden Umweltfragen immer mehr zum Lackmustest eines auf Nachhaltigkeit ausgerichteten unternehmerischen Handelns werden.

Machen wir uns bewusst: Die durchschnittliche Temperatur der Erdoberfläche hat sich seit dem 18. Jahrhundert um 0,76 Grad Celsius erhöht. Elf der zwölf wärmsten Jahre seit Beginn der Wetteraufzeichnungen fielen in den Zeitraum von 1994 bis 2005. Die Treibhausgasemissionen haben sich seit der Industrialisierung massiv erhöht. Heute erleben wir die größte CO_2-Konzentration in der Atmosphäre seit 350.000 Jahren.

Gelingt es der Industrie, u. a. umweltschonende Antriebskonzepte marktreif zu entwickeln, sichert dies nicht nur Autokonzernen das wirtschaftliche Überleben, sondern macht diesen Planeten auch noch für nachfolgende Generationen lebenswert. Der im 2. Baustein formulierte ethische Imperativ spielt selbstredend auch mit Blick auf die Erhaltung der langfristigen Lebensbedingungen eine große Rolle. Tragfähige Entscheidungen müssen also im Sinne einer gesunden Nachhaltigkeit einen Ökocheck bestehen können. Jede Iso-Norm trägt dem heutzutage Rechnung.

Dass verantwortungsvolles unternehmerisches Handeln – quasi als urzeitlicher Reflex unseres ökologischen Erbes – nicht im Widerspruch zum Marktgesetz der Rentabilität stehen muss, zeigt ein Blick in den Geschäftsbericht des Energiekonzerns Siemens von 2009. So wuchs das grüne Portfolio im Geschäftsjahr 2009 um elf Prozent. Nahezu jeder vierte Euro wird mittlerweile aus Produkten und Lösungen gewonnen, die einen direkten, nachweisbaren Beitrag zum Umwelt- und Klimaschutz leisten. Moderne Umwelttechnologien sind also durchaus „anfassbare" geldwerte Größen.

Ohne ein richtungsweisendes ökologisches Gewissen können die großen Gegenwartsfragen heute nicht mehr entschieden werden. Wollen wir auch nachfolgenden Generationen lebenswerte Bedingungen ermöglichen, gilt es, alle verfügbaren Ressourcen umweltverträglich zu nutzen. Und dazu bedarf es des Entwurfs von Zukunftsszenarien, die im Sinne einer evolutionären Weiterentwicklung einen neuen Quantensprung darstellen.

Projekte wie Desertec, das zum Ziel hat, mittelfristig ein technisches und wirtschaftliches Konzept für Solarstrom aus Afrika zu entwickeln, zeigen eindeutig die Handschrift eines visionären Unternehmertums. Solche Entscheidungsprozesse verlangen nicht zuletzt eine große Portion Mut und viel Tatkraft. Doch wie heißt es so schön bei Goethe: „Dem Mutigen, gehört die Zukunft."

4. Baustein: Ökonomische Intelligenz

Die Kernkompetenz einer ökonomischen Intelligenz sollte sich in jedem Entscheidungsprozess widerspiegeln. Geht es doch in letzter Konsequenz immer um die erfolgreiche Gesundheit des Unternehmens. Aus neurobiologischer Sicht spielt hier die Grundmatrix menschlicher Bedürfnisse eine entscheidende Rolle, da sich wirtschaftliches Handeln stets an den menschlichen Bedürfnissen zu orientieren hat.

Steve Jobs von Apple hat dieses Gespür wohl am besten verinnerlicht, verkörpert vielleicht gegenwärtig am eindruckvollsten, wie eine ganze Produktfamilie vom „Mac Rechner" bis zum Sensationserfolg des iPhones die Bedürfnisse vieler Konsumenten befriedigt. Apple produziert nicht etwa ein x-beliebiges Hightech-Gerät, sondern liefert mit seinen Produkten und Dienstleistungen einen markanten Beitrag für die persönliche Identität jedes Einzelnen. Für viele Nutzer ist das iPhone zu einem unverzichtbaren Gegenstand des täglichen Lebens geworden. Eine Studie der US-Universität Stanford belegt dies eindrucksvoll. Demnach nehmen 75 Prozent der Befragten ihr iPhone mit ins Bett: 69 Prozent sagen, sie würden eher ihre Brieftasche vergessen als das Handy. Fast 90 Prozent benutzten das Telefon als Wecker und für 25 Prozent stellt das iPhone eine Erweiterung des Gehirns dar. Manche geben auch zu, dass sie das Telefon manchmal tätscheln oder dass sie ihm einen Namen gegeben haben. Immerhin räumt ein Drittel der Befragten auch ein, dass sie gefährdet seien, süchtig nach dem Gerät zu werden.[25]

Steve Jobs Produktpräsentationen nehmen mittlerweile schon sakrale Züge an, die Nähe zur „Heiligenverehrung" ist spürbar, wenn man die „heiligen" Produktmessen in Las Vegas Jahr für Jahr aufmerksam beobachtet. Für unseren Entscheidungsprozess ist folgendes Faktum bemerkenswert: Nahezu 70 Prozent derjenigen, die sich für das iPhone der ersten Generation entschieden haben, haben auch das technisch ausgereiftere Nachfolgegerät gekauft. Das mag irrational klingen, liegt jedoch sicherlich auch in dem Wunsch des Menschen nach intuitiver Einfachheit und Gelassenheit in Anwendungsfragen begründet.

---

[25] Erschienen in der Süddeutschen Zeitung, Ausgabe vom 15.03.2010.

Erfolgreiches wirtschaftliches Handeln hat aus Sicht der Neurobiologie deshalb stets zwei Einflussgrößen zu berücksichtigen. Einerseits gibt es die bekannte Außenperspektive des Konsumenten, also Geschlecht, Alter, Kaufkraft etc. Andererseits kommt jedoch der „Ich-Nähe" von Produkten und Dienstleistungen eine immer größere Bedeutung zu. Neuere Studien der Hirnforschung zeigen, „dass implizite Entscheidungen beim Entscheider eine stärkere persönliche Verankerung und emotionale Bindung haben, als dies bei nur expliziten Entscheidungen der Fall ist".[26]

In der Kernbotschaft „Freude am Fahren" bringt BMW diese Bedürfnislage am signifikantesten auf den Punkt. Natürlich baut BMW auch moderne Kraftstoff sparende Motoren, sodass sich der Entscheider im Nachhinein der Sinnhaftigkeit der Entscheidung gleichfalls auf der expliziten Ebene sicher sein kann.

5. Baustein: Leichter Informationszugang

Sind wir im Vollbesitz unserer Ressourcen, Herr unserer Möglichkeiten, läuft alles anstrengungslos leicht von der Hand, werden wir die dafür nötigen Informationsverarbeitungsprozesse in der Regel nicht infrage stellen. Erst der Mangel oder eine „betriebsinterne" Störung öffnet uns die Augen und lässt uns diesen anstrengungslosen Zustand des Seins wertschätzen. Erleiden Sie also durch Arbeitsüberlastung z. B. einen Hörsturz, ist der normalerweise leichte Zugang zur auditiven Information gestört. Die Störung kann in unterschiedlicher Gestalt auftreten. Vielleicht tritt ein unangenehmer lauter Pfeifton auf, der die Informationsverarbeitung anderer Geräusche oder Stimmen erschwert. Vielleicht kommt es auch zu Taubheitssymptomen und die Hörqualität ist gänzlich infrage gestellt. Die Lahmlegung eines zentralen Sinnesorgans führt uns auf jeden Fall dramatisch vor Augen, wie sehr wir auf das Hören und damit verbunden auf den leichten Zugang von Informationen angewiesen sind.

Die Natur hat es in vielen Millionen Jahren so eingerichtet, dass wir einen leichten und schnellen Zugang zu Informationen haben, um rechtzeitig die richtigen Entscheidungen zu treffen. Dieses evolutionäre Erfolgsmodell lässt sich mühelos auf unsere Unternehmenswelt übertragen.

Zum einen ist es Vorbild für Wissensorganisationsstrukturen. In der Siemens-Welt zirkuliert seit Jahrzehnten der Sinnspruch: „Wenn Siemens wüsste, was Siemens weiß." In vielen Unternehmen hat sich über Jahrzehnte ein enormes Know-how angesammelt, das leider oft brachliegt, weil viele Mitarbeiter gar nicht wissen, dass ein solcher Wissenspool bereits existiert oder wie der gezielte Zugriff darauf aussehen könnte. Wie kann man also erfolgreich eine unternehmensinterne Wissensdatenbank aufbauen und den schnellen sowie einfachen Zugriff auf relevante Informationen gewährleisten?

Zum anderen zeigt uns die Erfolgsstory des iPhones, wie Benutzeroberflächen heute auszusehen und zu funktionieren haben – analog zu diesem evolutionären Erfolgsprinzip des

---

[26] Ernst Pöppel, Zum Entscheiden geboren. Hirnforschung für Manager. Hanser Verlag, München 2008.

leichten Informationszugangs. Über einfachste, ja kinderleichte Menüsteuerung mittels Touchscreen kann der Benutzer spielend leicht komplexe Informationen aufnehmen und neue Wissensinhalte nutzen. Die beliebten und erfolgreichen Apps, also die optional verfügbaren Zusatzprogramme, sprechen hier eine eindeutige Sprache.

6. Baustein: Anstrengungslose Informationsverarbeitung

Erinnern wir uns an dieser Stelle nochmals an die vier magischen Buchstaben „W-h-i-d". Unser Gehirn stellt immer wieder diese ultimative Masterfrage: Was habe ich davon? Unser äußerst schmaler Bewusstseinskorridor, das „Drei-Sekunden-Zeitfenster", ahnt nichts von den hochkomplexen Prozessen der Datenverarbeitung, die in unserem Hirn die nötige geistige Vorarbeit geleistet haben. Unsere Aufmerksamkeit wählt ja nur das aus, was zuvor über unsere Sinneskanäle aufgenommen, im Arbeitsgedächtnis mit bereits gespeicherten Informationen verglichen und dann in der letzten Instanz einer Bewertung unterzogen wurde. Also nur das, was uns wirklich interessiert, Dinge, denen wir eine Bedeutung beimessen, haben eine realistische Chance auf eine analoge Weiterverarbeitung. Unser Gehirn hat demnach eine große Vorliebe für eine anstrengungslose Informationsverarbeitung.

Vor allem aus der Arbeit mit Unfallopfern weiß die moderne Hirnforschung eine ganze Menge mehr über die Arbeitsweise des Gehirns und wie Entscheidungsprozesse ablaufen. Hervorzuheben ist, dass eben nicht allein der reine Geist, die Ratio, die nackte Vernunft den ganzen Menschen ausmacht, sondern erst Geist und Gefühl. Wie sehr gerade unsere Emotionen an Bewertungs- und Entscheidungsprozessen beteiligt sind, veranschaulicht ein besonders dramatischer Fall, den der US-amerikanische Hirnforscher Antonio R. Damasio dokumentiert hat.

Er berichtet in seinem Buch „Descartes' Irrtum" von einem besonders dramatischen Vorfall, der sich bereits im Sommer 1848 in Neuengland zugetragen hat. Die traurige Geschichte handelt von Phineas P. Gage, der im Alter von fünfundzwanzig Jahren als Vorarbeiter bei einer Eisenbahngesellschaft in Vermont tätig war. Gage hatte die Aufgabe, neue Bahngleise zu verlegen. In dem von zahlreichen Gesteinsschichten durchzogenen Gelände gehörten Sprengungen zur Tagesarbeit. Gage erledigte seine Führungsaufgabe stets zur allergrößten Zufriedenheit aller Beteiligten. Er war bei seinen Mitarbeitern sehr beliebt und verfügte über ein hohes Maß an emotionaler Intelligenz. Ferner zeichnete er sich durch eine schnelle Geistesgegenwärtigkeit aus, die besonders bei den gefährlichen Sprengungen vonnöten war. Jedoch sollte ihm gerade eine Sprengung zum persönlichen Verhängnis werden. Eine kleine Unaufmerksamkeit, Gage war gerade bei Sprengvorbereitungen, als ein Mitarbeiter ihn kurz mit einem Zuruf ablenkte, da schlug ein Funken aus dem Felsen und die Sprengladung explodierte ihm unmittelbar ins Gesicht. Bei der Explosion hatte eine Eisenstange Gages linke Wange durchdrungen und durchbohrte dabei die Schädelbasis, durchquerte den vorderen Teil des Gehirns und trat dann mit hoher Geschwindigkeit aus dem Schädeldach wieder aus. Die Eisenstange wog gut sechs Kilogramm und hatte eine Länge von einem Meter und achtundneunzig Zentimetern. Das Erstaunliche ist: Trotz der schweren Hirnverletzung – die Öffnung im Schädelknochen und den umgebenen Schichten betrug fast vier Zentimeter im Durchschnitt – konnte Gage schon eine Stunde nach dem Unfall wieder annähernd auf eigenen Füßen stehen. Er hatte diesen schrecklichen Unfall überlebt und schien alles in allem gut intakt zu sein. Auf den behandelnden Arzt machte Gage einen sehr vernünftigen Eindruck, denn er konnte alle Fragen des Unfallhergangs selber klar beantworten. Nach zwei Monaten galt Gage als geheilt.

Das eigentliche Drama zeigte sich erst in den folgenden Monaten, da Gages Persönlichkeitsstruktur einen irreversiblen Schaden erlitten hatte.

Galt Gages vor seinem Unfall bei seinen Mitmenschen als besonnener und kluger Geschäftsmann, so war er nun komplett verwandelt. Er fiel nur noch als extrem launenhaft, streitsüchtig und wankelmütig auf. Gage war fortan nicht mehr in der Lage, kluge Entscheidungen zu treffen. Seine ihn stets auszeichnende emotionale Intelligenz war einer emotionalen Inkompetenz gewichen. Seine weitere berufliche Laufbahn zeichnete sich durch viele Wechselfälle aus und endete desaströs in einer abgeschmackten Zirkusnummer.

Gages Unfallgeschichte gilt als eine besondere „Geburtsstunde" der Hirnforschung. Seit diesem spektakulären Vorfall weiß man, dass es im menschlichen Gehirn unterschiedliche Systeme gibt, die für eine einfache Informationsverarbeitung zuständig sind. Gage konnte auch nach seinem Unfall weiterhin fühlen, denken und sprechen. Aber seine empathischen und sozialen Fähigkeiten waren komplett abhanden gekommen. Gages Beispiel zeigt, „dass Teile des Gehirns für spezifisch menschliche Eigenschaften zuständig sind, unter anderem für die Fähigkeit, die Zukunft vorwegzunehmen und sie in einem komplexen sozialen Umfeld angemessen zu planen, für das Verantwortungsgefühl sich selbst und anderen gegenüber und für das Vermögen, das eigene Überleben nach Maßgabe des freien Willens zu organisieren".[27]

Gages Unfall zerstörte jene Gehirnstrukturen, die für die der Entscheidungsfindung zugrunde liegenden Denkprozesse erforderlich sind.

Die bisher funktionierende anstrengungslose Informationsverarbeitung fand in seinem Gehirn nicht mehr statt.

Damasios Forschungsergebnisse stellen vor allem einen Kerngedanken heraus: werden im Gehirn jene Hirnareale beschädigt, die für das emotional kompetente Handeln verantwortlich sind, so ist der Mangel an Gefühlen eine wichtige Ursache für irrationales Verhalten. Kluge Entscheidungen brauchen also eine angemessene emotionale Unterfütterung. Ohne Emotionen kann der Mensch nicht rational entscheiden. Gefühle, abstraktes Denken und Bereiche, die für zwischenmenschliche Beziehungen zuständig sind, sind auch immer gleichzeitig am Werk.

Stellen Sie sich bitte für ein paar Augenblicke einmal vor, in Ihrem Unternehmen würde jeglicher emotionaler Rahmen fehlen. Es gäbe keinerlei Freude oder gar Begeisterung für gemeinsame Ziele. Wie leicht oder schwer würde Ihnen Ihre Arbeit fallen?

---

[27] Antonio R. Damasio: Descartes' Irrtum. Fühlen, Denken und das menschliche Gehirn. DTV, München 1999, S. 34.

Die Tatsache, dass es in unserer Unternehmenslandschaft kaum geglückte Fusionen gibt, hängt auch aufs Engste mit dem Fehlen eines gemeinsamen emotionalen Rahmens zusammen. Eine Erklärung ist in folgender kleinen Geschichte verpackt.

Die Geschäftsidee „Ham und Eggs"

Ein Huhn will eine Firma gründen. Die Idee hat es, nicht aber den nötigen Geschäftspartner. Es verabredet sich mit seinem Wunschpartner, dem Schwein. „Liebes Schwein, gut, dass ich Dich treffe, ich hab da eine tolle Geschäftsidee für uns beide. Wir gründen zusammen eine Firma. Was meinst Du, machst Du mit?" Das Schwein fragt: „Du liebes Huhn, sag mir doch erst mal, wie unsere Firma heißen soll? „Ham und Eggs", antwortet das Huhn. „Aber, das würde ja meinen sicheren Tod bedeuten", sagt das arme Schwein. „Genau", antwortet das Huhn, „das ist ja der Sinn und Zweck einer Fusion."

Ein entscheidender Grund für das Scheitern von Fusionen ist das Fehlen eines für beide Seiten akzeptablen emotionalen Rahmens. Einigt man sich nicht auf eine gemeinsame Zielperspektive, sind die Kommunikationsstrukturen der Teilfirmen nicht aufeinander abgestimmt, spricht man keine einheitliche Sprache, ist das Projekt dem Untergang geweiht. Hier liegt eine klare Verletzung des Prinzips der anstrengungslosen Informationsverarbeitung vor.

Die Arbeitsforschung weist in diesem Zusammenhang noch auf ein weiteres gravierendes Problem von anstrengungsloser Informationsverarbeitung hin: Unterbrechungen, Störungen im tagtäglichen Arbeitsablauf.

25 Prozent unserer Arbeitszeit gehen uns Tag für Tag, Woche für Woche durch Unterbrechungen verloren. Im Einzelfall benötigen wir ca. 25 Minuten, bis wir wieder zu unserer Ursprungsaufgabe zurückkehren. Schuld daran ist zum einen das bereits oben skizzierte „W-h-i-d-Syndrom". Schließlich ticken wir nun mal so, dass wir immer auf dem neuesten Stand der Nachrichten sein wollen und Angst haben, eine wichtige Information zu übersehen oder zu verpassen. Und so lassen wir uns leider auch viel zu oft von jeder ankommenden E-Mail gleich tyrannisieren. Die Vielfalt der elektronischen Medien wie E-Mail, Skype, Handy, Community-Netzwerke hat dies erst möglich gemacht. Der alltägliche „Informations-Tsunami" ist eine Monsterwelle, die uns zu erschlagen droht und ein sinnvolles Arbeiten erschwert.

Der Informationsdauerbeschuss weist eine Alltagsparadoxie auf. Einerseits war das miteinander Kommunizieren noch nie so schnell und einfach möglich wie heute. Andererseits stehen wir in einem permanenten „Standby Modus", also einem Dauerreaktionszustand, um möglichst zeitnah auf das zu reagieren, was gerade geschieht. Das kann auf Dauer kein angemessenes Verhalten sein. Die Überprüfung unserer „EDV", also unserer Einstellungen, Denkweisen und Verhaltensweisen ist hier dringend gefragt. Immer wichtiger wird es deshalb, den Tag zu inszenieren. Feste Rituale wie z. B. fest vereinbarte Zeitblöcke, helfen mit mehr Struktur dem Prinzip der leichten Informationsverarbeitung wieder Geltung zu verschaffen. Arbeitsökonomisch betrachtet, haben sich 90 Minuten-Arbeitsblöcke bestens bewährt.

In vielen Einzelcoachingprozessen hat sich das Führen eines Zeitprotokolls bestens bewährt. Nur wenn wir wissen, für welche Aktivitäten unsere Zeit benötigt wird, können wir auch nach einer Analyse die richtigen Konsequenzen ziehen.

Im Coaching berichten mir viele Führungskräfte, dass der viel zu eng getaktete Terminplan auch das Wochenende überschattet. Bürostunden werden zu Überallstunden. Grenzenloses Laptopen ist auch in den eigenen vier Wänden möglich. Vielen Managern fällt es schwer, im Zusammensein mit der Familie eine gesunde Erdung zu erfahren. Der Kopf ist einfach nicht frei, zu viele Wochenaltlasten machen das Abschalten schwer. Auch hier helfen einfache Rituale, die banal klingen mögen und doch so heilsam sein können, wie z. B. das Unkrautjäten im eigenen Garten oder das leichte Joggen im Wald, das als klare Vereinbarung mit mir selber einen festen Platz am Wochenende haben sollte. Entschleunigung von Prozessen ist eine wichtige Voraussetzung für Ihre allgemeine Gesunderhaltung. Denken Sie daran: Prophylaxe ist besser als Rehabilitation. Die Burnout-Kliniken dieser Republik sind voll mit Menschen, die sehr engagiert und ohne Rücksicht auf die eigne Gesundheit am ständigen Leistungslimit leben wollten. Immer Vollgas, immer auf der Überholspur des Lebens, schädigt auf Dauer jeden Motor. Wollen Sie dauerhaft Leistung bringen, gehört beides unabdingbar dazu: An- und Entspannung, situationsgemäßer Tempowechsel, um sich selbst wieder besser zu spüren.

7. Baustein: Effizient handeln

Aus biologischer Sicht bedeutet Handeln immer, eine zielgerichtete Bewegung auszuführen. Als Belohnung winkt die angestrebte Bedürfnisbefriedigung. Jeder von uns weiß, welches tiefgehende Gefühl der Befriedigung aufkommt, wenn wir eine anspruchsvolle Aufgabe erfolgreich abgeschlossen haben. Deshalb legt die Arbeitsforschung ja auch so viel Wert auf die Inszenierung eines jeden Arbeitstages. Wie ein Regisseur folgen wir unserem eigenen Drehbuch und agieren mit vorab fest definierten Zeitblöcken, anstatt immer nur auf eintretende Krisen zu reagieren. Dabei spielt die Struktur, die wir uns tagtäglich geben, die Hauptrolle, denn die Struktur prägt unser Tun. Die Effektivität unseres Handelns misst sich an der Zielklarheit. Deshalb sollten wir unsere Ziele gut kennen oder sind es letztendlich doch nur Leistungsvorgaben?

Führen wir uns zuerst den Umkehrschluss vor Augen. Haben wir keine klaren Ziele, so gleichen wir einem Segelschiff auf dem offenen Meer. Wir werden dort von einem Sturm zum anderen getragen, finden aber nie den sicheren Hafen. Auf unser Tagesgeschäft übertragen, heißt das: Fehlen klare Zielvorgaben, dann regiert oft der bloße Aktivismus, jeder ist beschäftigt, aber keiner weiß so recht, wohin die Reise eigentlich gehen soll. Diese diffuse Gemengelage wirkt auf alle Beteiligten wie ein Energiegully, man kann förmlich sehen, wie die Motivation abnimmt. Jahr für Jahr veröffentlicht das Potsdamer Gallup-Institut bei Berlin hierzu die passende Studie über das Engagement deutscher Arbeitnehmer im Beruf. Das erschreckende Ergebnis ist in den letzten Jahren immer konstant geblieben: Im Durchschnitt sind nur zwölf Prozent der Mitarbeiter in deutschen Unternehmen voll bei der Sache. Nur ca. zwölf Prozent der Beschäftigten identifizieren sich mit ihrer Arbeit. Neun von zehn Beschäftigten verspüren keine echte Verpflichtung ihrer Arbeit gegenüber. 18 Prozent haben gemäß der Studie sogar schon innerlich gekündigt. Der volkswirtschaftliche Schaden beläuft sich laut Gallup auf ca. 250 Milliarden Euro pro Jahr. Die Gründe für diese schwache Mitarbeiterbindung, die hohen Fehlzeiten und die niedrige Produktivität wurden schon beim Thema „Ärger" behandelt. In Summe läuft es immer wieder auf fehlende Wertschätzung und Anerkennung im Beruf hinaus. Der in diesem Zusammenhang oft strapazierte Begriff der Mitarbeitermotivation hat insofern also viel mit gemeinsamen Zielen zu tun. Ziele geben konkrete Inhalte vor, stecken einen klaren Handlungsrahmen ab und sind bestenfalls pure Antriebsenergie. Kennen Ihre Mitarbeiter den konkreten Zielzustand, erübrigt sich oft die Frage nach der Motivation ganz von allein. Gute Führung zeigt sich auch darin, dass den Mitarbeitern die Motoren der Zielerreichung gar nicht bewusst werden. Ermöglicht wird das sowohl durch den leichten Zugang zu Informationen und eine anstrengungslose Informationsverarbeitung.

8. Baustein: Kreativ bleiben

Die menschliche Identität wird auch zum großen Teil von dem Wunsch nach kreativen Ideen, um Neues zu schaffen, geprägt. Umso wichtiger ist es für jeden Entscheider, sich einen kreativen Arbeitsrahmen zu schaffen. Unter welchen konkreten Arbeitsbedingungen kann Kreativität überhaupt erst entstehen? Um offen zu sein für Neues, bedarf es vor allem der Schlüsselkompetenz der Neugier. Mit einer fragenden, ja staunenden Grundhaltung gelangen Sie zu anderen Einsichten und Ergebnissen, als wenn Sie mit vorgefertigten Vorannahmen über die Dinge hinweg galoppieren. Aus der Flow-Forschung ist bekannt, dass wir bis zu 20 Minuten brauchen, um in einen kreativen Geisteszustand einzutauchen. Allerdings sieht die Arbeitspraxis in vielen Unternehmen ganz anders aus. Im Durchschnitt können Sie nämlich nur elf Minuten ohne „Störung" arbeiten; spätestens dann schrillt das Telefon, der Kollege will etwas oder der Chef steht in der Tür. Kreativität im Denken und Handeln kann also nur mit klar definierten Grenzen wie z. B. einer „stillen Stunde" funktionieren. Auch hier zeigt sich wieder die Grundforderung nach einer durchdachten Struktur, die erst effizientes Handeln möglich macht.

9. Baustein: Emotionale Bindung

Gute und vor allem tragfähige Entscheidungen gelingen im Wechselspiel mit anderen am besten. Niemand kann auf Dauer allein aus sich heraus leben und zielgerichtet handeln. Wir brauchen den anderen, die emotionale Bindung als wichtigen Resonanzboden für den erfolgreichen Aufbau unserer eigenen Identität. Unser ganzes Leben gestaltet sich in Beziehungen. Das fängt schon mit der Geburt an und hört im Geschäftsleben noch lange nicht auf, wie uns die vielen Network-Communitys vor Augen führen. Das „Vitamin B" liegt uns in den Genen und hat in erster Linie etwas mit Vertrauen zu tun, und zwar in zweierlei Hinsicht: Zum einen geht es um eine Beziehung zu uns selber; deshalb sprechen wir auch vom Selbstvertrauen, dieser ganz speziellen Qualität von „Verlässlichkeit nach innen". Wir haben schon weiter oben aufgezeigt, wie wichtig es für die eigene Entscheidungsfindung ist, über gute Körperwahrnehmungssensoren zu verfügen. Verfügen wir über diese innere Achtsamkeit, können wir die Bedeutung der Signale, die unser eigener Organismus zur Verfügung stellt, verstehen und richtig interpretieren. Wir verfügen also von innen heraus über eine gute Basis für die zahlreichen täglich zu treffenden Entscheidungen.

Die andere Bedeutungskomponente findet sich in der Beziehung zu anderen. Ein guter Entscheider weiß sich im emotionalen Kontakt mit seinem Team oder seiner Abteilung, braucht die Nähe zur Gruppe, um Stimmungen und Grundmotivationen richtig wahrnehmen zu können. Erst der gemeinsame Zielhorizont schafft die Basis für ein reibungsloseres Zusammenarbeiten. Es mag auch „einsame" Entscheidungen geben, aber auch diese Entscheidungsqualität kann im Positiven eine emotionale Bindung aufweisen. Stehen wir z. B. vor einer wichtigen Entscheidung, können wir durch virtuelles Probehandeln, also indem wir uns geistig in die Position eines guten Freundes, dessen Meinung wir achten und schätzen, versetzen, und aus seiner Sicht überlegen, was dieser uns wohl zu unserer Entscheidungssituation raten würde. Wir sind immer miteinander verbunden, bewusst oder unbewusst. Es ist so, dass ein Gehirn das andere prägt.

10. Baustein: Strategische Ziele

Wenn wir eine strategische Altersvorsorge planen, dann werden wir in der Regel nicht unser ganzes Geld in hoch spekulative Aktien investieren, die unser Gesamtziel gefährden könnten, sondern unterschiedliche Anlageformen wählen. Denn was wir suchen, sind krisenfeste und stabile Rahmenbedingungen, die auf Langfristigkeit ausgerichtet sind. Nur in einem solchen Wachstumsklima, das auch situative Kursschwankungen mit einschließt, kann sich unser Geld auf Dauer vermehren und die gewünschte Rendite erwirtschaften. Langfristige Stabilität schließt aber immer auch kurzfristige dynamische Schwankungen mit ein.

Dieses strategische Denken lässt sich auch auf Entscheidungssituationen übertragen. Mit einem Geschäftsplan kommt man z. B. überall dort gut voran, wo man die Strecke von A nach B kennt, also den Weg vom Ist zum Soll zum Ziel. Aber: Meistens haben wir es mit unvorhersehbaren Entwicklungen zu tun. Wenn sich das Gelände ändert, Überraschungen auftreten, dann brauchen wir vor allem strategische Ziele, die auch dynamischen Schwankungen gewachsen sind.

Schon aus der Biologie ist das Bestreben bekannt, ein möglichst dynamisches Gleichgewicht des Systems herzustellen. Aus der Unfallmedizin wissen wir, dass es für ein Unfallopfer durchaus „systemstabilisierend" sein kann, es kurzfristig in ein künstliches Koma zu versetzen.

Der Paradigmenwechsel in der Autoindustrie – weg vom klassischen Verbrennungsmotor und hin zu dem Elektroantrieb – zeigt im Besonderen die Wichtigkeit der strategischen Zielsetzung. Die Entscheidung für ein komplett neues Antriebssystem, welche mit enormen finanziellen Investitionen in neue Produktionsverfahren einhergeht, kann nur dann die gewünschte wirtschaftliche Stabilität des Unternehmens herstellen, wenn auf Kontinuität und Langfristigkeit gesetzt wird. Kurzfristiges Profitstreben ist hier fehl am Platz. Dieses anspruchsvolle strategische Ziel ist jedoch nur dann erreichbar, wenn jeder Mitarbeiter mit vollem Einsatz nach Exzellenz strebt.

„Erfolg ist das Ergebnis richtiger Entscheidungen. Richtige Entscheidungen sind das Ergebnis von Erfahrung. Erfahrung ist das Ergebnis falscher Entscheidungen."[28]

---

[28] Oliver Alexander Kellner: Speed Control. Die neue Dimension im Zeitmanagement. Gabler, Wiesbaden 2010.

5 Wie setzt sich die Persönlichkeitsstruktur einer Führungskraft zusammen?

Die Kernbotschaft lautet: Die Authentizität und Glaubhaftigkeit einer Führungskraft entsteht aus einem besonderen Wirkzusammenhang aus bewussten und unbewussten Einflussgrößen unserer Kernpersönlichkeit.

In der *Süddeutschen Zeitung* erschien Anfang 2010 eine Karikatur, die den Unternehmer-Zeitgeist ausdrucksstark auf den Punkt brachte. Ein Manager sitzt an seinem Schreibtisch und telefoniert mit seiner Sekretärin: „Frau Schlütter, bitte verbinden Sie mich mit der Wirklichkeit."

Antriebe des Unbewussten

Blicken wir auf die jüngste Wirtschaftsgeschichte Deutschlands, so entdecken wir unschwer eine Reihe von Betrugsfällen, die dem Ansehen des Managerbildes großen Schaden zugefügt haben. Egal, ob wir an den Fall Zumwinkel, die Korruptionsaffäre bei MAN oder die unermessliche Gier vieler Banker denken. Es scheint so, als hätten Manager heutzutage den Boden unter den Füßen verloren, als könnten sie Recht von Unrecht nicht mehr unterscheiden, als könnten einige ihr Handeln und deren Wirkung nicht mehr auseinanderhalten. In diesem Zusammenhang machen Schlagworte wie Maßlosigkeit, Allmachtsanspruch, Größenwahn und Egomanie die Runde. Das Führungsverhalten scheint hier massiv aus dem Ruder zu laufen, eine erschreckende Schieflage ist eingetreten. Natürlich stellt sich die dringende Frage: Wie konnte es zu solchem unternehmensschädlichen Fehlverhalten überhaupt kommen? Und mit vertieften Blick auf unser Thema: Wie ordnet die moderne Hirnforschung diese Vorfälle ein und welche Verhaltensalternativen gibt sie uns heute an die Hand? Deshalb wird im Folgenden die Persönlichkeitsstruktur des Menschen stärker ausgeleuchtet und vor allem der Frage nachgegangen, welche Anteile das Unbewusste an der Persönlichkeitsstruktur jedes Einzelnen hat.

Anteile der menschlichen Persönlichkeitsstruktur

Was macht eigentlich eine erfolgreiche Führungsperson aus? Sie sollte ein gutes Händchen für den Umgang mit Menschen haben, eine optimistische und offene Haltung gegenüber Neuem einnehmen, sehr kommunikativ sein, zielorientiert und flexibel agieren können. Sie sollte ferner Führungsstärke sowie Charisma besitzen, motivierend gegenüber ihren Mitarbeitern auftreten und stressresistent sein. Es gehören aber auch eine gewisse Portion Egozentrik und Machtbewusstsein dazu, ferner sollte sie auch nur begrenzt empathisch agieren.

Dieser Kriterienkatalog lässt jedoch auch den Gedanken plausibel erscheinen, dass eine erfolgreiche Führungskraft vor allem über ein gutes inneres Regulativ verfügen muss, damit bei Stressszenarien eben keine ethisch moralischen Entgleisungen zutage treten. Mit anderen Worten: das oft zu beobachtende gefühlskalte, egozentrische, rücksichtslose Verhalten, gepaart mit der Unfähigkeit zur Selbstkritik und häufig auch noch ohne jegliches Unrechtsbewusstsein.

Für unser Thema ist ein Modell aus der neueren Hirnforschung zur Persönlichkeitsentwicklung sehr aufschlussreich.

5.1   Vier Einflussfaktoren prägen unser Haus des Seins - Neurobiologische Erkenntnisse zur Persönlichkeitsstruktur einer Führungskraft

Unsere Persönlichkeit gleicht demnach einem Haus, das unterkellert und zweistöckig gebaut ist.

Unser Temperament

Da wäre zuerst das Fundament, das Kellergewölbe zu nennen: Hier liegt unser Temperament „begraben". Die Hirnforschung geht davon aus, dass dieses weitgehend von Geburt an zu großen Teilen festgelegt, also angeboren ist. Hierfür sprechen genetische Bestimmungen und vorgeburtliche Einflüsse. Das Temperament ist durch Erfahrung und Erziehung kaum beeinflussbar. Zum Temperament zählen grundlegende Persönlichkeitsmerkmale wie Ausdauer, Geduld, Selbstvertrauen, Kreativität und Offenheit gegenüber Neuem. Auch so wichtige Einflussgrößen wie das Vertrauen und das Misstrauen gegenüber uns selbst und anderen gehört unabdingbar dazu. Abgerundet wird unser Temperament mit den Persönlichkeitsmerkmalen Pünktlichkeit, Ordnungsliebe, Zuverlässigkeit und Intelligenz.

Unsere emotionale Prägung

Gehen wir nun vom Keller ins Erdgeschoss. Zusammen bilden beide Ebenen unseren unbewussten Persönlichkeitskern. Hier ist unsere emotionale Prägung beheimatet. Schon in Kapitel 4 haben wir auf die Grundmatrix unseres Gehirns hingewiesen und dass diese in der ersten Lebensdekade fest im Gehirn formatiert wird. Dieses „Betriebssystem" ist später nur über starke emotionale oder lang anhaltende Einwirkungen veränderbar. Dort lernen wir auf sehr individuelle und egoistische Weise, was gut beziehungsweise lustvoll und auch was schlecht beziehungsweise schmerzhaft ist. Auf dieser Ebene wird im aktiven Zusammenspiel mit unserem Kellerbewohner, dem Temperament, klar definiert, wie wir mit Stress, Angst, Unsicherheit, Risiken und Erfolg umgehen. Dort bilden sich auch die relevanten und individuell sehr unterschiedlichen Belohnungserwartungen, die Leistungsmotivation und der persönliche Ehrgeiz heraus sowie unsere Abhängigkeit von Lob und Anerkennung.

Unser bewusstes soziales Verhalten

Die erste Etage wird von unserem bewussten sozialen Verhalten bewohnt.

Unser Streben nach Erfolg und Anerkennung, Ruhm, Macht, Freundschaft, Liebe und sozialer Bindung ist hier anzutreffen. Empathie und Mitleid, der „soziale Klebstoff", der uns als Gemeinschaft zusammenhält, aber auch unsere Hilfs- und Kommunikationsfähigkeit, die Moral und Ethik finden sich hier wieder. Diese Etage wird in später Kindheit und Jugend entsprechend möbliert. Prägende Einflussfaktoren sind an dieser Stelle unsere sozialen Erfahrungen. Unsere beiden Mitbewohner der tieferliegenden Etagen sprechen hier gerne ein Wörtchen mit, werden jedoch auf Sozialverträglichkeit getrimmt.

Unsere sprachliche Kommunikation

Abschließend werfen wir noch einen Blick in die zweite, obere Etage unseres Haus des Seins, wo sich unsere sprachliche Kommunikation häuslich eingerichtet hat.

Dort wird zum einen an unserem Selbstbild gebastelt: Wer oder was will ich sein? Wie will ich gegenüber den anderen erscheinen? Zum anderen wird hier die Grunddisziplin der Selbstdarstellung eingeübt: Diplomatie, Verstellung, aber auch der Selbstbetrug. Aber Achtung: Diese Etage hat es in sich. Wie keine andere Ebene dieses Hauses besitzt sie die Fähigkeit zur Abkoppelung. Sie kann innerpsychisch ein Eigenleben führen.

Nun fällt es uns auch leichter, die anfangs skizzierte Schieflage so mancher Managerseele besser einzuordnen und zu beurteilen bzw. stimmigere Verhaltensalternativen abzuleiten. Folgende Schlussfolgerungen bieten sich uns an:

1. Die Wirkkräfte, mit der die vier Einflussfaktoren unser Fühlen, Denken und Handeln beeinflussen, stehen in einem umgekehrten Verhältnis zu ihrer Veränderbarkeit. Sowohl unser Temperament als auch unsere emotionale Prägung bestimmen unsere Psyche und unser Handeln massiv mit der Konsequenz, dass sie im Erwachsenenalter kaum noch veränderbar sind. Das mag uns eher bedrücken.

2. Die erfreuliche Nachricht: Unser bewusstes soziales Verhalten ist hingegen sehr wohl veränderbar. Allerdings folgt auch hier ein Wermutstropfen. Die Leitlinienkompetenz bleibt nämlich den beiden unteren Hausbewohnern – dem Temperament und der emotionalen Prägung – vorbehalten. Somit schränkt sich der Möglichkeitsraum unseres sozialen Verhaltens auch wieder ein.

3. Den größten Veränderungsspielraum gewährt uns die sprachliche Kommunikation. Leider hat sie aber keinen direkten Einfluss auf unser Handeln. Unser Reden und unser Handeln klaffen bekanntlich oft weit auseinander.

Abbildung 5.1   Das Haus des Seins[29]

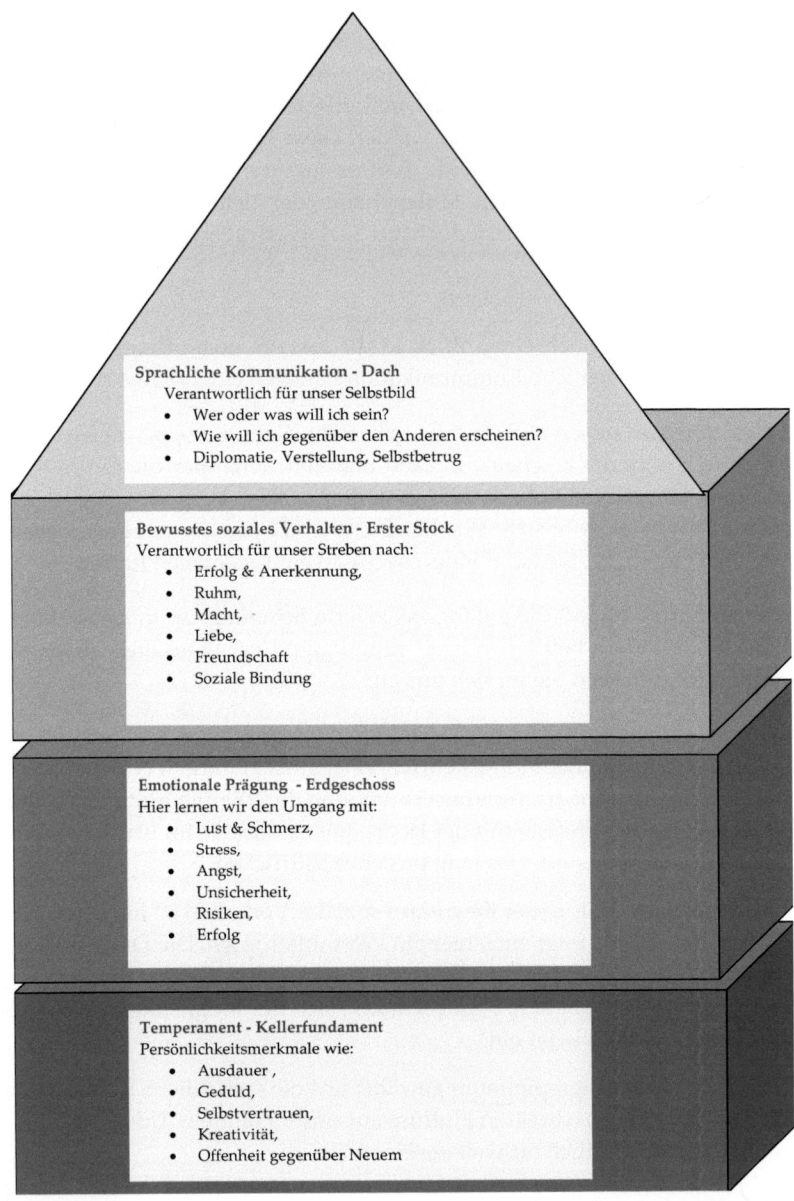

Sprachliche Kommunikation - Dach
Verantwortlich für unser Selbstbild
- Wer oder was will ich sein?
- Wie will ich gegenüber den Anderen erscheinen?
- Diplomatie, Verstellung, Selbstbetrug

Bewusstes soziales Verhalten - Erster Stock
Verantwortlich für unser Streben nach:
- Erfolg & Anerkennung,
- Ruhm,
- Macht,
- Liebe,
- Freundschaft
- Soziale Bindung

Emotionale Prägung - Erdgeschoss
Hier lernen wir den Umgang mit:
- Lust & Schmerz,
- Stress,
- Angst,
- Unsicherheit,
- Risiken,
- Erfolg

Temperament - Kellerfundament
Persönlichkeitsmerkmale wie:
- Ausdauer ,
- Geduld,
- Selbstvertrauen,
- Kreativität,
- Offenheit gegenüber Neuem

[29] Gerhard Roth: Persönlichkeit, Entscheidung und Verhalten: Warum es so schwierig ist, sich und andere zu ändern. Klett-Cotta, Stuttgart 2008.

4. Betrachten wir unseren Hausbau als Ganzes, so verläuft die Einflussnahme von unten nach oben viel stärker als die von oben nach unten. Daraus folgt, so der Hirnforscher Professor Gerhard Roth: „…dass sich Handlungsmotive auf der oberen sozial-emotionalen Ebene nur dann durchsetzten, wenn sie sich mit tieferliegenden egoistisch-emotionalen Motiven verbünden. Es bedeutet aber auch, dass bewusste Überzeugungen und Gründe keineswegs ohnmächtig sind gegenüber den Antrieben des Unbewussten. Aber das Unbewusste muss diesen bewussten Motiven gegenüber ,willfährig' sein. Zugleich bedeutet dies, dass uns unsere Persönlichkeit und das, was uns ,wirklich treibt', nur teilweise bewusst ist und im besten Fall durch eine tiefergreifende Persönlichkeitsanalyse freigelegt werden kann."[30]

5. Um eine gute Führungspersönlichkeit zu sein, reicht es folglich nicht aus, wenn man sich nur bestimmte kommunikative und kognitive Fertigkeiten aneignet. Letztendlich sind ja, wie unser Hausbau zeigt, alle Ebenen an der Persönlichkeitsstruktur beteiligt. Somit dürfen wir auch getrost anders lautende Aussagen wie die, dass für den Erfolg eines Managers schon eine bestimmte „lockere" und selbstsichere Art zu kommunizieren ausreiche, in das Reich der Legendenbildung verweisen. Gerade in starken Belastungssituationen hält diese Maskerade keinem Ansturm stand. Sollte die Möglichkeit persönlicher Bereicherung oder eine anders geartete Verführung der Macht geboten sein, wird unter diesen Vorzeichen ein gravierendes Fehlverhalten die Folge sein.

6. Mehr Sinn macht es hingegen, wenn Sie an Ihren sozialen Fähigkeiten arbeiten. Hier erzielen Sie die größtmögliche Hebelwirkung. Bei Diderot heißt es: „Sage, was Du meinst, meine, was Du sagst, und schweige, wenn Du nichts zu sagen hast."[31] In Summe geht es um Authentizität und Glaubwürdigkeit. Das, was Sie sagen und tun, sollte auch im Einklang stehen mit der Art, wie Sie auf emotionaler Weise mit Ihren Mitarbeitern tagtäglich umgehen. Dazu gehören Verlässlichkeit, Kritikfähigkeit, Ausdauer und vor allem Glaubhaftigkeit.

7. Unsere Glaubhaftigkeit steht und fällt jedoch erst in der Kombination aus bewussten und unbewussten Einflussgrößen unserer Kernpersönlichkeit. Es heißt so treffend: Wir sprechen immer mit zwei Sprachen, mit der der Wörter und der des Körpers. Der Körper lügt nicht. Unsere nonverbalen Botschaften, also Mimik, Gestik, Blickkontakt, Körperhaltung, Intonation unserer Stimme, werden unmittelbar von Hirnzentren gesteuert, in denen diese Kernpersönlichkeit lokalisiert ist. Ein aufgrund seiner Persönlichkeitsstruktur „gefährdeter" Manager kann demnach seine Umwelt eine Zeit lang täuschen. Mühsam angeeignete Umgangsformen und ein gewisses Maß an rhetorischer Gewandtheit mögen in einfachen Alltagsszenarien gut funktionieren. Unter massiven Stress kommt jedoch das wahre Naturell zum Vorschein, und die in seiner Persönlichkeitsstruktur angelegte Veranlagung zum übertriebenen Machthunger, zur Kritikunfä-

[30] Gerhard Roth: Persönlichkeit, Entscheidung und Verhalten: Warum es so schwierig ist, sich und andere zu ändern. Klett-Cotta, Stuttgart 2008.

[31] Denis Diderot: Jakob und sein Herr. Eichborn Verlag, Frankfurt am Main 1999.

higkeit, zur Empathiearmut oder zur Rücksichtslosigkeit setzt sich gnadenlos durch. Das Erstaunliche ist, dass den Akteuren ihr Fehlverhalten oft gar nicht bewusst wird. Ein Unrechtsbewusstsein kommt nicht auf. Dies zeigen die Beispiele der Bespitzelungsaffäre der Telekom und der Bestechungsskandal bei MAN auf. Die oberste sprachlich-diplomatische Ebene versucht eben möglichst lange, die wahren Motive im Dunklen zu halten.

Resümierend bleibt festzuhalten: Unser Ausflug in das Schattenreich der Managerseele macht eines deutlich: Es ist bei der Besetzung von wichtigen Schlüsselpositionen größte Vorsicht und Aufmerksamkeit geboten. Die differenzierten Wirkmechanismen unserer Persönlichkeitsstruktur sind von ungeübten Außenstehenden nur schwer zu durchschauen. Defizite im Bereich der Kernpersönlichkeit deckt man am ehesten auf, wenn man sich gemeinsam Zeit für die Beantwortung folgender Fragen nimmt: Ist die Person „im Herzen" verlässlich? Ruht sie wirklich in sich selbst? Kann sie das notwendige Auftreten als Führungskraft mit Loyalität gegenüber den öffentlichen Unternehmenszielen kombinieren? Vermag sie es, der Verführung der Macht und des privaten Profits oder dem Allmachtsrausch zu widerstehen?

Natürlich gibt es Fälle, wo hoch talentierte Führungskräfte für einen Betrieb unverzichtbar sind und jene unvereinbaren Widersprüche zwischen der sozial-emotionalen Ebene und der Ebene der Kernpersönlichkeit auftreten. Dann heißt es, mit Geduld und Ausdauer an der Schlüsselkompetenz der Glaubwürdigkeit zu arbeiten, denn in ihr spiegeln sich alle positiven Eigenschaften wider. Echte Glaubwürdigkeit hat jedoch nichts mit „Beautyfarm"- Denken gemein. Ein wenig Schminke auftragen hilft nicht, den „Elchtest" härtester Alltagsbelastungen erfolgreich zu bestehen. Es geht um Kontinuität und Verlässlichkeit, die unsere Beziehungskultur erst stark machen. Diese gelebte Nachhaltigkeit muss „von unten", aus unserem Fundament heraus kommen. Das ist machbar, setzt jedoch auch Demut voraus, sich in die Demut des Lernens zu begeben, um sich mit der eigenen Persönlichkeitsstruktur auseinanderzusetzen und diese in eine gewünschte Richtung weiterzuentwickeln.

6   Wert-„voll" führen: Werte im beruflichen Kontext finden und leben

Die Kernbotschaft lautet: Werte geben unserem Leben Orientierung, Sinn und Halt. In schwierigen Situationen dienen sie uns als wichtige Entscheidungshilfe und als Klärungshilfe bei der Zielerreichung.

6.1   Denkansatz von Viktor Frankl, dem Begründer der Logotherapie

Wer sich mit Motivation, Wertfindung, Fragen der Sinnhaftigkeit des eigenen Denkens und Handelns beschäftigt, kommt um einen Namen nicht herum: Viktor Frankl.[32] Der Wiener Psychiater, Begründer der Logotherapie (Logos = Geist/Sinn), hat die Frage nach einem sinnerfüllten Leben stets zum Mittelpunkt seiner Arbeit gemacht. Für unseren Zusammenhang ist vor allem die differenzierte Betrachtung seiner Wertekategorien interessant. Bei Frankl finden wir drei Hauptgruppen von Werten: schöpferische Werte, Erlebniswerte und Einstellungswerte. Welche entscheidende Rolle Werte an sich in unserem Leben spielen, erfahren wir meistens erst dann, wenn wir in einer Krise stecken und wir die Sinnhaftigkeit unseres Tuns stark infrage stellen. Aussagen, wie: „Ich bin doch eh nur ein kleines Rädchen im Getriebe, auf mich kommt es doch gar nicht an, die da oben machen doch eh, was sie wollen", mögen in ihrem subjektiven Wahrheitsgehalt richtig sein. Doch die lähmende Wirkung, die von solchen Selbstbotschaften ausgeht, ist viel entscheidender, denn sie führen bestenfalls in eine lethargische Grundhaltung. In dieser geistigen Verfassung sind wir nicht mehr im Vollbesitz unserer Möglichkeiten und rauben uns die Tatkraft.

---

[32] Viktor E. Frankl. Der Mensch vor der Frage nach dem Sinn. München Zürich 2004.

6.2   Schöpferische Werte

Hier kommen z. B. die schöpferischen Werte zum Tragen. Dabei ist es eigentlich vollkommen egal, wo ein Mensch im Berufsleben steht und was er tut. Viel entscheidender ist wieder das Wörtchen „Wie". Wie verantwortungsvoll erledige ich meine Arbeit, wie fülle ich meinen Tätigkeitsbereich aus? Ein Fensterputzer mag einen einfach strukturierten Job haben, der oberflächlich betrachtet wenig Abwechslung bietet und in Summe wenig Sinn macht. Doch ob das Ergebnis dieser Arbeit richtig gut oder schlecht ist, hängt maßgeblich von der inneren Einstellung des Arbeiters ab. Verspürt dieser Fensterputzer einen gewissen „Werkstolz", schaut er nach getaner Arbeit innerlich zufrieden auf sein blitzblank geputztes „Werk", so ist das die Basis für seinen Erfolg, die intrinsische Motivation, die von innen kommt und eine tiefergehende Zufriedenheit auslöst. Jeder von uns kennt das befriedigende Gefühl, das sich einstellt, wenn wir eine anspruchsvolle Tätigkeit zu unserer vollsten Zufriedenheit abgeschlossen haben. Dann atmen wir erleichtert auf und sind zu Recht stolz auf das Ergebnis. Werkstolz sieht sicherlich bei jedem etwas anders aus. Entscheidend ist allemal die Andockstation zu unserer schöpferischen Wertewelt, die in uns liegt und immer wieder ein Kraftreservoir der Selbstmotivation darstellt. Es gilt, gerade in schwierigen krisenhaften Situationen diesen Zugang zur Kraftquelle der schöpferischen Werte offenzuhalten.

6.3   Erlebniswerte

Neben den schöpferischen Werten existiert eine zweite Wertekategorie, die nach Frankl, die sogenannten Erlebniswerte ausmacht. Erlebniswerte dienen ebenfalls als pure Antriebsenergie, vor allem dann, wenn der eigene Motor ins Stottern zu geraten scheint. So kann mir ein banaler Frühlingsspaziergang die Schönheit der Natur vor Augen führen und im wahrsten Sinne die Augen und Ohren zum Empfinden öffnen. Sei es der Anblick eines zarten Zitronenfalters oder das Zwitschern der Vögel, der lauwarme Frühlingswind oder der Duft der Forsythien: Niemand würde wohl hier auf die Idee kommen und dem unmittelbaren Naturerleben seinen Sinn absprechen. Und noch ein weiteres Gedankenexperiment mag den Kraftgehalt dieser Erlebniswerte verdeutlichen. Angenommen, Sie lauschen gerade Ihrer Lieblingssymphonie und die Erhabenheit der Musik erfüllt Ihr Gemüt, niemals kämen Sie auf den Gedanken, dieses Erlebnis als sinnlos zu erklären. Die Schönheit, die diesem erhabenen Moment zugrunde liegt, ist pure Lebensfreude und Antrieb, sie erneut zu erleben.

6.4   Einstellungswerte

Unsere Einstellungswerte bilden die dritte Wertekategorie. Würden wir alle drei Kategorien hierarchisch anordnen wollen, so bildeten die Einstellungswerte sicherlich die Nummer eins, gefolgt von den schöpferischen Werten und den Erlebniswerten. Bei den Einstellungswerten trennt sich die Spreu vom Weizen. In vielen Coachingsequenzen zeigt sich an einem bestimmten Punkt im Leben – meistens in der Lebensmitte, so im Alter von 35 bis 40 – eine gewisse existenzielle Frustration. „Man(n)" ist „angekommen", beruflich wie privat und das stark strapazierte „Business-Erfolgquartett": „Mein Auto, mein Haus, meine Yacht," bringt nicht mehr wirklich weiter, die „Motivationsmohrrübe" funktioniert nicht mehr. Die Gefahr, ins existentielle Vakuum zu fallen, ist groß, ein Gefühl der Sinnlosigkeit und Leere kann schnell zu einem lang anhaltenden Stimmungstief führen und zu einem Energiegully mutieren. Menschsein ist vielleicht auch deshalb des Öfteren so schwierig geworden, weil uns eben kein Instinkt sagt, was wir tun müssen – im Unterschied zum Tier – und keine gesellschaftlich verbindliche Tradition mehr vorgibt, was wir tun sollten.

Fehlt uns der richtungsweisende Wertekompass, dann wissen wir nicht mehr so recht, was wir eigentlich wollen. Entweder tun wir dann überwiegend das, was andere von uns wollen, und dann sind wir fremdbestimmt. Oder aber wir glauben, das tun zu müssen, was andere auch tun. Auch dieser Schritt ist wenig wesensgemäß und generiert auf Dauer ein latentes Gefühl der Sinnleere. Das mittlerweile weit verbreitete Burnout-Syndrom – salopp gesprochen die „Edelversion" der Depression – zieht immer größere Kreise, und manchmal gewinnt man fast den Eindruck, als ob Burnout eine selbstverständliche Zusatzqualifikation im Lebenslauf einer hoch motivierten Führungskraft zu sein hat und wie das Einfamilienhaus am Stadtrand zum guten Ton der Vorzeigefamilie gehört. Nichtsdestotrotz ist diese Burnout-Diskussion ein alarmierendes Signal. Zeigt sie doch, wie sehr der zunehmende Anforderungsdruck den arbeitenden Menschen in eine gefährliche emotionale Schieflage bringt mit verheerenden seelischen Auswirkungen. Nicht von ungefähr rangiert die Angst vor dem Jobverlust in unserer Gesellschaft ganz weit oben.

Arbeitslosigkeit wird deshalb von vielen Menschen als Höchststrafe empfunden und geht leider oft mit einer personellen Ent-Wertung einher. Das Bedrückende – so belegen es zahlreiche Studien – ist nicht das Faktum der Arbeitslosigkeit an sich, sondern das Sinnlosigkeitsgefühl, das sich mit dem Jobverlust einstellt. Genau hier greift die ganze Wucht der Einstellungswerte. Sie sind der Dreh- und Angelpunkt, die Chance, sich wieder zu be-sinnen. Einstellungswerte entfalten dann ihre ganze Kraft und Wirkung, wenn es wirklich kriselt. Sie offenbaren, wie der Mensch sich zu einer Einschränkung seines Lebens stellt. Gerade dann, wenn ich durch eine Krise herausgefordert werde, kommt meine innere Haltung wie z. B. Entschlossenheit, Mut, Beharrlichkeit zum Vorschein und eröffnet neue Gestaltungsmöglichkeiten. In Summe läuft es darauf hinaus, dass das Leben niemals wirklich sinnlos werden kann, ja ein in uns existierender Wille zum Sinn da ist und uns weiter antreibt. In jedem von uns existiert ein personaler Wesenskern. Hierunter verstehen wir das Wertesystem eines Menschen und diese Werte dienen uns als existenziell wichtige Ressource, mit der wir unsere Einstellungen, Verhaltensweisen und Handlungen prägen. Im Frankl'schen Sinne trägt der Mensch Verantwortung gegenüber Werten und seien es auch nur Einstellungswerte. Solange der Mensch Bewusst-sein hat, hat er auch Verantwortlich-sein. Daraus resultiert die Verpflichtung, Werte zu verwirklichen, und so läuft es immer wieder auf das Credo hinaus: Mensch-sein heißt Bewusst-sein und Verantwortlich-sein.

6.5   Sechs Arbeitsthesen zu Viktor Frankl fassen das Wichtigste zusammen

■ Frankls Menschenbild fußt auf einer unteilbaren Einheit aus Leib, Psyche und Geist. Als leibliches Wesen ist der Mensch stets bestrebt, seine primären Lebensbedürfnisse zu befriedigen und seine Erhaltung zu sichern. Als psychisches Wesen strebt der Mensch nach Wohlbefinden und nach einem gelingenden Leben. Als geistiges Wesen strebt er nach Sinnerfüllung durch Verwirklichung seiner Werte in Freiheit und Verantwortung.

■ Frankls Sinngebäude ruht auf drei Säulen:

1. Die Freiheit des Willens
   Der Mensch kann jederzeit zu inneren und äußeren Umständen Stellung nehmen. Als geistige Person ist der Mensch ein agierendes, gestaltendes Wesen. Daraus folgt, dass der Mensch keiner Fremdmotivation bedarf. Er ist stets motiviert, wenn er nur Sinn findet.
2. Der Wille zum Sinn
   Der Mensch ist nicht nur frei, sondern in erster Linie frei auf etwas hin. Seine Gestaltungsfähigkeit sucht nach Ausdrucksmöglichkeiten sowohl in sich selbst als auch in der Arbeitswelt. Kann der Mensch seinen Willen zum Sinn in der Arbeit nicht zur Geltung bringen, so entstehen belastende Sinn- und Wertlosigkeitsgefühle. Diese äußern sich in Leistungsminderung, Fluchtverhalten und psychosomatischen Erkrankungen bis hin zu neurotischen Störungen.
3. Der Sinn des Lebens
   Der Mensch ist durch seine Willensfreiheit und Verantwortungsfähigkeit aufgefordert, das Bestmögliche zur Geltung zu bringen, indem er in jeder Situation den Sinn des Augenblicks erkennt und verwirklicht. Wesentlich hierbei ist, dass der Sinn des Augenblicks, obwohl objektiv gegeben, situations- und personengebunden ist und als solcher einem fortwährenden Wandel unterliegt.

■ Übertragen wir dieses Denken auf unseren Unternehmensalltag, so bedeutet das: Jeder Mensch strebt nach Sinn. Diejenigen, die ihn nicht finden, versuchen, die Sinnleere mit Lust, Spaß oder Flucht auszugleichen.

■ Um auch im Alltag den größtmöglichen Nutzen aus Frankls Gedankengut ziehen zu können, ist es wichtig, die Trennschärfe zwischen den Begriffen „Sinn" und „Zweck" klar herauszuarbeiten. Der Zweck einer Arbeit besteht darin, eine Leistung zu erbringen, ein damit verbundenes Ziel zu erreichen, einen Mehrwert zu generieren und last but not least auch eine Gegenleistung zu erhalten. In diesem Zusammenhang fragt der Zweck immer nach dem „Warum". Arbeite ich jedoch vor allem dafür, z. B. meine Familie finanziell gut versorgen zu können, geht diese innere Einstellung über einen reinen Zweckgedanken weit hinaus. Und ebenso verhält es sich auch dann, wenn ich an meiner eigenen persönlichen Weiterentwicklung arbeite, also quasi Selbstformung betreibe und mich in meinem Arbeitsgebiet weiterbilde. In diesen konkreten Fällen arbei-

te ich auf der Sinnebene und es geht konkret um Wertverwirklichung. Die Schlüssel-
fragen lauten hier:

- „Was ist das Ziel hinter dem Ziel?"
- „Wozu trage ich mit meiner Arbeit im Sinne eines größeren Ganzen bei?"
- „Wofür setze ich mich ein?"

Der Sinn meines Denkens und Trachtens erschließt sich am ehesten über die Fragen
„Wofür?" und „Wozu?".

Eine kleine Geschichte bringt diesen zentralen Leitgedanken auf den Punkt.

Was tust du?

Es war einmal vor langer Zeit ...

Der Baumeister der Dombauhütte begutachtete den Baufortschritt und die Qualität der
Arbeit. Er traf drei Männer, die unter freiem Himmel arbeiteten, und fragte sie, was sie
denn täten. „Ich klopfe Steine", antwortete der Erste, der wie die anderen vor Schweiß
triefte.

„Ich muss Geld verdienen, denn ich habe eine große Familie und die Kinder sind stets
hungrig", erwiderte der Zweite.

„Ich baue den Dom", strahlte der Dritte.

Quelle: unbekannt

- Selbstverständlich gibt es in jedem Unternehmen eine Reihe von Hindernissen oder
  internen Widerständen, die den Blick auf das Wesentliche bzw. auf den eigentlichen
  Sinn versperren können. So können z. B. auftretende Redundanzen, also „unsinnige"
  Doppelarbeiten eine Menge Energie und Geld verschwenden und zu einem wirklichen
  Ärgernis werden. Der Königstipp lautet im Frankl'schen Sinne: Bauen Sie Distanz zum
  Hindernis auf. So sind wir eher in der Lage, eine sinnvolle Außenperspektive einzunehmen und eine saubere Fehleranalyse durchzuführen. Es gibt eine Reihe von Alltagssituationen, die mir den Blick auf das Wesentliche verstellen und wo ich Gefahr
  laufe innerlich „am Rad zu drehen". Ein probates Gegenmittel besteht darin, in solchen
  Situationen einen „Gang höher zu schalten" und nach dem Ziel hinter dem Ziel zu fragen. Die Gefahr, sich im tagtäglichen Kleinklein aufzureiben, ist groß. Umso wichtiger
  wird die Anwendung der Schlüsselkompetenz „Sinnfindung" im Alltagsdschungel.

- Nach Frankl ist es dem Menschen nicht gegeben, sich seine Werte frei auszuwählen,
  sondern sie sind deterministisch vorgegeben. Das mag frustrierend klingen, ist es aber
  nicht. Es ist vielmehr die Bringschuld jedes Einzelnen, seine Werte im Laufe des Lebens
  zu entdecken und diese auch verantwortungsvoll zu leben. Anders formuliert: Wir
  können keinen Sinn erfinden. Unsere Aufgabe besteht darin, den durch die Situation
  gegebenen Sinn zu finden. Und hier kommt als oberste Sinn-Instanz unser Gewissen
  ins Spiel. Das Gewissen ist sozusagen unser intern integriertes Navigationsgerät, um
  unseren Wertekompass immer wieder aufs Neue einzuordnen.

Abbildung 6.1   Mensch Huber, führen Sie schon ...

„Mensch Huber, führen Sie schon oder arbeiten Sie noch?"

Führung ist eine schwierige Verabredung!

6.6   Wie Konfliktsituationen unseren Wertehorizont offenlegen

Wie sehr unser persönliches Verhalten im Alltag von Werten geprägt und gesteuert wird, kommt meistens erst in Konfliktsituationen zum Vorschein. Betrachten wir hierzu beispielsweise unser Führungsverhalten etwas differenzierter, so können wir Folgendes feststellen. Solange wir mit der Art und Weise, wie wir führen, wenig oder gar keine Widerstände erzeugen und gute Ergebnisse generieren, ist im Großen und Ganzen alles in Ordnung. Erst wenn das beabsichtigte Mitarbeiterverhalten oder die gewünschten Ergebnisse eine andere Sprache sprechen, kommt es zu Irritationen. Früher oder später wird im Vordergrund stehen, ob Sie Ihre Mitarbeiter noch gut „im Griff" haben und wieder „auf Linie" bringen können. Entscheidend ist auch hier wieder die Frage, wie gut Ihre Fähigkeit zur Selbstregulierung ausgeprägt ist. Ein Kennzeichen guter Führung ist sicherlich die Kenntnis der eigenen fundamentalen Antriebswerte. Denn das Fundament, auf dem Sie tagtäglich Ihr Tagwerk verrichten, wird aus Ihren Werten errichtet. Deshalb ist es von fundamentaler Wichtigkeit, Ihren eigenen Wertehorizont immer wieder aufs Neue einzuordnen, und gerade dann, wenn der Wind am heftigsten bläst. Also klären wir zuerst, auf welchem

Wertefundament wir überhaupt stehen. Welche Werte machen uns als Mensch mit Führungsverantwortung überhaupt aus? Nach welchen inneren sinnhaften Gesetzmäßigkeiten wollen wir unser Führungsverhalten ausrichten?

6.7 Das Werte- und Entwicklungsquadrat als Bezugsrahmen nutzen

Hier kommt uns wieder die nützliche Denkwelt des Werte- und Entwicklungsquadrats zur Hilfe. Mit dieser Grundarchitektur schaffe ich schnell Orientierung und Sicherheit im Umgang mit meinen praktisch gelebten Werten. Fragen Sie sich zuerst: Welches Führungsverständnis ist mir wichtig? Wie will ich führen? Betrifft Ihre Antwort z. B. einen respektvollen, wertschätzenden, ja kooperativen Umgang miteinander, der von einer konstruktiven Gesprächsbereitschaft gekennzeichnet ist, so geht es jetzt in einem ersten Schritt darum, die charakteristischen Schlüsselbegriffe sauber herauszuarbeiten. Für unser Beispiel wären das also: Kooperation, Gesprächsbereitschaft und Verständnis.

Abbildung 6.2   Wertequadrat: Dilemmata des Führens, Teil 1

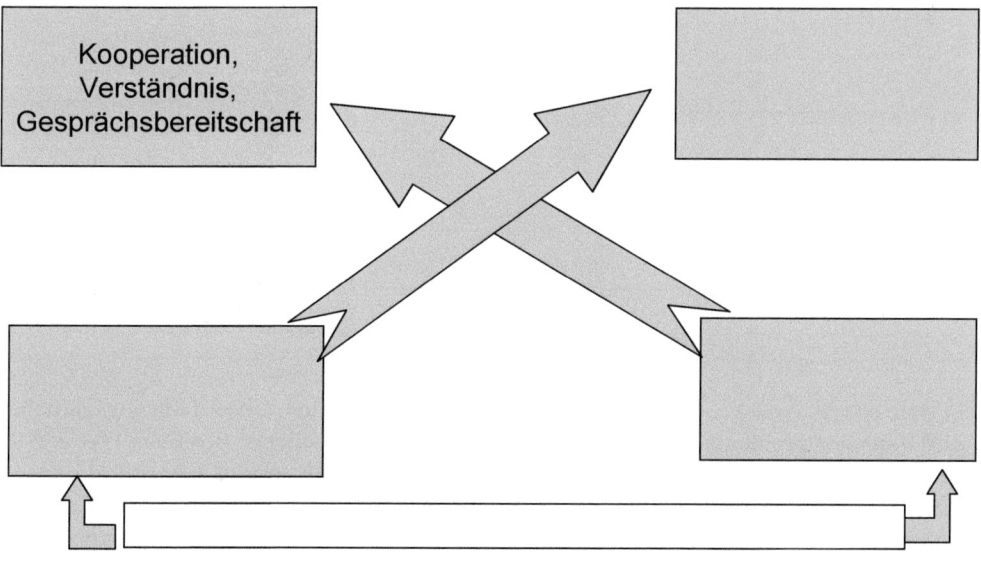

Kooperation,
Verständnis,
Gesprächsbereitschaft

Damit haben Sie einen ersten wichtigen Meilenstein zur Errichtung Ihres Wertequadrats geleistet. Doch wir leben unsere Werte längst nicht immer in Reinkultur, sondern sind auch hier gewissen Störfaktoren und Schwankungen ausgesetzt. Je nach Lage der Dinge kann sich unser Wert auch verändern und in eine komplett andere Richtung „marschieren". Es gibt zahlreiche Alltagssituationen, in denen Sie vielleicht autoritärer, mit mehr

Klarheit und einer stärkeren inneren Festigkeit nach außen hin auftreten. Und das ist per se auch nicht schlecht, sondern ein durchaus erwünschtes und rollenkonformes Auftreten. So z. B. wenn der Zeitpunkt für eine klare Entscheidung gekommen ist und ein weiteres Abwägen und Lamentieren nur unnötige Kraft und Zeit in Anspruch nehmen würden. Deshalb sollten Sie also nun in einem zweiten Schritt auch diese Werthaltungen auf aussagekräftige Kernbegriffe inhaltlich verdichten. Damit kämen Sie z. B. auf die Kernbegriffe: Autorität, Klarheit, Festigkeit. Somit haben Sie zwei fundamental wichtige Wertepole für sich erarbeitet. Die eine Polarität kreist um die Werte „Kooperation", „Verständnis" und „Gesprächsbereitschaft". Die notwendige zweite Polarität ist an den Kernbegriffen „Autorität", „Klarheit" und „Festigkeit" festzumachen.

Abbildung 6.3   Wertequadrat: Dilemmata des Führens, Teil 2

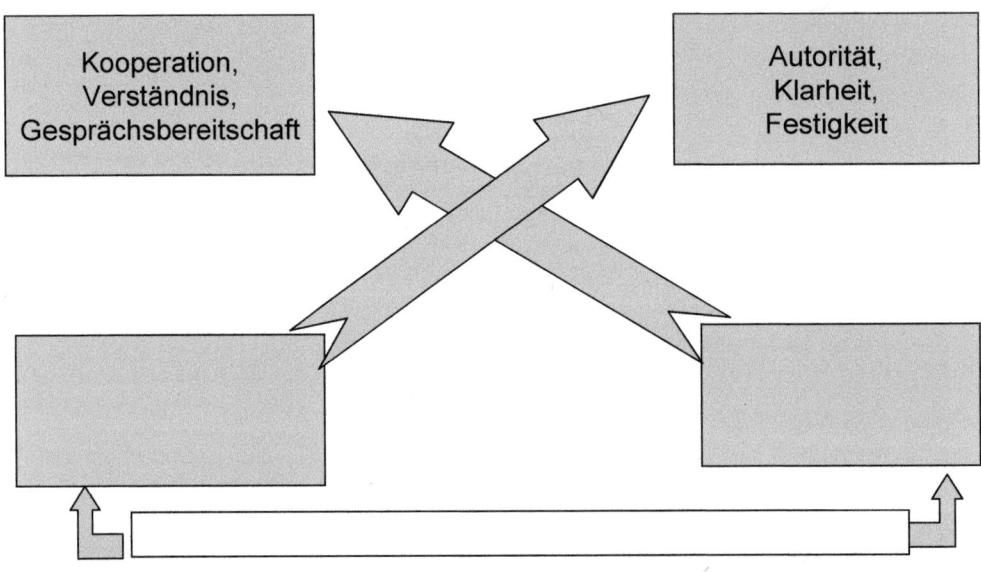

So weit, so gut. Aber wo Licht ist, ist bekanntlich auch Schatten. Unser Führungsverhalten wird dann erst problematisch, wenn sich unsere oben beschriebenen positiven Werte in ihr dramatisches Gegenteil verkehren. Und das ist leider immer wieder möglich, da unsere Werte keinen statischen, unveränderlichen Charakter aufweisen, sondern je nach Lebenssituation auch eine spürbare Veränderung erleben. So kann sich mein Wert „Partnerschaftlichkeit" auch in einen „Unwert" der „wachsweichen Nachgiebigkeit" verkehren. Übertreibe ich es maßlos mit meiner partnerschaftlichen Einstellung, kann durch dieses gewandelte Führungsverhalten ein spürbarer Qualitätsverlust eintreten und die Zielerreichung gefährdet werden. Anders ausgedrückt: Die Gefahr der Kursabweichung ist immer gegeben und umso wichtiger wird dann die Fähigkeit zur guten Selbstregulierung. Folgen Sie auch hier dem klaren Bauprinzip des Wertequadrats und finden Sie, die für Sie stimmigen

Kernbegriffe, beispielsweise also „wachsweiche" verständnisvolle Nachgiebigkeit. Damit haben wir den dritten wichtigen Meilenstein erreicht.

Abbildung 6.4   Wertequadrat: Dilemmata des Führens, Teil 3

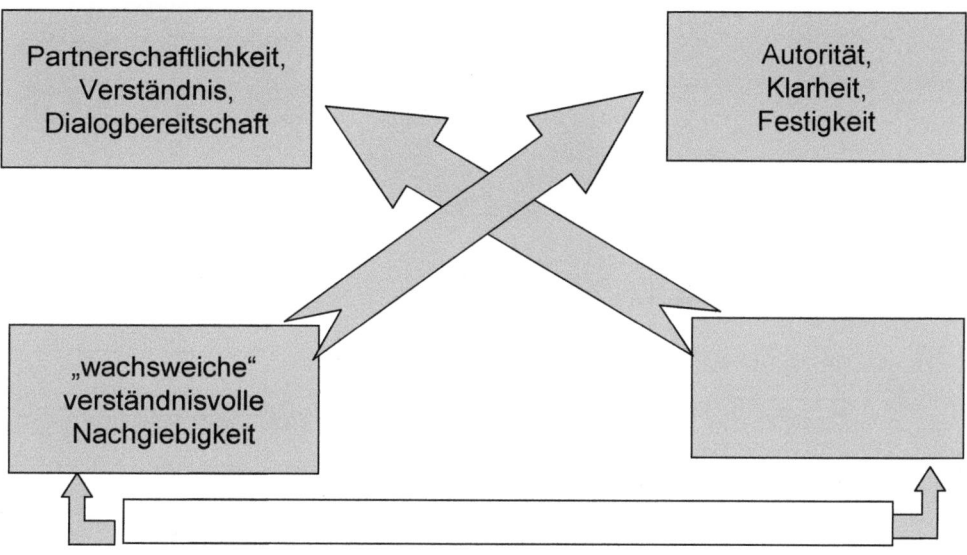

Jetzt fehlt uns nur noch ein weiterer Teilschritt, um mit diesem Wertequadrat arbeiten zu können. Krisen gibt es bekanntlich immer und das heißt ja nichts anderes, als eine Entscheidung treffen zu müssen. Je härter der Wind mir jedoch ins Gesicht bläst, desto eher kann ich der Gefahr erliegen, zu sehr in meinem autoritären Verhalten zu übertreiben und in einen militärischen Befehlston à la „Basta-Mentalität" zu verfallen. Lebe ich dauerhaft diesen Wert, kann dies größere Irritationen und Unverständnis, ja bis zu massiven Widerständen bei meinen Mitarbeitern auslösen. Auch hier gilt es nun, die maßgeblichen Schlüsselbegriffe zu finden: autoritärer Befehlston, „Basta-Mentalität". Jetzt haben wir alle vier relevanten Eckpunkte unseres Wertequadrats gefunden und können damit für Orientierung und Sicherheit im Umgang mit komplexen Entscheidungssituationen sorgen. Unser Wertequadrat sieht dann wie folgt aus:

Abbildung 6.5   Wertequadrat: Dilemmata des Führens, Teil 4

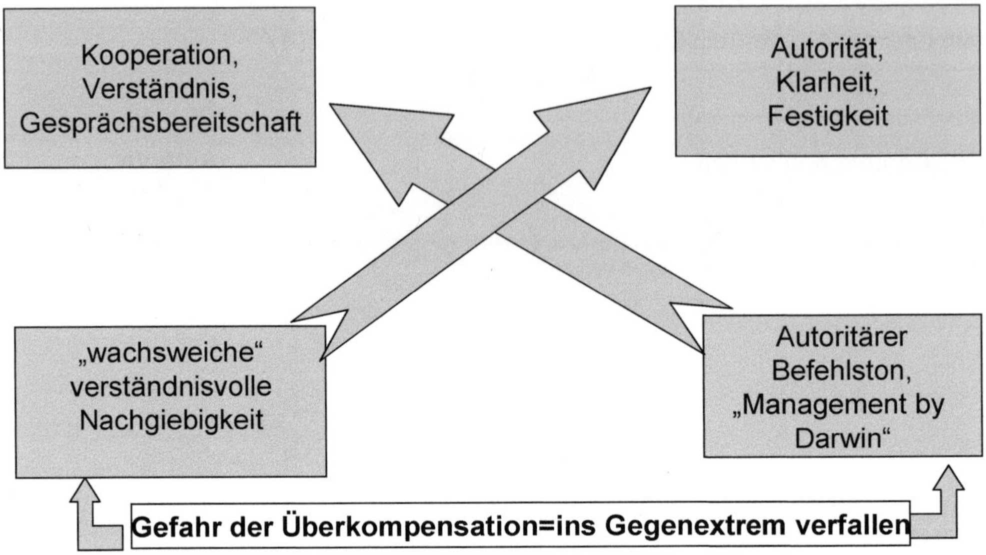

Kooperation, Verständnis, Gesprächsbereitschaft	Autorität, Klarheit, Festigkeit
„wachsweiche" verständnisvolle Nachgiebigkeit	Autoritärer Befehlston, „Management by Darwin"

Gefahr der Überkompensation=ins Gegenextrem verfallen

Halten wir fest: Mit dem Wertequadrat verfügen Sie nun über ein weiteres nützliches Führungsinstrument, um sowohl Ihren Wertehaushalt immer wieder einmal auf den Prüfstand zu stellen, als auch über eine praktische Entscheidungshilfe im Umgang mit schwierigen Führungssituationen. Es gelingt Ihnen nun auch besser, Ihr eigenes Verhalten differenzierter zu betrachten. Die immer wieder notwendige Einordnung Ihres Führungsverhaltens gelingt Ihnen jetzt leichter und nimmt dem häufig anzutreffenden Dilemma des Führens den Wind aus den Segeln. Ihr Kurs wird klarer und davon profitiert auch Ihr gesamtes Umfeld.

Denken Sie daran: Wenn eine ergänzende Verhaltensalternative fehlt, kann eine Eigenschaft schnell ins Negative umschlagen. Wer sich durchsetzen kann, der braucht auch in anderen Situationen die Fähigkeit zur Rücksichtnahme, um auf die Bedürfnisse anderer eingehen zu können. Übertreibt man den Wert der Durchsetzungskraft, gelangt man schnell zur rücksichtslosen Machtausübung. Selbstverständlich kann jedoch auch die Fähigkeit zur Rücksichtnahme so weit übertrieben werden, dass sie zur Anpassung, ja sogar bis hin zur Selbstaufgabe führt. Einordnung bedeutet also auch hier: Jeder Wert kann nur dann sein vollstes Potenzial ausspielen, wenn er durch einen adäquaten Gegenpol ausbalanciert wird. Erst wenn Sie über die stimmigen Verhaltensalternativen verfügen, sind Sie auch in der Lage, flexibel und situationsangemessen Ihr eigenes Verhalten richtig zu dosieren.

6.8   Drei Fallbeispiele zum Thema Werte- und Zielkonflikte

Wenn Sie auf Ihre Alltagsbühnen schauen, so werden Sie ohne große Schwierigkeiten eine Vielzahl von Wert- und Zielkonflikten wiederfinden. Es gibt wohl kaum eine relevante Entscheidung im Unternehmen, in der nicht unterschiedliche Ziele und Werte miteinander in Konflikt treten. Anhand von drei ausgewählten Coachingfallbeispielen beleuchten wir nun diese Thematik etwas differenzierter und zeigen Lösungswege aus diesem Wertedilemma auf.

1. Coachingbeispiel

Willy Winkler ist ein erfolgreicher Vertriebler. Seit fünfzehn Jahren ist er in einer leitenden Verkaufsposition tätig und liefert Jahr für Jahr Spitzenumsätze. Allerdings haben sich in den letzten zwei Jahren bei ihm gewisse Irritationen und Zweifel eingestellt, die ihn zunehmend bedrücken. Er erlebt erstmals in seiner Karriere einen „Leistungsknick" und will dem nun in einem Coachingprozess auf den Grund gehen. Anfangs erweckte Willy Winkler den Eindruck, als bräuchte er nur einen kurzen „Boxenstopp", um kurz aufzutanken und dann wieder Vollgas geben zu können. Seine Auffassung von Coaching als einem „Reparaturbetrieb", der eine kurzfristige Funktionsstörung schnell wieder beheben sollte, erfuhr jedoch eine erste Korrektur, als wir auf die motivationalen Antriebskräfte im Leben zu sprechen kamen. Es kristallisierte sich ein klassischer Ziel- und Wertekonflikt heraus. Einerseits wollte Willy Winkler Karriere machen und materiellen Erfolg haben. Dieser zentrale Wert hat ihn jahrelang angetrieben und auch zu Höchstleistungen angefeuert.

Allerdings lebte da schon immer ein anderer zentraler Wert, der ebenfalls einen prägenden Einfluss im Leben von Willy Winkler spielte: Fairness im Umgang miteinander. Schon von klein auf spielte Willy Winkler in einem Fußballverein und konnte später auch als Mannschaftskapitän Verantwortung übernehmen. Der Wert Fairness wurde hier großgeschrieben und auf dem Fußballplatz auch gut gelebt. Anfangs konnte Willy Winkler diesen Wert auch im Beruf gut leben. Preisverhandlungen wurden stets auch unter dem Gesichtspunkt der beiderseitigen Fairness geführt. Schließlich lebte Willy Winkler stark von seiner vertrauensvollen Kundenarbeit und dies war sicherlich ein entscheidender Garant für seinen Erfolg. Bis vor zwei Jahren war auch noch alles in Ordnung, Willy Winkler war mit sich und seiner Welt im Reinen. Seine beiden zentralen Antriebswerte „Karriere und materieller Erfolg" sowie „Fairness im Umgang mit anderen" ergänzten sich stimmig und sorgten für positive Synergieeffekte.

Erst als sich das wirtschaftliche Umfeld veränderte, Mitbewerber gute und vor allem auch billigere Produkte auf dem Markt anboten, Kundenaufträge somit wegbrachen, veränderte sich auch die Welt von Willy Winkler. Um seine Leistungsvorgaben nach wie vor erreichen zu können, fing Willy Winkler nun an zu tricksen, spielte nun also das ein oder andere Foul, um an seine Geschäftsabschlüsse zu kommen. Zuerst in homöopathischen Dosen, später im großen Stil. Der Wert Fairness trat eindeutig zugunsten des

Wertes „Karriere machen" in den Schatten. Schließlich machten die anderen es ja auch so, legitimierte Willy Winkler sein Tun. Doch er machte auf Dauer die Rechnung ohne seinen Wirt. Der Wert Fairness war nun nicht einfach aus der Welt, sondern meldete sich bei Willy Winkler immer wieder penetrant, zuerst mit Gewissensbissen und dann später auch noch mit psychosomatischen Symptomen wie Magen- und Darmstörungen zu Wort.

Im Coachingprozess wurde nun dieser eklatante Ziel- und Wertekonflikt bewusst offengelegt. Der Wert „Karriere machen" kollidierte nun massiv mit dem Wert Fairness und verursachte wunderbare „Spannungskopfschmerzen". Erst als dieses Wertedilemma offen zutage trat, konnte Willy Winkler auch in die Verantwortung gehen und für sich eine neue Verhaltensstrategie entwickeln. Der zuvor für lange Zeit vorherrschende Verdrängungswettbewerb zweier miteinander konkurrierender Werte musste früher oder später zu einem Konflikt führen, der dringend einer Klärung bedurfte. Die erfolgreiche Klärungsarbeit hing aufs Engste mit der eigenen EDV zusammen, also mit den vorherrschenden Einstellungen, Denk- und Verhaltensweisen. Die Denkweise eines „Entweder-oder" musste einer „Sowohl als auch"-Sichtweise Platz machen. Willy Winklers „Mangel-Denke", es ginge nur noch mit unfairen Mitteln, um den Wert Karriere leben zu können, verschärfte nur noch den inneren Konflikt und brachte ihn erst recht aus dem Takt. Um nicht nur seinen Takt, sondern auch den nötigen Rhythmus wiederzufinden, bedurfte es einer innerlichen Werteversöhnung in Gestalt einer „Sowohl als auch-Lösung". Konkret hieß das für Willy Winkler, klare Verhandlungsspielregeln für den Umgang mit Kunden auch in schwierigen wirtschaftlichen Situationen zu definieren, die beiden Werten einen angemessenen Spielraum ließen sowie auch klare Fouls vorab eindeutig definierten und in eine Ampellogik brachten.

2. Coachingbeispiel:

Ein weiterer typischer Ziele- und Wertekonflikt spiegelt sich in der Lebenssituation von Anton Schneider wider. Anton Schneider, 42, ist Geschäftsführer eines mittelständischen Softwareunternehmens. Er hat die Firma mit zwei weiteren Geschäftspartnern aufgebaut. Die Firma steht auf soliden Füßen, die Auftragsbücher sind prall gefüllt. Nur seine eigene Befindlichkeit hinkt dieser positiven Gesamtlage seit geraumer Zeit hinterher. Nach jahrelangen harten Aufbauarbeiten ist ihm schleichend, aber beständig die Lebensfreude abhandengekommen. Der tieferliegende Grund für seine momentane Unzufriedenheit liegt in einem Wertedilemma. Auf der einen Seite ist da die Firma, das Lebenswerk von Anton Schneider. Die vielfältigen Aufgaben lassen eine 60-Stundenwoche eher die Regel als die Ausnahme erscheinen. Die Arbeit ist seit vielen Jahren zum alles beherrschenden Lebensthema geworden, dem sich alles andere unterzuordnen hatte. Zunehmend leidet er unter seiner hohen Erwartungshaltung. Natürlich will er ein guter und vor allem erfolgreicher Unternehmer sein, der mit Verantwortung und Fürsorge seine Firma weiter voranbringt. Aber er will auch ein ebenso guter Vater sein. Seine beiden Töchter sind nun fünf und drei Jahre alt. Doch das Familienleben ist immer mehr unter die Räder gekommen, oft sieht er seine Töchter nur noch am Wochenende. Der Spagat zwischen Firma und Familie ist immer größer geworden und nun ist sein Akku leer. Im Coachingprozess wird der vorhandene Wertekonflikt schnell offenkundig. Die beiden zentralen Werte „Karriere und wirtschaftlicher Erfolg" sowie „Familie" stoßen mit ganzer Wucht aufeinander. Das ganze Dilemma zeigt sich in der schwammigen Zieldefinition Anton Schneiders, die zu Beginn des Coachingprozesses wie folgt artikuliert wurde: „Ich möchte wieder mehr Harmonie zwischen meinem Job und meiner Familie erleben." Dieses Wunschdenken kommt eher einem Eiertanz gleich, als dass es als konkrete Veränderungsenergie genutzt werden könnte. Schnell wird deutlich, dass solche bloßen Absichtserklärungen im luftleeren Raum schweben und uns eher zu Opfern der Umstände als zu Gestaltern unserer gewünschten Zukunft machen.

Auch hier liegt ein häufig vorzufindender Denkfehler vor: Veränderungsenergie geht uns eher dann verloren, wenn wir einen gewünschten Zielzustand mit einer bloßen Tätigkeit verwechseln. Zumal in unserem Beispiel noch nicht einmal klar ist, welche konkrete Vorstellung sich mit der gewünschten Harmonie verbindet. Eine gut lebbare „Sowohl als auch-Lösung" sollte also einen klaren Zielzustand ablichten. Die Masterfrage lautet hier: „Was ist hinterher anders als vorher?" Hilfreich ist das ganz konkrete „Kopfkino", ein „Als ob wenn Szenario", das die Zukunft so lebensecht wie nur möglich im Kopf des Betrachters vorwegnimmt. Wir können dieses Denken auch als „virtuelles Probehandeln" bezeichnen. Wichtig bei all dem ist, dass wir einen konkreten Handlungsplan entwerfen, der überprüfbare Parameter aufweist und uns als Controllingtool dient.

Auf unser Beispiel bezogen, könnte das also wie folgt lauten: „Am Ende der Arbeitswoche bin ich zweimal um 17.30 Uhr nach Hause gekommen. Ich habe mir dann 30 Minuten für das mentale Ankommen, Duschen und Umziehen reserviert und bin dann ab 18 Uhr ganz für meine Familie da gewesen." Diese Zieldefinition ist klar überprüfbar und wirkt noch besser, wenn sie vorab als privater Termin in den Kalender fest eingespeist wird. Die in Kapitel 7 vorgestellte „SMART-Formel" findet hier ihre konkrete Anwendung. Unser Ziel ist spezifisch formuliert, messbar, attraktiv und lustvoll, realistisch und auch klar terminiert. Ein kleiner Trick besteht darin, dass Sie schon bei der Zielformulierung so tun, als ob das gewünschte Ergebnis eingetreten wäre. Unterschätzen Sie bei all dem nicht die Kraft der Schriftlichkeit. Was Sie Schwarz auf Weiß niederschreiben, hat schließlich für Sie persönlich eine gewisse Wertigkeit, sonst würden Sie es nicht tun. Anders formuliert: Dadurch, dass Sie etwas niederschreiben, gehen Sie mit sich selbst einen psychologischen Vertrag ein, den Sie auf einer eher unbewussten Ebene auch erfüllen wollen. Dies setzt Kräfte frei und sorgt sowohl für eine Nachhaltigkeit im eigenen Denken als auch im konkreten Handeln. Und noch eines an dieser Stelle: Legen Sie sich die Latte nicht zu hoch. Der Appetit kommt bekanntlich beim Essen und jeder von uns braucht Erfolgserlebnisse. Deshalb sollten Sie verstärkt auf den Faktor „realistisch" und „selbst erreichbar" achten. Sollten Sie einmal Ihre Ziele nicht erreichen, haben Sie jedenfalls mit der „SMART-Formel" ein klar messbares Instrumentarium in der Hand. Sie wissen jetzt genau, wieso es diesmal noch nicht geklappt hat, und können dieses Erfahrungswissen für eine neue Runde gewinnbringend nutzen. Denken Sie daran: Ziele geben Inhalte vor. Sie dienen als wichtige Initialzündung und geben auch in schwierigen Ziel- und Wertekonflikten Sicherheit und Orientierung.

Auch in diesem Beispiel zeigt sich: Eine „Sowohl als auch-Lösung" ist besser als eine „Entweder-oder-Denke". Veränderungsenergie sollte wohldosiert sein und in klug portionierten Dosen verabreicht werden. Eine Denkweise wie „Ab heute wird alles anders" ist wenig hilfreich, überfordert nicht nur mich selbst, sondern auch mein Umfeld. Stimmige Veränderungsschritte durchlaufen auch einen Ökologiecheck. Passt das neue Verhalten in meine Umwelt? Welche Unterstützung brauche ich von anderen, damit mein Veränderungswunsch gelingen kann?

3. Coachingbeispiel:

Nicht immer jedoch treten Ziel- und Wertekonflikte so offen zutage wie in den beiden oben skizzierten Fallbeispielen. Eine subtilere Variante spielt im Leben von Martin Schmid eine tragende Rolle. Martin Schmid leitet seit fünf Jahren ein Architekturbüro in zweiter Generation. Im Büro arbeiten vier fest angestellte Architekten, die Auftragslage ist seit Jahren gut. Trotzdem stimmt es in der Kasse nicht. Martin Schmid hat ein Geldproblem. Das Geld ist schneller ausgegeben, als es verdient worden ist. Seine verschwenderische Ader belastet massiv sein Familienleben, immer wieder gibt es heftigen Streit mit seiner Frau, der an den Kräften zehrt. Erst der differenzierte Blick auf Martin Schmids Familiengeschichte öffnet den Blick auf das Wesentliche. Martins Vater, Ernst Schmid, war stets die zentrale Leitfigur. Martin liebte und verehrte seinen Vater zeitlebens. Ernst Schmid war ebenfalls Architekt, jedoch weit weniger erfolgreich als sein Sohn. Zweimal schlitterte er in die Insolvenz und kam nur mit großen Mühen wieder auf die Beine. In einer systemischen Aufstellungssequenz erwies sich das Vater-Sohn-Verhältnis als Schlüssel zur Lösung des Problems. Die Tatsache, dass Martin Schmid das Geld mit vollen Händen so schnell wie möglich wieder ausgab, hing mit seiner Loyalität dem Vater gegenüber zusammen. Da der Vater im Großen und Ganzen erfolglos blieb, gab es einen Wesensanteil von Martin Schmid, der seinen Vater nicht bloßstellen wollte. Sein materieller Erfolg stand auf einer subtileren Ebene im starken Gegensatz zum ausbleibenden Erfolg des Vaters. Um dieses Missverhältnis auszugleichen und die Loyalität zum geliebten Vater auch leben zu können, gab Martin Schmid seinem Verschwendungsdrang nach. Der Konflikt spielte sich also zwischen den Wertepolaritäten „beruflicher Erfolg" und „Loyalität dem Vater gegenüber" ab. Erst als Martin Schmid dieser subtile Wirkzusammenhang bewusst wurde, konnte er gezielt in die Verantwortung gehen und dieses Denkmuster brechen.

Der Schlüssel zum Erfolg war auch in diesem Fall, eine differenzierte Außenperspektive einzunehmen, um von einer Metaposition aus das eigene Denken und Handeln bewusster wahrzunehmen, selbstsabotierende Denkmuster zu erkennen und gezielte Verhaltensveränderungen einzuleiten.

Abbildung 6.6   Problembefangenheit Hoverman

Die „Problembefangenheit" zeigt sich oft in der
verstärkt eingeschränkten eigenen Sichtweise.

Die „Problemloslösung" gelingt leichter, wenn wir eine
distanzierte Sicht zu den Dingen einnehmen.

6.9   Wertekompass als Orientierungshilfe nutzen

Unsere Beispiele zeigen eine stringente Tendenz auf: Ohne Werte geht es nicht. Fehlt der eigene Wertekompass, schlittern wir auf Dauer von einer Krise in die nächste.

Abbildung 6.7   Wertekompass

Der Wertekompass sorgt für Sicherheit und Orientierung

Saubere Geschäfte

Ethisch- soziale Mindeststandards, keine Kinderarbeit

Umweltschutz

Gleichberechtigung

Ob Mensch oder Unternehmen, wer sich auch morgen noch behaupten will, braucht Werte. Dies zeigen die jüngsten Korruptionsfälle bei Siemens, MAN und Daimler in erschreckender Eindringlichkeit. Die Tatsache, dass ein Weltunternehmen wie Siemens um ein Haar implodiert und auseinandergebrochen wäre, zeigt die ganze Sprengkraft eines vermeintlich nur weichen Faktors, wie dem, „saubere Geschäfte" machen zu wollen. Einerseits weiß jeder Mitarbeiter in verantwortungsvoller Position, dass heutzutage weiche Faktoren wie Geschlechtervielfalt in leitenden Positionen, sprich Gleichberechtigung, Umweltschutz und saubere Geschäfte zum gesellschaftlich anerkannten Umgangston zählen. Andererseits belehrt uns die allgegenwärtige Unternehmenspraxis, dass bloße Absichtserklärungen diesen Werten eben nicht den Weg bahnen, sondern oft eklatante Werteverstöße den Alltag prägen. Die intellektuelle Durchdringung eines Problems – wie das der Korruption – reicht beileibe noch nicht aus, um aus einem Unternehmen ein sauberes zu machen.

Wollen Sie z. B. einen Marathon laufen, werden Sie mit bloßer Willenskraft und Begeisterung die Ziellinie nicht erreichen. Sie brauchen einen wohldosierten Trainingsplan, mit vorab klar definierten Meilensteinen, eine dazu passende Ernährung und Zeit zum Üben.

Und genauso ist es auch in der Unternehmenswelt. Wer glaubhaft Werte im Unternehmen durchsetzen will, der muss dies genauso akribisch planen wie ein Budget oder einen neuen Marktauftritt im Iran oder in China. Die Vorzeigefirmen Daimler und Siemens haben dies längst erkannt und knallharte Umsetzungsstrategien eingeführt. Speziell ausgebildete Compliance-Manager kümmern sich nun Tag für Tag um die Einhaltung der Regelwerke. Längst ist hier die Denkweise verankert worden, dass verantwortungsvoll gelebte Werte die Bilanz maßgeblich beeinflussen und das Überleben der Firma sichern. Diese Einstellung kommt auch in der Aussage des Siemens-Chefs Peter Löscher zum Tragen, wenn er sich wünscht, dass die Chefetage bunter zu werden habe: also mehr Frauen, mehr Ausländer, mehr Vertreter verschiedener Kulturen. Doch dieser angestrebte Wertewandel stößt vielerorts und auch noch in vielen Köpfen auf Widerstand. Zum einen sind es über Jahrzehnte eingeübte mentale Muster, die verhindern, dass hochqualifizierte Frauen in Spitzenpositionen aufrücken. So ist es häufig kein gezielter Diskriminierungsakt gegen Frauen, wenn Männer in Spitzenpositionen andere Männer als Nachfolger vorschlagen. Eher greift hier die Denkweise, dass sich gleich gerne zugleich gesellt. Man sucht eher das Vertraute, das Bekannte nach der Devise: „Der ist mir ähnlich, der tickt so wie ich, dem traue ich das zu."

Sich für das Fremde, das Andere zu entscheiden, ist oftmals ein Zeichen von Größe.

In diesem Zusammenhang stoßen wir auf ein weiteres Werte-Dilemma. Der Wunsch, Karriere machen zu wollen, folgt anderen Gesetzmäßigkeiten als die hohe Kunst der Führungskompetenz. Es ist leider nicht selten so, dass häufig diejenigen befördert werden, die all ihre Energie in ihr Beziehungsmanagement investiert haben. Darüber hinaus haben sie leider eklatante Defizite in der Führungskompetenz. Ein Beispiel: Ein ranghoher Bereichsleiter offeriert einer Nachwuchskraft eine neue Position in Asien. Dieser Mitarbeiter lebt mit seiner Familie in Köln. Seine beiden Kinder haben gerade den Übertritt ins Gymnasium bzw. in die Grundschule vollzogen. Die Frau arbeitet erstmals wieder für einige Stunden als freiberufliche Architektin. In dieser Situation erhält die Nachwuchsführungskraft das Jobangebot an einem Mittwoch. Am kommenden Montag soll er schon in Singapur die neue Stelle antreten. Der Bereichsleiter ist stolz, „seinem Zögling" einen solch schnellen Karrieresprung zu ermöglichen. Doch dieser ist vollkommen überrascht und bittet sich Bedenkzeit aus. Mit dieser Reaktion hat der Bereichsleiter nicht gerechnet und stellt seinem Mitarbeiter ein Ultimatum: Entweder er sagt sofort zu oder er bekommt von ihm keine zweite Karrierechance. Daraufhin schlägt der Mitarbeiter das Angebot aus.

Hier wird deutlich: Der Bereichsleiter weist ein hohes Maß an emotionaler Inkompetenz auf; weder Empathie noch eine gesunde Bodenhaftung sind vorhanden. Der Mangel an Führungskompetenz ist offensichtlich. Das fassungslose Unverständnis aufseiten des Bereichsleiters ist ein anfassbares Indiz für den schlecht ausgebildeten Führungs-„muskel". Hier fehlt der oben skizzierte Wertekompass und lässt die Führungsnachwuchskraft im Regen stehen.

Ähnlich ist der Fall dann gelagert, wenn Mitarbeiter allein ihrer herausragenden Fachkenntnisse wegen in Führungspositionen aufrücken. Sie mögen sicherlich gute Verkäufer, hervorragende Entwickler sein. Allein diese Qualifikation macht sie jedoch noch längst nicht zu guten Führungskräften. Eine gute Führungskraft braucht vor allem den „M4-Faktor": *man muss Menschen mögen!* Die alte Weisheit: „Wer führt, führt nicht selber aus", ist immer noch gültig. Ein guter Vorgesetzter braucht kein Top-Erfinder zu sein und auch nicht der beste Finanzkenner. Aber er sollte die besten Mitarbeiter für die maßgeblichen Schlüsselpositionen finden können und diese auch angemessen einbinden und fördern. Das zeichnet gute Führung aus.

Renommierte Beraterunternehmen wie McKinsey stellen in jüngsten Studien vor allem den Faktor Heterogenität im Führungsmanagement positiv heraus. Diejenigen Unternehmen werden zukünftig erfolgreich sein, die individuelle Vielfalt in Führungsteams – also mehr kulturelle und geschlechtsbezogene Vielfalt – statt Einfalt leben. Vor allem der Schlüsselwertefaktor „Interkulturelle Sensibilität" wird an Bedeutung gewinnen. Hierunter verstehen wir Personen, die nicht nur Verständnis für Vielfalt und interkulturelle Unterschiede mitbringen, sondern die auch in der Lage sind, Unterschiede zu überbrücken, egal ob sie nationaler, geografischer, ethnischer, geschlechtsbezogener, rassenspezifischer oder physischer Art sind, um gemeinsam gute Geschäftsergebnisse zu erzielen. Es ist wie beim Fußball: Eine Ansammlung von Stars wie bei Real Madrid bringt noch lange nicht den garantierten Sieg in der Champions League. Es bedarf einer klug austarierten Mischung, die von „oben" gewollt sein muss. Veränderungsenergie muss also stets von der Unternehmensspitze ausgehen. Die Wertevorstellungen, die hier gelebt werden, haben Vorbildcharakter. Sie sind der Leuchtturm in der Brandung, stiften Sicherheit und Orientierung im geschäftlichen Umgang miteinander und setzen Standards, die die erfolgreiche zukünftige Unternehmensausrichtung betreffen. Dabei spielt eine Kardinaltugend eine Jokerrolle: Demut. Sich in die Demut des Lernens begeben, ist heutzutage nicht selbstverständlich, doch geradezu überlebensnotwendig.

6.10   Das Führungsinstrument der motivorientierten Führung

Aus neurobiologischer Sicht ist noch ein weiterer Motivzusammenhang aufschlussreich. Einer der größten Denkfehler in der Personalführung ist zu glauben, Menschen würden ihr Verhalten dann ändern, wenn wir ihnen unsere logischen Argumente nur hinreichend einsichtig genug vermitteln würden. Gleiches gilt auch für den berühmten Appell an die eigene Einsicht. „Klappt nicht, wirkt nicht!" Also entrümpeln Sie dieses überholte und falsche Wissen und schicken Sie diese Legenden in den geistigen Vorruhestand. Unser Gehirn tickt nun mal anders, fragt ständig – bewusst oder unbewusst -: „Was bekomme ich dafür, wenn ich mein Verhalten verändere?" „Warum sollte ich mein bisheriges Verhalten aufgeben und stattdessen etwas anderes tun?" Motivation und damit verbunden ist natürlich auch das Zauberwort „Mitarbeitermotivation" korreliert aufs Engste mit unserer individuellen Belohnungserwartung. Das „W-H-I-D-Syndrom", also „Was hab' ich davon?", treibt an oder eben auch nicht. Die Schwierigkeit im Zusammenhang mit der Mitarbeiterführung besteht allerdings gerade darin, wissen zu müssen, welche konkrete Belohnungserwartung meinen Mitarbeiter wirklich innerlich anfeuert.

Wir reagieren sehr unterschiedlich auf Lob, Erfolg, Geld, Sex oder Alkohol. Hirnphysiologisch gesprochen, passiert jedoch immer dasselbe: der Ausstoß von endogenen Opiaten und weiteren hirneigenen Stoffen wie Serotonin, die uns psychisches Wohlbefinden vom sanft empfundenen Glück bis hin zur leidenschaftlichen Ekstase empfinden lassen. Ganzheitlich betrachtet, kommen wir wieder einmal mit der reinen Vernunft nicht ans gewünschte Ziel. Viel erfolgversprechender ist es hingegen, eine individuell stimmige Belohnungsstrategie ausfindig zu machen. Je nach innerer Motivlage ist für den einen Mitarbeiter Lob und Anerkennung ein gewünschter Leistungstreiber. Für den anderen ist es vielleicht die Übertragung von mehr Verantwortlichkeit in Form eines neuen Projekts oder gar der schicke neue Firmenwagen. Zusätzlich kommt natürlich noch der sogenannte Überraschungseffekt hinzu. Die Belohnung sollte bestenfalls eine Schuhnummer größer ausfallen als erwartet und darf auch nicht immer nach demselben Muster gestrickt sein, da dies den Motivations„muskel" auf Dauer eher schwächt als stärkt. Das ist zugegebenermaßen sehr anstrengend, denn Sie müssen sich immer wieder etwas Neues ausdenken, um Ihre Mitarbeiter aus der mentalen Hängematte herauszulocken. Doch so funktioniert Motivation: Ohne Anstrengung, und das gilt für beide Seiten, gibt es keine gewünschte Veränderung. In Kapitel 7 greifen wir diesen Gedanken wieder auf und vertiefen ihn. Denn jede Form von guter Motivation hat auch immer etwas mit konkreten Zielen zu tun.

Doch bloße standardisierte Zielvereinbarungen führen bekanntlich auch nicht immer zu den gewünschten Ergebnissen. Deshalb ist es in unserem Zusammenhang auch interessant, einen anderen Zugang zu wählen: nämlich den der motivorientierten Führung.

„Der Wurm muss dem Fisch schmecken und nicht dem Angler."

Die dramatischen Umfrageergebnisse des Gallup-Instituts zum Thema Mitarbeitermotivation haben wir schon unter die Luppe genommen: 23 Prozent der Arbeitnehmer haben innerlich bereits gekündigt. 66 Prozent machen Dienst nach Vorschrift. 11 Prozent identifizieren sich emotional stark mit ihrem Unternehmen. Die drei größten Ärgernisse aus Unternehmersicht sind: Unmotivierte Mitarbeiter generieren mehr Fehlzeiten, sind weniger produktiv und wechseln auch häufiger den Job. Das Erfreulichste an der Studie ist jedoch die Tatsache, dass es sehr wohl auch besser gehen kann. Zwar sind es „nur" elf Prozent, die sich emotional sehr mit ihrer Arbeit identifizieren, doch diese Avantgarde gibt den richtigen Erfolg versprechenden Weg vor. Für diese Personengruppe gilt das von Hugo Kehr entwickelte Schnittmengenmodell, wonach Motivation sich sehr wohl aus expliziten, also überwiegend rationalen Zielen, und impliziten Faktoren, also zumeist emotionalen Motiven, speist.

Für diese Mitarbeiter ist Arbeit kein reiner Zweckbetrieb mehr, sondern eine gesunde sportliche Herausforderung, Ziele gemeinsam zu erreichen und dabei vor allem mehr Lust als Frust zu empfinden. Hier spürt man: Die Einstellung der Arbeit gegenüber hat sich im Vergleich zu früheren Zeiten dramatisch verändert. Ein guter Mitarbeiter zeichnet sich nicht mehr allein über physische Präsenz am Arbeitsplatz aus, sondern agiert überwiegend ergebnisorientiert. Neue Arbeitsplatzmodelle mit integrierten, flexiblen Arbeitszeitkonten sind dafür exemplarisch. Heute soll Arbeit vor allem sinnvoll ins Leben integriert werden.

Und da ist es auch ganz egal, wie der Mitarbeiter seinen Input aufbringt, wenn am Ende die Leistung stimmt. Dieses Lebensgefühl zielt auf eine ausgewogenere Work-Life-Balance, die auch zeitlich befristete Auszeiten für Kindererziehung oder private Projekte als Sabbatical mit einplanen.

Abbildung 6.8   Das Werte-Motivrad

Was treibt mich an?
Welche Lebensmotive motivieren mich wirklich?

Das Wertemotivrad ist vollkommen hierarchiefrei: es gibt kein „oben", es gibt kein „unten". Je nach Lebensphase rücken spezielle Werte in den Blickpunkt.

An dieser Stelle greift das Führungsinstrument der motivgesteuerten Führung. Agieren Mitarbeiter gemäß ihrer inneren Leitmotive, so sind sie nicht nur mit sich selbst mehr im Reinen, sondern auch noch wesentlich erfolgreicher. Dies setzt natürlich voraus, dass Sie als Führungskraft Ihre Mitarbeiter auch da abholen, wo sie sich ihren Wesensmotiven entsprechend befinden. Denn es gilt die Faustformel: Gleichbehandlung ist nicht gleiche Behandlung. Da jeder Mitarbeiter auch anders „tickt", brauchen wir methodische Vielfalt anstatt Handlungsarmut. Schließlich muss der Köder dem Fisch schmecken und nicht dem Angler. Genau wie beim Fußball besteht eine Mannschaft aus Abwehr-, Mittelfeld- und Angriffsspielern. Deshalb ist es wichtig zu wissen, welcher Mitarbeiter auf welcher Position die beste Wahl ist, um die erforderlichen Tore zu schießen. Genau aus diesem Grund sollten Sie auch die tragenden Motive Ihrer Mitarbeiter kennen. Etwas Entscheidendes kommt hinzu: Aus neurobiologischer Sicht arbeiten Triebe und Motive Hand in Hand, befeuern sich sozusagen gegenseitig. Eine gelungene und hochmotivierte Mitarbeiterführung wird Ihnen umso leichter von der Hand gehen, wenn Sie die dafür notwendigen Handlungs- und Kommunikationsmaßnahmen einleiten.

6.11 Grundtriebe als gesunde Leistungstreiber nutzen

An drei ausgewählten Triebmustern werden im Folgenden exemplarisch die Zusammenhänge aufgezeigt.

Den „Sicherheits- bzw. Neugiertrieb" als Motivationsquelle nutzen

Wollen Sie Ihre Mitarbeiter zu selbsttätigen und hochmotivierten Mitarbeitern machen, so sollten Sie Grundlagenwissen der neurobiologischen Verhaltensforschung kennen und nutzen. Räumen Sie zuerst mit einer irrigen Grundannahme auf: „Erst die Arbeit, dann das Vergnügen." Diese Irrlehre meint, dass die Menschheit von Anbeginn aller Zeiten den Traum vom süßen Nichtstun träumt. Nein, der Mensch ist nicht fürs arbeitsfreie Paradies geschaffen, will gar nicht dauerhaft ins Schlaraffenland und das Müßiggängertum leben. Selbst Lottogewinner leben mit ihren Millionen auf Dauer nicht wirklich, wie uns Märchen suggerieren, glücklich und zufrieden, sondern – so belegen es zahlreiche Studien – haben nach ein paar Jahren zusätzlichen Stresses – „Wohin mit dem Geld?" – ihr „normales" Arbeitsleben wieder fortgesetzt. Stellen Sie sich bitte einmal vor, Sie könnten ab sofort, da Sie im Vollbesitz aller dafür notwendigen finanziellen Ressourcen wären, nur noch auf Ihrer Finca auf Mallorca dem Nichtstun frönen. Wahrscheinlich wären Sie nach ein paar Monaten übelst gelangweilt und frustriert und wünschten sich sehnlichst eine sinnstiftende Arbeit zurück.

Mag auch die Vorstellung eines solchen paradiesischen Zustandes verlockend sein, was uns wirklich nachhaltig zufrieden macht, ist die pure Lust auf Leistung. Sie kennen sicherlich das wohlige Zufriedenheitsgefühl, das sich dann bei Ihnen einstellt, wenn Sie eine anspruchsvolle Aufgabe zu Ende gebracht haben. Wenn Sie also schlichtweg etwas geleistet haben. Natürlich können Sie jetzt einwenden, das lateinische Wort für arbeiten – laborare – heiße nun mal „sich quälen" und „leiden", und das stünde ja wohl im eklatanten Widerspruch zum hier postulierten Lustprinzip. Und schaut man sich in vielen Unternehmen um, so gewinnt man tatsächlich auch den Eindruck, dass Arbeit keinen Spaß bereiten dürfe und der Mensch zum leidvollen Arbeiten bestimmt sei. Doch in diesem Sinne verstößt der Mensch gegen seine eigene Natur. Biologisch betrachtet bilden Anstrengung und Lust eine Einheit. So hat es Mutter Natur in vielen Millionen Jahren evolutionär gewollt. Die neurobiologische Verhaltensgrundregel lautet deshalb: Mit Lust wird in unserem Leben alles belohnt, was existenziell wichtig ist.

Und hier greifen nun auch unsere Triebe massiv ins Spiel ein: Egal, ob wir nun vom Nahrungstrieb, dem Sexualtrieb, dem Aggressionstrieb, dem Sicherheitstrieb oder dem Bindetrieb sprechen, eine lebensnotwendige Triebhandlung, wie die Aufnahme von Nahrung, erfolgt stets über das Zusammenspiel von äußerem Reiz und innerem Trieb. Der Reiz wird aktiv gesucht. Hier sprechen wir vom sogenannten Appetenzverhalten. Dieses Appetenzverhalten ist immer mit Anstrengung verbunden. Es führt zur Triebbefriedigung, was wiederum Lust macht. Und hier schließt sich auch der Kreis. Triebe sorgen also dafür, dass ein Lebewesen an einer vorliegenden Mangelsituation etwas ändern möchte.

Diese neurobiologische Grundannahme können Sie nun auch gewinnbringend für Ihre Mitarbeiterführung nutzen. Diese oben aufgezeigten Wirkmechanismen funktionieren schließlich auch im Berufskontext. Arbeit, also Anstrengung und Lustgewinn, müssen sich nicht ausschließen, sondern bedingen einander. Es gilt, passende berufliche Herausforderungen zu finden, die in Summe die angestrebten Lusterlebnisse auch befördern. Unsere Arbeit stellt den wirklichen Ernstfall dar und wir sind biologisch auch für diesen Ernstfall programmiert. Das ist wie im Sport, der sich nicht in erster Linie über das Training definiert, sondern über den Ernstfall „Wettkampf". Nur im wirklichen Wettbewerb mit anderen Mitbewerbern können wir an unsere Leistungsgrenzen gehen, diese sogar hin und wieder überwinden und eine wesentlich höhere Triebbefriedigung erleben, als es uns je im Training möglich wäre.

Die häufig anzutreffende Arbeitswirklichkeit sieht leider oft so aus, dass sich viele Menschen eher lustlos durch ihren Arbeitstag schleppen. Damit ein Mitarbeiter Begeisterungsfähigkeit und Gestaltungslust auch leben kann, bedarf es vor allem des richtigen Umfeldes. Unternehmen, die langfristig erfolgreich sind, gleichen lernfähigen Gehirnen: Sie lernen durch Versuch und Irrtum, sammeln Erfahrungen, entwickeln flache, stark vernetzte Strukturen und passen ihre innere Organisation immer wieder neu an sich verändernde Rahmenbedingungen an. Oft jedoch sorgen hoher Leistungsdruck und Angst davor, Fehler zu machen, für große Reibungsverluste. Generell gilt: Die Lust, mitzudenken und mitzugestalten, lässt sich nicht einfach per Knopfdruck anordnen. Kreativität, Flexibilität, Sorgfalt und vor allem Verantwortungsgefühl gedeihen nicht in einem Misstrauensklima, wo ein kleinmütiger Kontrollgeist jegliche positiven Potenziale der Mitarbeiter unterdrückt. Vor allem unsere angeborene Neugierde sorgt normalerweise für alle relevanten Wachstumsimpulse. Von klein auf sind wir es gewohnt, unsere Umwelt mit Entdeckerfreude und viel Gestaltungslust zu „erobern". Zumindest bis zur Pubertät verfügen wir über einen mehr oder weniger großen „Überschuss" an Neugier, Antrieb und Zuversicht. Wird dieser „Neugiermuskel" jedoch im Erwachsenenalter nicht weiter trainiert, so droht er zu verkümmern. Es kommt zu einer sogenannten „Leerlaufhandlung", die letztendlich zu Frustration und Resignation führt.

Entscheidend ist nun, welche Erfahrungen Menschen im Unternehmensalltag machen. Wie schon erwähnt: Das menschliche Gehirn ist zeitlebens lernfähig und passt seine innere Organisation an die Art und Weise seiner Nutzung an. Wie und wofür beispielsweise Mitarbeiter ihr Gehirn nutzen, hängt von ihren bisherigen Erfahrungen ab, die sozusagen als innere Haltung gelebt werden. Machen Mitarbeiter beispielsweise die Erfahrung, dass ihnen kaum Verantwortung übertragen wird, dass sie wenig Wertschätzung erfahren, verängstigt oder unter Druck gesetzt werden, dann brennt sich dieses Erfahrungsmuster in ihrem Gehirn ein. Die Folge ist nahe liegend: Sie sind frustriert und verlieren die Lust an Engagement und Leistung. Hat sich eine solche innere Haltung erst einmal ausgebildet, ist sie nicht durch gute Argumente, Belehrungen und Appelle umkehrbar. Auch Bestrafungen oder Belohnungen ändern wenig an der inneren Einstellung. Um aus dieser mentalen Sackgasse wieder herauszukommen, hilft nur eines: eine Führungshaltung, die Mitarbeiter zu neuen Erfahrungen einlädt und ermutigt. Der erfolgreiche Zugang zu dieser Motivationsstrategie geschieht über die wahren Antriebsmotive der Mitarbeiter.

Deshalb ist es umso wichtiger, die wahren Antriebsmotive der Mitarbeiter zu kennen und dieses Wissen in die richtige Richtung zu lenken. In dem Augenblick, in dem Triebbefriedigung in der Arbeitswelt stattfindet, macht Leistung auch wieder Spaß und wird eben nicht als anstrengende Belastung, sondern als tiefergehende Befriedigung betrachtet und gerne erbracht. Provokativ formuliert, heißt das: „Leistung ohne Lust ist inhuman und genauso schädlich wie Lust ohne Leistung."[33]

Betrachten wir nun den „Sicherheits- bzw. Neugiertrieb" genauer. Eine konstante menschliche Verhaltenskomponente besteht darin, aus einer Position der Sicherheit heraus agieren zu wollen. Erst dann setzt fruchtbare Neugierde ein, also die Lust, sich Neuem, bisher Unbekanntem zuzuwenden. Es entspricht der Natur des Menschen, sich immer wieder Neues anzueignen, Herausforderungen anzunehmen und gesunde Risiken einzugehen. Immer vorausgesetzt, das dafür notwendige Sicherheitsgefühl schwingt mit. Wer z. B. in ständiger Angst lebt, durch die nächste Umstrukturierungswelle vielleicht seinen Arbeitsplatz zu verlieren, der wird eher defensiv ausgerichtet sein und wenig Neues riskieren. Deshalb ist es so wichtig, ein Arbeitsumfeld zu schaffen, in dem für die Mitarbeiter die richtige Balance von Sicherheit und Unsicherheit vorherrscht. Der Mensch neigt grundsätzlich dazu, Unsicherheiten in Sicherheiten umzuwandeln.

Die Lust auf eine gesunde Herausforderung ist ein auch mittlerweile wissenschaftlich intensiv erforschtes Phänomen, das wir generell als „Flow" bezeichnen. Der ungarische

---

[33] Felix von Cube, Klaus Dehner, Andreas Schnabel: Führen durch Fordern. Die BioLogik des Erfolgs. Piper, München Zürich 2006.

Psychologe Mihaly Csikszentmihalyi umschreibt mit dem Flowgefühl genau jenen Bewusstseinszustand, in dem wir durch unser engagiertes Tätigsein vollkommen in einer Sache aufgehen, quasi Zeit und Raum vergessen, um uns einer Herausforderung ganz zu widmen. Gerade hier spielt der Lustgedanke eine tragende Rolle. In den Flow kommen wir nur, wenn wir uns einer Sache ganz hingeben, also uns ohne angezogene innere Handbremse einer Aufgabe widmen. Ohne Sicherheit wäre dies gar nicht vorstellbar. Zuerst muss demnach der Sicherheitstrieb des Menschen befriedigt sein, dann kann die Antriebsenergie der menschlichen Neugierde Neuland erobern. Wir sind evolutionär so gepolt, dass wir den natürlichen inneren Ansporn haben, aus der Sicherheit heraus immer wieder neue Herausforderungen zu suchen. Anderenfalls würden wir auch heute noch wie der Neandertaler in Höhlen leben und deren Wände bemalen. Evolutionärer Fortschritt ist ohne den beschriebenen Triebverbund – Sicherheit und Neugierde – gar nicht vorstellbar. Und hier greift ein erfolgreiches Führungsverhalten wie ein Rad ins andere. Vorgesetzte, die Lust auf Leistung haben und in einem solchen Klima auch ihre Mitarbeiter richtig motivieren wollen, brauchen zuerst eine wirkungsvolle Stimulanz jener Grundtriebe, um Leistung zu erzielen.

Damit das Gehirn nicht in eingefahrenen Routinen stecken bleibt, braucht es permanent andersartige Herausforderungen. Nur diese lösen im Gehirn eine emotionale Erregung – Arousal – aus. Um sie zu beruhigen, fängt das Gehirn an, ernsthaft nach einer Lösung zu suchen. Das Denken bleibt so beweglich. Stellen Sie Ihren Mitarbeitern deshalb Aufgaben, die eine Schuhnummer größer sind als ihre aktuelle. Schließlich hängt der Erfolg einer Maßnahme auch entscheidend davon ab, ob sie auch gut bewältigt werden kann. Über- und Unterforderung sind dabei die größten Widerstände von gewünschten Veränderungen. Und hier greift wieder unsere Grundformel, nach der Gleichbehandlung nicht gleiche Behandlung ist. Jeder Mitarbeiter sollte also gemäß seinen Fähigkeiten und Stärken eingesetzt werden. Erfahrungsgemäß entwickelt sich ein Mensch auch dann am effektivsten weiter, wenn er vor einer konkreten Problemsituation steht, die er erfolgreich lösen will. Dann setzt der Neugierdetrieb am wirkungsvollsten ein und generiert – unter den besagten Rahmenbedingungen – auch passende Lösungen. Denn der Mensch ist erst dann mit seiner Arbeit zufrieden, wenn er zur Lösungsfindung auch das Notwendige getan hat und selbstverantwortlich – im Rahmen seiner Möglichkeiten – agieren kann.

Der Neurobiologe Professor Dr. Felix von Cube fasst es folgendermaßen zusammen: „Nur wer durch ausreichende Qualifikation genug Sicherheit in seinem Job empfindet, kann es riskieren, aus dieser Expertenposition heraus immer wieder neue Unsicherheitserlebnisse bewusst aufzusuchen. Was letztlich bedeutet: kreativ sein."[34]

Die Lösungssuche gelingt im Gehirn dann am besten, wenn viele und weit voneinander entfernt liegende neuronale Netzwerke gleichzeitig aktiviert werden. Im kreativen Prozess werden sie dann neu miteinander verknüpft. Kreativ sein bedeutet demnach nicht in erster Linie, Neues zu erfinden, sondern das bereits vorhandene, aber bisher voneinander ge-

---

[34] Felix von Cube: Lust an Leistung. Die Naturgesetze der Führung. Piper, München Zürich 2006.

trennte Wissen auf eine neue Weise zu verbinden. Für Führungskräfte beinhaltet das: Sie müssen versuchen, das unterschiedliche Know-how im Unternehmen immer wieder neu zu mischen. Zum Beispiel, indem es durch „Abteilungs-Hospitanzen" Nahtstellen bildet, abteilungsübergreifende Teams bildet oder in Großgruppenkonferenzen die Organisationsmitglieder vernetzt.

Die wirkmächtigen Gegenspieler von Kreativität heißen Angst und Routine. Ein Mitarbeiter, der überwiegend Angst vor einem drohenden Jobverlust hat oder in Tagesroutinen zu ersticken droht, kann sein natürliches Neugierdepotenzial gar nicht abrufen und sich folglich auch nicht wie gewünscht weiterentwickeln. Die Leistung bleibt auf der Strecke. Die Schreckensvision des Filmklassikers „Moderne Zeiten", wo Charlie Chaplin am Fließband seinen Routinekoller erlebt, bringt es auf den Punkt. Auch unsere Arbeitswelt kennt solche automatisierten Arbeitsabläufe, die meilenweit vom gewünschten Flowzustand entfernt sind. Und trotzdem: Auch hier kann über die Arbeitsorganisation Abhilfe geleistet werden. Aus der Automobilbranche kennen wir den Ansatz, kleinere Produktionsteams zu bilden, die größere Einheiten produzieren. Somit ist mehr Raum für Abwechslung gegeben, weil die Arbeiter im Team nun auch kompliziertere Arbeitsprozesse bewältigen und in Summe mehr Verantwortung für das größere Ganze tragen. Um aus der gefürchteten Routinefalle herauszukommen, gehen Firmen wie Apple und Google auch andere, ungewöhnliche Wege: Dort bekommen die Mitarbeiter die Chance, 20 Prozent ihrer Arbeitszeit selbstbestimmend jenen Projekten zu widmen, die sie wirklich interessieren. Dies ist eine strukturelle Grundvoraussetzung dafür, den Mitarbeiter in den gewünschten Flowkanal zu schicken.

Wahre Motivation kommt von innen, ist mit konkreten Zielen verbunden und setzt gerade deshalb am erfolgreichsten jene Energien frei, die Unternehmungen weiterbringen. Erfolgreiche Führungskräfte organisieren den nötigen Flowrahmen für ihre Mitarbeiter, die dann selbsttätig agieren. Wichtig dabei ist zweierlei: Zum einen darf der Mitarbeiter keine Unsicherheiten befürchten müssen, die er selbst nicht bewältigen kann. Zum anderen müssen die Anforderungen auf die individuellen Stärken und Fähigkeiten der Mitarbeiter ausgerichtet sein. Die Mitarbeiter müssen auch gegebenenfalls die Möglichkeit bekommen, sich für neue Anforderungen weiterqualifizieren zu können.

6.12 Exkurs: Qualitätszirkelarbeit als aktiver Beitrag für eine erfolgsorientierte Fehlerkultur im Unternehmen

Von Jack Welch ist folgendes Zitat überliefert: „Jeder Manager macht jede Woche mindestens zwei schwere Fehler. Die guten unterscheiden sich von den weniger guten Führungskräften dadurch, dass sie diese Fehler auch bemerken."

Die innere Haltung einer guten Führungskraft, nach der Fehler auch immer Lernchancen sind, ist ein entscheidender Erfolgsgarant. Leider kommt es jedoch noch in vielen Unternehmen vor, dass sich Mitarbeiter lieber mit Fehlern arrangieren oder sie gerne personalisieren, als diese zukünftig zu vermeiden. Es ist eine altbekannte Erkenntnis der Sozialpsychologie: Phänomene – vor allem wenn es sich um Abweichungen, Missgeschicke oder Fehler handelt – werden in Unternehmen eher Personen als Strukturen zugeschrieben. Der Vorteil liegt auf der Hand. Routinen, Strukturen und andere Gewohnheiten brauchen nicht hinterfragt werden. Doch der Preis, den das Unternehmen zu zahlen hat, ist hoch. Der ausgemachte „Sündenbock" wird bestraft und wird vielleicht auch aus dem Schaden klüger, das Unternehmen nicht. Es ist nicht von der Hand zu weisen, dass in vielen Unternehmen sehr viel Kapital brachliegt, weil es an einer gesunden Fehlerkultur mangelt. Die Organisationsforscher Karl E. Weick und Kathleen M. Sutcliffe weisen in ihrem Buch „Das Unerwartete managen. Wie Unternehmen aus Extremsituationen lernen" nach, wie hilfreich eine gelungene Fehlerkultur sein kann. Dabei spielen drei Grundannahmen eine Schlüsselrolle für den unternehmerischen Erfolg:

1. Fehler sind per se nicht schlecht, sondern liefern hochrelevante Informationen über den Zustand eines Unternehmens. Die Beachtung auch nur eines kleinen Fehlers minimiert die Gefahr eines größeren Scheiterns.

2. Die häufig gestellte Frage: „Wer von uns hat den Affen?", weicht einer lösungsorientierten Denkweise. Schuldzuschreibungen werden vermieden. Fehler werden nicht reflexhaft Personen zugeschrieben. Folgende kleine Anekdote unterstreicht diesen Geist: Auf einem Flugzeugträger geht an Deck ein banales Werkzeug verloren. Dieses Missgeschick bedeutet für die gesamte Besatzung ein hohes Risiko. Liegt ein solches Werkzeug z. B. auf der Start- und Landebahn, kann dies zu einem schweren Unfall führen. Ein Soldat meldet den Vorfall seinem Vorgesetzten. Daraufhin wird sofort der gesamte Flugbetrieb eingestellt. Am nächsten Tag wird dieser Soldat nicht etwa getadelt, sondern öffentlich belobigt. Sein mitdenkendes Verhalten hat schließlich eine Schwachstelle des Systems aufgedeckt und einen möglichen katastrophalen Fehler verhindert. Ein solcher Fehlerhinweis wird als „Fenster in der Organisation" gesehen und auch dementsprechend wertgeschätzt.

3. Fehlerlernen ist emotionales Lernen. Fehler werden stets von Gefühlen wie Ärger oder Angst begleitet. Diese Emotionen weisen eine wichtige steuernde Funktion auf. Ärger kann viel Energie mobilisieren, um das Ärgernis abzuwenden. Angst lenkt die Aufmerksamkeit auf Schützenswertes und macht auf potenzielle Gefahren aufmerksam. Fehlerlernprozesse machen sich dies zunutze. Ein Gefühl der Unsicherheit wird positiv bewertet: „Wenn Sie unsicher sind, ist dies ein gutes Zeichen dafür, dass Sie auf Tuchfühlung mit der Wirklichkeit sind", schreibt Karl E. Weick.

| Abbildung 6.9 | Qualitätszirkelarbeit – „Jeder Mitarbeiter ist ein Wissensträger, egal ob Offizier oder Matrose" |

Jeder Mitarbeiter ist ein Wissensträger, egal ob Offizier oder Matrose.

Wertschöpfung durch Wissenstransfer ist der Schlüssel zum Erfolg.

Übertragen wir nun diese Denkweise in die Unternehmenswelt.

Qualität schafft Rendite

Der Wirkungszusammenhang zwischen Qualität und Unternehmenserfolg ist heutzutage nicht mehr von der Hand zu weisen. Qualitätsmanagementsysteme bieten ein hervorragendes Differenzierungsmerkmal gegenüber Wettbewerbern. Darüber hinaus sind sie auch eine wichtige Voraussetzung für die Gestaltung effizienter Geschäftsprozesse, überlegener Produkte, exzellenter Dienstleistungen und nicht zuletzt zufriedener Kunden. Sie gelten als wirksame Strategie, um Kosten zu senken und gleichzeitig höhere Marktanteile zu erreichen.

In einem modernen Unternehmen sind alle Beschäftigten Wissensarbeiter. Wertschöpfung durch Wissen findet heute überall statt, egal ob im Büro oder in der Produktion bzw. der Fertigung. Jeder Mitarbeiter steht in teilautonomen Arbeitsorganisationen in der Verantwortung, sorgt in dezentraler Struktur für Unternehmertum im Unternehmen. Erfahrungsgemäß nutzen wir jedoch noch zu wenig praktisches Know-how – vor allem jener Mitarbeiter, die an der Basis arbeiten – und es liegt viel Wissen brach.

Mit der Einführung von Qualitätszirkeln haben wir ein praxistaugliches Werkzeug, mit dem wir das Erfahrungswissen vieler Mitarbeiter noch systematischer erfassen und wertschöpfend nutzen können. Für bestehende aktuelle Problemfelder werden somit praxisgerechte Lösungsideen gefunden. Kurzum: Die Produktqualität verbessert sich ständig.

Welchen konkreten Nutzen können wir nun auf das Management übertragen hieraus generieren?

Ihr konkreter Nutzen auf einem Blick:

- Hochwertige Lösungen wichtiger betrieblicher Probleme.

- Mitarbeiter finden eine Diskussionsplattform für ihre arbeitsrelevanten Themen.

- Mitarbeiter erhalten einen verbesserten Gesamtüberblick über den kompletten Produktionsablauf.

- Die Mitarbeitermotivation steigt; jeder weiß, was er konkret zum Gesamtergebnis beiträgt.

- Die Selbstverantwortlichkeit der Mitarbeiter steigt.

- Informationsflüsse werden transparenter.

- Das Zusammenspiel von Abteilungsleiter und Mitarbeiter wird verbessert.

- Der Mitarbeiter identifiziert sich mehr mit dem Unternehmen.

Was genau ist ein Qualitätszirkel?

Ein Qualitätszirkel ist ein periodisch, z. B. einmal monatlich, stattfindendes Mitarbeitertreffen von 45 bis 60 Minuten unter Leitung eines Abteilungsleiters und eines externen Moderators.

Eine erfolgreiche Vorgehensweise berücksichtigt folgende Punkte:

- Es ist eine überschaubare kleine Arbeitsgruppe auszuwählen (ca. vier bis acht Mitarbeiter).

- Bewährt hat sich das Prinzip der Mischung, d. h., ein Qualitätszirkel setzt sich aus Mitarbeitern verschiedener Abteilungen zusammen. Dies fördert das abteilungsübergreifende Denken!

- Bei der Mitarbeit im Qualitätszirkel gilt der Grundsatz der Freiwilligkeit.

- Schaffen Sie Kontinuität und Nachhaltigkeit durch regelmäßige Sitzungen von je 45 bis 60 Minuten.

- Ein Abteilungsleiter und ein externer Moderator (= „Anwalt der Mitarbeiter") führen durch den Gesprächsprozess und sorgen für die Einhaltung der Spielregeln.

- Überwiegend selbstgewählte Themen geben den Gesprächsrahmen vor.

- Ergebnisprotokoll und Follow-up-To-do-Listen sichern den Umsetzungserfolg.

Generell gilt: Systematisches Vorgehen ist wichtig!

Die Vorgehensweise im Qualitätszirkel:

1. Gemeinsames Setzen der Schwerpunkte

   - Aus der Kenntnis der täglichen Probleme
   - Aus dem Wissen um die wesentlichen Kennzahlen

2. Schwerpunktthemen systematisch angehen

   - Analysieren
   - Problemlösungen erarbeiten
   - Verbesserungsvorschläge umsetzen
   - Erzielte Ergebnisse kontrollieren

3. Erfolge mitteilen

   - Schwarzes Brett/Infoboard
   - Abteilungsbesprechungen
   - ...

Für ein gutes Arbeitsklima gibt es folgende Spielregeln:

- Achtung von den anderen Teilnehmern, d. h. Beiträge zulassen, ernst nehmen und aufgreifen.

- Vorgefasste Meinungen ausblenden, faktenbasiert vorgehen, d. h. der Wille, ggf. auch den eigenen Standpunkt zu ändern, falls neue Fakten dagegen sprechen.

- Zur Sache sprechen: Die knappe Zeit des Zirkels sinnvoll nutzen.

- Es gilt der Grundsatz: Kläre nicht die Schuldfrage, sondern löse das Problem!

Welche konkreten Ziele verfolgt die Qualitätszirkelarbeit?

Qualitätszirkel liefern in doppelter Hinsicht einen qualitativ hochwertigen Beitrag zur Unternehmenswertschöpfung.

1. Hochwertige Lösungen wichtiger betrieblicher Probleme:

   - Die Mitarbeiter der Qualitätszirkel schärfen den Blick für ihren Beitrag zum gesamten Unternehmensergebnis. Problembereiche werden identifiziert und realitätsnahe Lösungsschritte erarbeitet.
   - Entwickeln konkreter Meilensteine in der Umsetzung, damit die Verbesserungen passgenau implementiert werden können. Das Ziel dabei ist, die verfügbare Produktivität und Effizienz aller Mitarbeiter im Arbeitsprozess voll auszuschöpfen.

  – Aufzeigen der Stärken und noch nicht genutzten Potenziale in der funktionsüber-
    greifenden Zusammenarbeit.

2. Verbesserung zwischenmenschlicher Beziehungen im Betrieb, denn das „Wie" ist oft
   entscheidender als das „Was":

  – Qualitätszirkel als Forum, um über die eigene Arbeit und die der vor- und nachge-
    lagerten Funktionen nachzudenken und ein Gesamtverständnis aufzubauen.
  – Qualitätszirkel als Möglichkeit, zwischenmenschliche Konflikte anzusprechen.
  – Die Arbeitszufriedenheit aller am Prozess Beteiligten steigt dadurch signifikant;
    mehr Lust statt Frust!

Worauf ist bei der konkreten Alltagsarbeit noch zu achten?

Denken Sie daran: Hat der Mensch die „30" überschritten, wird Neues zum ungebetenen
Gast. Deshalb beachten Sie bitte Folgendes: Um im Unternehmen die größtmögliche Akzeptanz und Unterstützung für die Einführung der Qualitätszirkel zu erhalten, ist als Erstes eine Einführungsveranstaltung (Kick-Off) durchzuführen. Alle am Prozess Beteiligten
brauchen von der ersten Minute an Sicherheit und Orientierung, um den Prozess zum
Erfolg zu führen. Die Einführungsveranstaltung dient dazu, die Idee der Qualitätszirkel
vorzustellen und Raum für Fragen zu bieten. Sie als Vorgesetzter wissen, welche verheerende Wirkung von „Bremsern" ausgehen kann.

Denken Sie bitte daran: Alle im Betrieb einzuführenden Neuerungen sind aufseiten der
Mitarbeiter auch mit Unsicherheiten und Ängsten verbunden. Manch einer denkt sich:
„Schon wieder so eine modische Neuerung. Dabei haben wir doch eh schon so viel Arbeit
am Hals. Wann soll ich das denn alles schaffen?"

Die Einführungsveranstaltung verfolgt das Ziel, diese mitunter nicht offen ausgesproche-
nen Befürchtungen ernst zu nehmen und vor allem den konkreten Nutzen der Qualitätszirkel aufzuzeigen. Somit wird klar, dass mit der Einführung der Qualitätszirkel auf länge-
re Sicht eine spürbare Arbeitsentlastung eintritt, von der alle profitieren.

Wichtig ist: Veränderungsenergie ist Chefsache und muss von oben ausgehen. Sie als Vorgesetzter sind Vorbild und prägen die Arbeitskultur im Betrieb. Deshalb sollten alle Führungskräfte an der Kick-Off-Veranstaltung teilnehmen und „Flagge zeigen". Machen Sie
aus Betroffenen Beteiligte.

Eine qualitative Verbesserungsstrategie mittels des Einsatzes von Qualitätszirkeln setzt
nicht auf den schnellen Effekt allein. Es geht nicht nur um Kostenblöcke, sondern auch um
das Prinzip. Das Wissen der vielen zu nutzen, also die Intelligenz des Schwarms, bedeutet
konkret: kleine Lerneinheiten bilden, Eigenverantwortung großschreiben und stetes
Infragestellen dessen, was ist. Vor allem aber nicht darauf zu warten, dass ein Fehler auf-
fällt, sondern gezielt mit einer großen Portion Achtsamkeit danach suchen. Der Schriftstel-
ler Aldous Huxley bringt es auf den Punkt: „Erfahrung ist nicht das, was uns zustößt.
Erfahrung ist das, was wir aus dem machen, was uns zustößt."

Abbildung 6.10   Qualitätszirkelarbeit – „Wer über Fehler offen redet, der hat Erfolg"

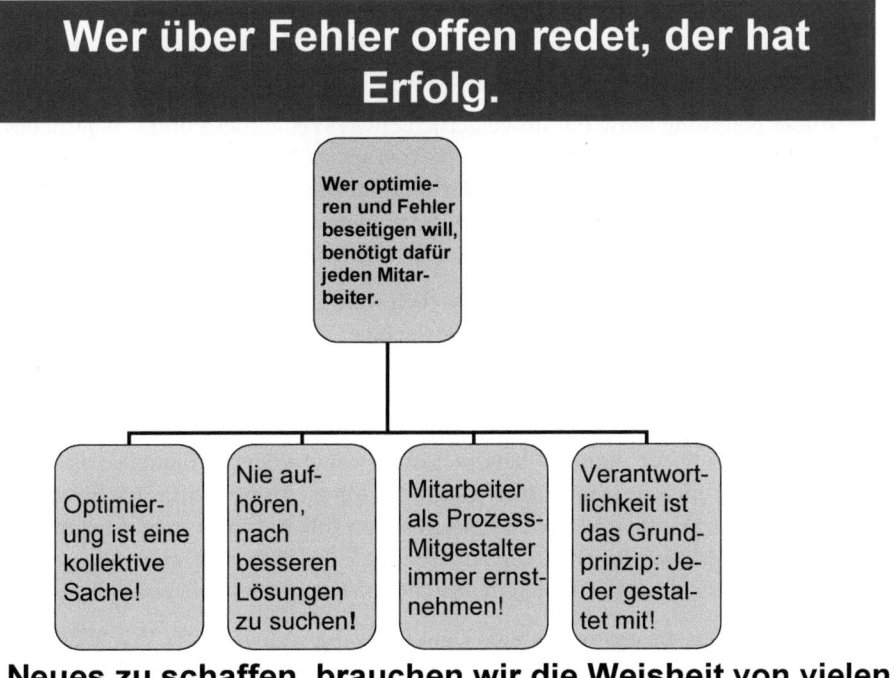

Wer über Fehler offen redet, der hat Erfolg.

Wer optimieren und Fehler beseitigen will, benötigt dafür jeden Mitarbeiter.

Optimierung ist eine kollektive Sache!

Nie aufhören, nach besseren Lösungen zu suchen!

Mitarbeiter als Prozess-Mitgestalter immer ernstnehmen!

Verantwortlichkeit ist das Grundprinzip: Jeder gestaltet mit!

Um Neues zu schaffen, brauchen wir die Weisheit von vielen!

Coachingpraxis: „Fehlerkonferenz" durchführen

Abschließend noch ein Appetitmacher aus der Coachingpraxis: Laden Sie sich doch mal zu einer ganz persönlichen „Fehlerkonferenz" ein.[35]

Dazu brauchen Sie nur ein Blatt Papier und etwas zu schreiben.

Nun richten Sie Ihre Aufmerksamkeit für ein paar Augenblicke in Ihre jüngste Vergangenheit. Welcher dumme Fehler ist Ihnen jüngst widerfahren, über den Sie sich so richtig geärgert haben? Klar, Fehler zu machen ist menschlich. Doch oft genug löst ein selbst gemachter Fehler auch andere Denkkaskaden aus, die weniger respektvoll klingen. Dazu kommen wir gleich.

In der Regel haben Sie drei unterschiedliche mentale Reaktionsmuster nach einem Fehler zur Verfügung. Bei allen drei Varianten steht eine zentrale Frage im Brennpunkt des Interesses: „Wie konnte mir das bloß passieren?"

---

[35] Die Idee der „Fehlerkonferenz" stammt von Sabine Asgodom.

Das Spannende ist nun, welches psychologische Selbstkonzept dieser Frage zugrunde liegt. Anders formuliert: Welche persönliche Bewertung schwingt hier mit? Sehen wir uns eher als Opfer, Täter oder Handelnder? Allein die Art der Betonung gibt darüber Aufschluss.

■ Variante 1: „Wie konnte *mir* das nur *passieren?*"

Bei dieser Betonung schwingt unweigerlich etwas Wehleidiges und Weinerliches mit. Ich wusste es schon immer. Immer bin ich das arme Opfer. Die Welt ist mir gegenüber ungerecht und feindlich eingestellt. Warum bestraft mich das Leben so hart? Natürlich sind die anderen schuld, die hätten mir sagen, helfen sollen, mich nicht überschätzen dürfen. Die Umstände haben mich mal wieder am Erfolg gehindert.

Diese mentale Selbstblockade wird sicherlich wenig konstruktive Veränderungsenergie auslösen. Die Wahrscheinlichkeit, das wir in einer ähnlichen Situation ein analoges Denkmuster abrufen, ist groß.

■ Variante 2: „Wie *konnte* mir das nur passieren?!"

Betonen wir das Wort „konnte" hart, so löst dies eine sofortige mentale Selbstbestrafungsaktion aus: Ich wusste es doch gleich: Ich bin zu dumm dafür. Ich bin unfähig, habe zwei linke Hände und hätte es gleich lassen sollen. Immer mache ich alles falsch. Das erinnert mich wieder an all die anderen Male, bei denen ich ebenfalls unverzeihliche Fehler gemacht habe. Ich bin ein absolut hoffnungsloser Fall, ein Versager.

Auch hier schlägt die eigene mentale Denkfalle erbarmungslos zu. Wir haben uns selber schachmatt gesetzt. Unter solchen mentalen Großwetterwolken kann keine konstruktive Fehlerkultur wachsen und gedeihen. Die Ernte ist mal wieder verhagelt.

■ Variante 3: „*Wie* konnte mir das passieren?"

Hier regiert die distanzierte Nachdenklichkeit und führt zum Erfolg. Durch die Betonung des „Wie" bekommt die Sache einen analytischen Charakter. In dieser mentalen Verfassung halten wir das Heft des Handelns selber in der Hand. Je rationeller und klüger wir an diese Frage herangehen, desto größer die Chance der persönlichen Reifung. Fehler sagen auch immer etwas aus über unsere Einstellung, unsere Motivation und das Prozessumfeld. Die vielleicht größte Wachstumsbremse bei einer ehrlichen Fehleranalyse ist die Eitelkeit. Aus Eitelkeit werden Fehler lieber unter den Teppich gekehrt und nicht zugegeben.

Abbildung 6.11   Persönliche Fehlerkonferenz einberufen

- Wie konnte **_mir_** das nur **_passieren?_**

- Wie **_konnte_** mir das passieren?

- **_Wie_** konnte mir das passieren?

 Persönliche **_„Fehlerkonferenz"_** einberufen

Nach diesen Vorüberlegungen kommt nun der konkrete Ausführungsteil unserer „Fehlerkonfernz". Nehmen Sie dazu das Blatt Papier quer und unterteilen Sie es in zwei Hälften. Zeichnen Sie in die Mitte der linken Seite einen Kreis und schreiben Sie ein Stichwort für einen Fehler hinein, den Sie gemacht haben und der unangenehme Folgen hatte. Zum Beispiel: „Wichtigen Rückruf vergessen." Jetzt zeichnen Sie fünf bis sieben „Sonnenstrahlen" um diesen Kreis. Tragen Sie nun auf jeden Strahl einen Erklärungsgrund ein, der zu dem besagten Fehler geführt hat. Zum Beispiel: 1. War ein unangenehmes Thema. 2. Musste dringend eine Präsentation fertigstellen. 3. Habe morgens nicht in meinen Kalender geschaut. 4. Hatte an diesem Tag viele unvorhergesehene Termine. 5. Hatte eine schlechte Tagesform.

Wichtig in diesem Zusammenhang ist, dass Sie sich an möglichst viele Details erinnern und ehrlich zu sich selber sind. Je gründlicher Sie sich Ihre „Fehlersonne" anschauen, desto größer wird Ihr Lernerfolg. Welche Schlussfolgerungen bieten sich Ihnen an?

Abbildung 6.12   Fehlerkonferenz

Jetzt wenden Sie sich der rechten Seite Ihres Blattes zu. Zeichnen Sie hier mittig eine neue Sonne, die wir nun „Zielsonne" nennen. Notieren Sie in der Mitte, was Sie künftig verändern wollen. Zum Beispiel: „Rückruf zuverlässig erledigen." Zeichnen Sie analog zur linken „Fehlersonne" auch hier wieder ausreichend Strahlen. Finden Sie nun für jede Ursache von der linken Seite eine positive Verbesserung. Zum Beispiel: 1. Lernen, mich für unangenehme Aufgaben zu motivieren. 2. Freundlich aber bestimmt „Nein" sagen, wenn es mir zu viel wird. 3. Mich mit To-do-Listen führen. 4. Zuständigkeiten mit Kollegen und dem Vorgesetzten abklären. 5. Klare Tagesprioritäten setzen. 6. Genügend Pufferzeiten am Tag einplanen.

Jetzt kommt der Clou dieser Übung. Falten Sie das Papier in der Mitte. Die Rückseite mit der Fehlersonne können Sie einfach vergessen. Einzig und allein Ihre Zielsonne sollte Sie nun in den nächsten Tagen anlächeln. Kleben Sie das Blatt dorthin, wo Sie es mehrmals am Tag sehen können. Der positive Effekt dieser Übung besteht darin, dass Sie sich fortan nicht mehr auf Ihre Fehler konzentrieren, sondern auf Ihre individuellen Verbesserungsschritte. Stopfen Sie so nervenraubende Energiegullys und konzentrieren Sie sich auf das Wesentliche. Das bringt Sie weiter.

Abbildung 6.13   Fehlerkonferenz Zielsonne

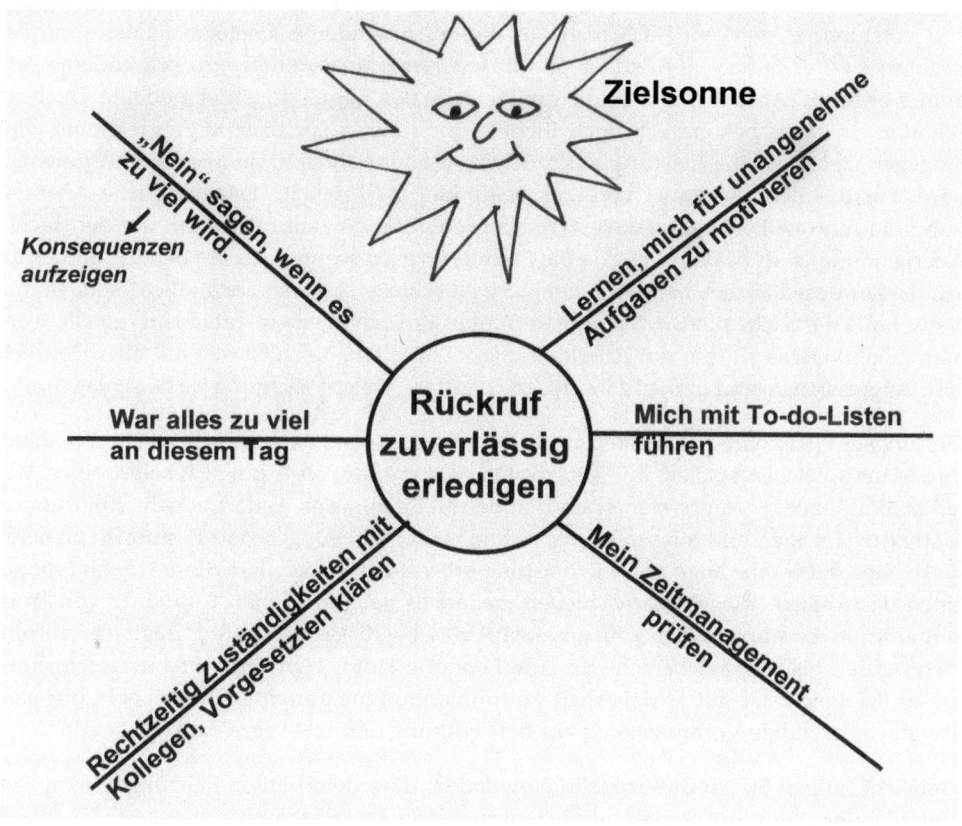

Den Aggressionstrieb als Leistungstreiber nutzen

Es mag ein wenig furchteinflößend klingen, wenn es nun darum gehen soll, den Aggressionstrieb der Mitarbeiter gewinnbringend nutzen zu wollen. Aggressionen gelten vor allem in der Geschäftswelt per se als negativ und sind somit tunlichst zu vermeiden. Doch auch hier müssen alte Legenden entsorgt werden und Platz machen für neues und frisches Denken. Der verhaltensbiologische Ansatz geht davon aus, dass jeder Mensch ein natürliches Aggressionspotenzial in sich trägt, das – so oder so – ausgelebt werden will. Unser Aggressionstrieb stellt jedoch nichts anderes dar als den notwendigen Antrieb, um zu Status, Macht und Ansehen oder einer besseren Position zu kommen. Wenn Sie also beruflich aufsteigen, zu Erfolg und Ansehen kommen wollen, dann brauchen Sie eine gewisse Portion „Aggression" als Antriebsenergie.

Insofern stellen Aggressionen eine mächtige Lustquelle dar und fungieren als starker Leistungsanreiz, den man nutzen sollte. Dabei geht es wie immer um die richtige Balance. Natürlich können falsch gelebte Aggressionen sehr wohl in die falsche Richtung ausarten und zerstörerisch wirken. Die Gefahr, in diesem besonderen Triebkanal Lust ohne Anstrengung zu erzielen – z. B. sich bloß mit teuren Statussymbolen zu präsentieren – ist immer gegeben. Aber dies ist nur die dunkle Seite der Aggressionstriebmedaille. Doch wo Schatten ist, muss bekanntlich auch Licht sein. Stimmig kanalisierte Aggressionen sind hingegen stets auf eine Leistung ausgerichtet, die von anderen anerkannt und geschätzt wird. Für das Berufsleben ist von entscheidender Wichtigkeit, dass berufliche Anerkennung die zentrale Form aggressiver Triebbefriedigung darstellt. Doch mit der beruflichen Anerkennung ist es bekanntlich so eine Sache; in vielen Köpfen steckt noch die alte Denkart, dass es unredlich sei, nach Anerkennung zu schielen, „selbstverständlich" solle man in erster Linie der Sache dienen. Insofern kommt es fast schon einem Tabubruch gleich, wenn man zugibt, etwas zu tun, um Anerkennung zu erhalten. Noch einmal mit aller Deutlichkeit: Aggressionen sind immer da – entscheidend ist, welche Richtung sie einschlagen.

Die jüngste Wirtschaftsgeschichte zeigt etliche Beispiele auf, wie selbstherrliche Vorstände ihre Machtspielchen spielen, auf Mitarbeiter „herumtrampeln", um sich selbst einen Vorteil zu ermöglichen. Aggressionen sind immer im Spiel, wenn es darum geht, mit unfairen Methoden, Intrigen und miesen Tricks, sich in bessere Stellungen und Positionen zu befördern, ohne dafür eine angemessene Leistung erbracht zu haben. Um diesem Fehlverhalten einen dauerhaften Riegel vorzuschieben, bedarf es der innerlichen Kopplung von Anerkennung an Leistung. Jeder von uns kennt das beglückende Gefühl, das sich einstellt, wenn gute Leistung auf berechtigte Anerkennung stößt. Hier entsteht Lustgewinn und dieses Erfolgsmuster gilt es dauerhaft zu trainieren. Eine gut eingeführte Lobkultur stellt also die notwendige Voraussetzung zur Befriedigung unseres Aggressionstriebes dar.

Vielleicht mögen Sie an dieser Stelle einwenden, dass dem bloßen Leistungsprinzip hier über Gebühr das Wort geredet wird. Entscheidend ist selbstverständlich, wie Sie diesen Leistungsbegriff definieren. Auch hier spielen die zentralen Leitwerte, die sich ein Unternehmen gibt, eine große Rolle. Neben der fachlichen Leistung sollten auch andere Leistungsanreize bedacht werden. So kann der Wert Hilfsbereitschaft, verantwortliches Handeln für die Gemeinschaft oder die Umwelt ebenso viel Anerkennung finden. Und selbstredend sollte auch beruflicher Aufstieg durch Leistung im Unternehmen möglich sein. Auch hier gilt wieder unsere oben aufgestellte Kernthese, nach der Gleichbehandlung nicht gleiche Behandlung aller bedeutet. Der eine oder andere Mitarbeiter mag durchaus über monetäre Anreize und Privilegien mehr Leistung erbringen, der andere braucht jedoch eher das konkrete verbale Lob. Entscheidend ist jedoch immer die Ehrlichkeit. Sie sollten auf jeden Fall glaubhaft loben. Gerade hier ist das Wie oft entscheidender als das Was. Ein ehrlich gemeintes Lob, das im angemessenen Verhältnis zur erbrachten Leistung klar ausgesprochen wird, trägt mehr zu Ihrer Glaubwürdigkeit bei als ein oberflächliches Phrasendreschen.

Denken Sie daran: Leistung, die keine Form von Anerkennung findet, wird nicht mit Lust, sondern mit Frust entlohnt. Die Energie ist immer da, entscheidend ist, in welche Richtung sie fließt – also mehr Lust oder mehr Frust. Es ist wie im Fußball: Wichtig für den Erfolg einer Mannschaft ist es, ob jeder Spieler gemäß seiner Stärken auf der richtigen Position eingesetzt wird. Ein Bastian Schweinsteiger ist im Mittelfeld wertvoller als auf der linken Stürmerseite. Diese taktische Feinjustierung schlägt sich erfolgreich in der Gesamtbilanz nieder. Seit dieser taktischen Neuausrichtung ist Schweinsteiger zum erfolgreichen Strategen aufgestiegen und ein Garant für den Erfolg der ganzen Mannschaft.

Und ähnlich verhält es sich auch in der Arbeitswelt. Gerade die Diskussion um den demografischen Wandel wirft auch die Frage nach dem Einsatz älterer Mitarbeiter auf. Auch hier gelten die Grundsätze der Verhaltensbiologie. Ältere Mitarbeiter haben Triebe, die in die richtigen Bahnen gelenkt werden wollen. Demzufolge können gerade erfahrene ältere Mitarbeiter als Mentoren für Jüngere viel Gutes bewirken und dafür Wertschätzung und Anerkennung ernten.

Den Bindetrieb als Leistungstreiber nutzen

Um nochmals die Fußballmetapher zu bemühen: Erzielt die eigene Mannschaft den Siegtreffer, steht dieser auch stellvertretend für das gesamte Agieren der Mannschaft. Erfolgreiches gemeinsames Handeln fördert ein gesundes „Wir-Gefühl" und dies wird als lustvoll empfunden. Anders formuliert: Um Bindung zu fördern und zu stärken, geht es also vorwiegend darum, das gemeinsame Handeln zu intensivieren. Der wirkungsvollste Zugang zu diesem gemeinsamen Handeln ist und bleibt, miteinander zu reden. Der Grad der Kommunikation entscheidet über Sieg oder Niederlage. Wenn Ihren Mitarbeitern z. B. die Zielvorgaben fehlen oder diese unklar sind, weil Sie vielleicht annehmen, dass alles längst klar ist, dann irren Sie gewaltig. Unklare Zielvorgaben rangieren nicht umsonst auf dem ersten Platz der gängigsten Unternehmensschwachpunkte. Aufs Ganze gesehen wird nach wie vor zu wenig effizient miteinander kommuniziert. Führungskräfte sollten also daran interessiert sein, dass die Kommunikation gut funktioniert. Ist allen Beteiligten klar, nach welchen firmeninternen Spielregeln und Werten agiert werden sollte? Oft ist es auch sehr wirkungsvoll, diese Grundsatzfrage um 180 Grad zu drehen und eher nach den inoffiziellen Spielregeln zu fragen, nach denen vorwiegend agiert wird. Diese sagen nämlich oft weit mehr über das Unternehmen aus. Beispielsweise dann, wenn sich Mitarbeiter nicht mehr trauen, ihren gesamten Jahresurlaub zu nehmen, weil sie eine Sanktion fürchten. Diese Sanktionsandrohung ist niemals in aller Deutlichkeit von oben ausgesprochen worden, aber durch beiläufige Bemerkungen des Chefs und das Protegieren derjenigen Mitarbeiter, die den Wink verstanden haben, wirkt sie dennoch. Ähnlich läuft es mit regelmäßig unbezahlten Überstunden, die im Arbeitsvertrag nicht vorgesehen sind.

Gerade die Unterscheidung von formellen und informellen Räumen bringt interessante Erkenntnisse zutage. Da wäre zum einen eine klassische Pareto-Verteilung zu nennen. Der Mitarbeiter lernt zu 80 Prozent in informellen Räumen, nur zu 20 Prozent am eigenen Arbeitsplatz. Die alte Vorstellung, nach der ein guter Mitarbeiter nur der ist, der vorwiegend für alle sichtbar an seinem eigenen Arbeitsplatz sitzt, gilt längst als überholt. Der klassische „Patex-Stuhl-Mitarbeiter" ist weniger effizient als jener, der besonders die informellen Räume im eigenen Unternehmen aufsucht, um dort mit anderen Mitarbeitern

Firmenprobleme zu lösen. So gelten quasi alle Räume jenseits des Arbeitsplatzes bzw. des Schreibtisches als informelle Räume, z. B. die Kantine oder der Weg dorthin, das gemeinsame Mittagessen im Team oder mit dem Chef, meine tagtäglichen „Walk-arounds" oder auch die Geburtstagsfeier von Kollegen und mir.

Die heutzutage viel beschworene unumgängliche Netzwerkfähigkeit lebt vor allem in informellen Räumen und muss auch gepflegt werden. Nur so funktioniert Bindung auf Dauer wirkungsvoll. Und auch hier hilft die Pareto-Verteilung, Sicherheit und Orientierung im Miteinander aufzubauen. Letztendlich sollte jede vernünftige Zeitplanung 20 Prozent Pufferzeiten für Networking reservieren, um diese informellen Räume nutzbar zu machen und Firmenprobleme erfolgreich zu lösen. Um den Bindetrieb in Ihrem Unternehmen weiter zu fördern, kann die folgende Kommunikationsmatrix gute Dienste leisten.

Abbildung 6.14　Kommunikationsarchitektur im Team

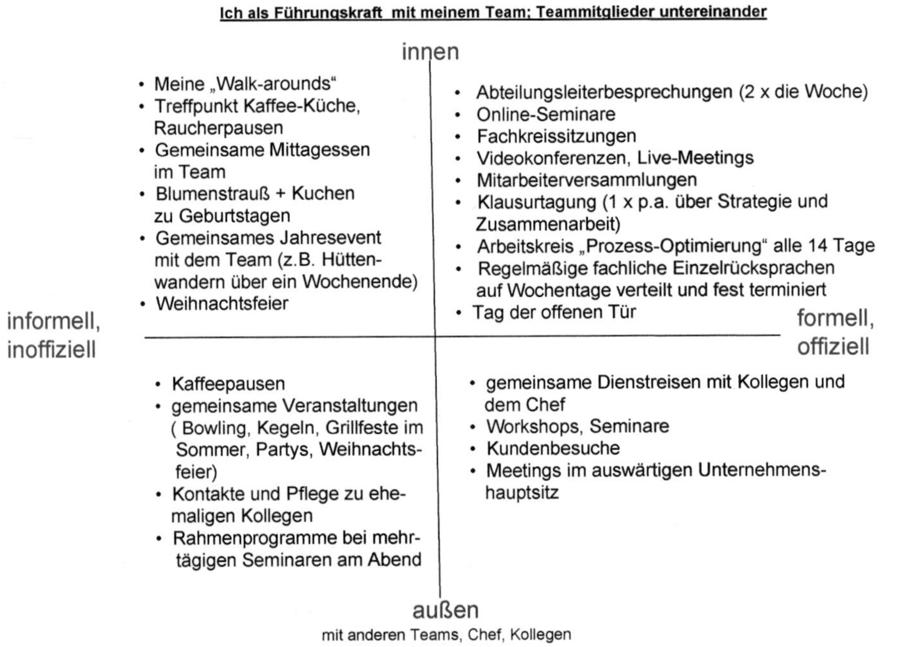

Ich als Führungskraft mit meinem Team; Teammitglieder untereinander

innen

| informell, inoffiziell | | formell, offiziell |

Quadrant oben links:
- Meine „Walk-arounds"
- Treffpunkt Kaffee-Küche, Raucherpausen
- Gemeinsame Mittagessen im Team
- Blumenstrauß + Kuchen zu Geburtstagen
- Gemeinsames Jahresevent mit dem Team (z.B. Hütten-wandern über ein Wochenende)
- Weihnachtsfeier

Quadrant oben rechts:
- Abteilungsleiterbesprechungen (2 x die Woche)
- Online-Seminare
- Fachkreissitzungen
- Videokonferenzen, Live-Meetings
- Mitarbeiterversammlungen
- Klausurtagung (1 x p.a. über Strategie und Zusammenarbeit)
- Arbeitskreis „Prozess-Optimierung" alle 14 Tage
- Regelmäßige fachliche Einzelrücksprachen auf Wochentage verteilt und fest terminiert
- Tag der offenen Tür

Quadrant unten links:
- Kaffeepausen
- gemeinsame Veranstaltungen (Bowling, Kegeln, Grillfeste im Sommer, Partys, Weihnachts-feier)
- Kontakte und Pflege zu ehe-maligen Kollegen
- Rahmenprogramme bei mehr-tägigen Seminaren am Abend

Quadrant unten rechts:
- gemeinsame Dienstreisen mit Kollegen und dem Chef
- Workshops, Seminare
- Kundenbesuche
- Meetings im auswärtigen Unternehmens-hauptsitz

außen
mit anderen Teams, Chef, Kollegen

Kommunikationsarchitektur im Team: Beispielportfolio Abteilungsleiter: Team mit 6 MA, alle an einem Standort, MA haben eng verzahnte Aufgabenfelder, andere Teams haben gleiche Aufgabenfelder sind aber unterschiedlich international zuständig

Halten wir fest: Triebe treiben uns an, liefern uns pure Antriebsenergie. Wir sind von Natur aus auf Anstrengung programmiert, auf den Einsatz unserer natürlichen Energie und wir werden dafür mit Lust belohnt. Evolutionär betrachtet bedeutet das, dass alle lebensnotwendigen Verhaltensweisen mit Lust belohnt werden: Sättigung, Sex, Sieg, Flow, Bindung. Das Prinzip „Lust durch Leistung" erhält so eine fundamentale evolutionäre Begründung. Dabei wird deutlich, dass ein Flowgefühl, Anerkennung und Bindung nicht isoliert voneinander betrachtet werden können, sondern erst zusammen ein wirkungsvolles System bilden. Es ist wie im Fußball: Spielt jemand gerne Fußball, wird er dabei auch jede Menge Flowerlebnisse generieren. Die Mitspieler verstärken dieses Flowgefühl und fördern gleichzeitig die Bindung untereinander. Fällt jetzt auch noch das ersehnte Tor, ist die erhoffte Anerkennung da. Nichts bringt die Gesamtheit dieser ineinanderfließenden Triebe schöner zum Ausdruck als der gemeinsame Torjubel. Freudestrahlende Gesichter sich umarmender Mitspieler – ein tolles Beispiel dafür, dass Leistung, Erfolg und Glück tatsächlich auf die Befriedigung unserer evolutionären Triebe zurückgehen.

Und noch eines: Angst ist in vielen Unternehmen ein schlechter Ratgeber. Angst entsteht als Folge von Verunsicherung. Sie löst im Gehirn ein archaisches Notfallprogramm aus, das nur noch drei Verhaltensweisen erlaubt: Angriff, Flucht oder Erstarrung. Alternative handlungsleitende Erregungsmuster sind nicht mehr abrufbar. Kreative Problemlösungen sind unter solchen Umständen unmöglich. Auf gutes Management übertragen, bedeutet das: Sorgen Sie dafür, dass Ihre Mitarbeiter möglichst wenig Druck und Versagensängste verspüren. Kurzfristig mögen Sie mit einer Strategie aus Druck und Angst eine Leistungssteigerung erzielen. Doch dieses Prinzip funktioniert auch nur so lange, wie der Druck aufrechterhalten wird. Das ist nicht nur für alle Beteiligten anstrengend, sondern auch fahrlässig lustfeindlich. Schaffen Sie die Basis für eine positive Fehlerkultur in Ihrem Unternehmen. Fehler sollten nicht bestraft, sondern eher prämiert werden. Der „Fehler der Woche" spart zukünftig eine Menge Nerven und Geld.

Alle Netzwerke im Gehirn, die gleichzeitig aktiviert werden, werden aneinander gekoppelt. Das ist der Grund, warum das Gehirn bestimmte Emotionen mit bestimmten Gefühlen, Gerüchen, Personen oder Situationen verknüpft. Für Führungskräfte bedeutet dies: Sorgen Sie dafür, dass Ihre Mitarbeiter Ihre Person mit positiven Erfahrungen verknüpfen, z. B. indem Sie sie loben, Interesse für ihre Person zeigen oder ihnen in schwierigen Situationen mit Rat und Tat zur Seite stehen. Durch diese positiven Kopplungen erzeugen Sie ein tiefergehendes Zugehörigkeitsgefühl und eine Leistungsbereitschaft bei den Mitarbeitern.

7   Ziele effizient erreichen

„Wer das Wozu kennt und schätzt,
für den ist nahezu jedes Wie zu ertragen."

[Viktor E. Frankl]

Die Kernbotschaft lautet: Wer klare Ziele im Leben hat, der kann sich vor allem in turbulenten Zeiten besser orientieren. Ziele weisen uns den Weg. Ohne Ziele ist alles gleich richtig oder falsch. Ziele motivieren uns zu handeln, sie sind die Antriebskraft für gute Ergebnisse.

Kennen Sie die Katze aus „Alice im Wunderland"? Die sagt nämlich: „Wer nicht weiß, wohin er will, für den sind alle Wege gleich."

Fromme Wünsche tragen nicht

Alle Jahre wieder schießen unsere frommen Wünsche wie Leuchtraketen in den Himmel und verkünden Botschaften, wie „Dieses Jahr wird alles anders!" oder „Ich will Stress abbauen". Oder „Ich will leistungsfähiger werden". Oder „Ich will abnehmen". Oder „Ich will gesünder leben". Die Wunschpalette ist schier grenzenlos. Doch meist schon ein paar Tage später liegt unsere jüngst enthusiastisch abgefeuerte Silvesterrakete ausgebrannt in der Straßenecke. Wieso passiert uns das immer wieder? Weil Selbstappelle oder bloße Wunschträumereien nichts, aber auch gar nichts mit konkreten Zielen zu tun haben. Das Verhalten gleicht eher einem Akt der Selbstsabotage, denn der anfänglichen Euphorie folgt meist die Frustration, dass doch alles wie eh und je in den sattsam bekannten alten Bahnen weiterläuft.

Schauen wir uns in der Sozialpsychologie um, so finden wir auch hier interessante Studien, die uns als wertvoller Treibstoff für die eigene Reflexion dienen können. Wie es nämlich um die Produktivität und den Lebenserfolg von Menschen im beruflichen und auch privaten Bereich bestellt ist, die keine Ziele haben, ist von Sozialpsychologen schon häufiger untersucht worden. Dabei gilt es als relativ zuverlässig, dass in westlichen Industrienationen nur drei bis vier Prozent aller Erwachsenen überhaupt persönliche Ziele haben. Erwiesen ist in diesem Zusammenhang auch, dass Menschen, die schriftlich ausformulierte Ziele haben, an deren Realisierung sie arbeiten, ihre Ziele auch weitgehend erreichen. Eine US-amerikanische Feldforschungsstudie zeigt hierbei den nachdrücklichsten Produktivitätsunterschied zwischen Zielsetzern und Wunschträumern. Im Rahmen dieser Studie wurden Jahrgangsabsolventen einer großen Universität nach ihrem Examen über ihre beruflichen Pläne befragt. Die wichtigsten Ergebnisse lauten:

■ Drei Prozent von ihnen hatten Ziele, 97 Prozent nur fromme Wünsche.

■ Beide Gruppen wurden 25 Jahre in ihrem beruflichen Werdegang betrachtet. Die drei Prozent der Zielsetzer hatten am Ende der Beobachtungszeit gemeinsam ein größeres Vermögen erwirtschaftet als die 97 Prozent der Wunschträumer.

■ Bemerkenswert ist auch, dass kaum einer der erfolgreichen Zielsetzer nach 25 Jahren exakt die Position und Karriere verwirklicht hatte, die er zum beruflichen Start ins Auge gefasst hatte.

■ Der Schlüssel zum Erfolg war in fast allen Fällen nicht ein in Zement gegossener fixer Plan, der ohne Rücksicht auf Verluste blind umgesetzt wurde, sondern die Denk- und Planungsgewohnheit, sich in jeder Karrierephase konkrete Ziele zu setzen und an deren Realisierung flexibel unter Einbeziehung weiterer Chancen zu arbeiten.

Wie aber gelingt es uns nun, unsere Denk- und Planungsgewohnheiten in eine strukturell zielfördernde Form zu bringen?

7.1   Ziele als Motivationsquelle nutzen

Abbildung 7.1   Zielscheibe

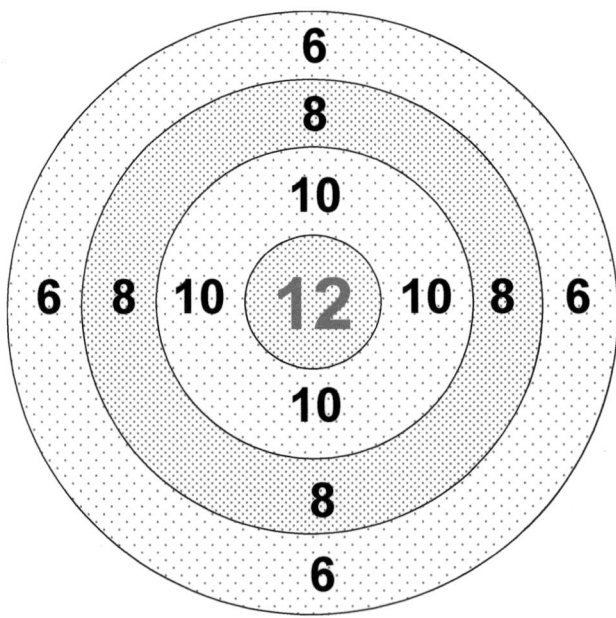

Ausgangspunkt unserer nun folgenden Überlegungen ist eine banale Zielscheibe. Die Gretchenfrage lautet immer wieder: Woran erkennen Sie, dass Sie Ihre persönliche „12" getroffen haben? Wissen Sie konkret, wann es „nur" eine „10", eine „8" oder eine „6" war?

Und manchmal geht auch der berühmte Schuss daneben: Auch hier ist es hilfreich, mit einer imaginären Zielscheibe zu arbeiten, um hinterher zu klären, wie es mir nun rasch wieder möglich wird, meine persönliche „12" in den Blick zu bekommen. Wir werden im späteren Verlauf immer wieder auf unsere „Zielscheibe" zu sprechen kommen, um die für die Zielearbeit so wichtigen „Meilensteine" anschaulich dokumentieren zu können.

Angenommen, Sie wollen sich auf eine wichtige Kundenpräsentation vorbereiten. Wie immer sind es die „Zustände", die unserem möglichen Erfolg als Widerstand entgegentreten. Wir haben oft *zuwenig* Zeit, uns vorzubereiten, *zuwenig* Mitarbeiter, generell *zuwenig* Ressourcen zur Verfügung. Und jetzt auch noch die kurzfristig anberaumte Kundenpräsentation. Um nicht in einen der gerade knapp skizzierten Energiegullys zu fallen, wäre es eine gute Strategie, zuerst mit der grundsätzlichen Zieldefinition zu beginnen. Natürlich kennen Sie Ihr Thema und auch Ihre Zielgruppe recht gut, sodass Ihre Startenergie nun in eine fundierte Zieldefinition münden sollte. Hier können Sie am meisten Zeit einsparen, denn bekanntlich geben die Ziele die notwendigen Inhalte vor.

Ziele geben Inhalte vor

Viele Menschen zäunen an dieser Stelle ihr Pferd falsch auf. Sie tragen in der Regel zuerst viel zu viele Inhaltsaspekte zusammen, verlieren sich dann in Details und sehen anschließend oft den Wald vor lauter Bäumen nicht mehr. Natürlich ist die Struktur- und Darstellungsebene der relevanten Fakten und Argumente wichtig. Nur nicht an dieser Stelle! Als wirklicher Inhaltsprofi starten Sie zuerst mit Ihrem Präsentationsziel, dann beschäftigen Sie sich mit der Struktur: dem stringenten Aufbau und der angemessenen inneren Gliederung. Und erst im dritten Teilschritt folgen nun die Darstellung Ihrer prägnanten Formulierungen und die richtige Auswahl der unterstützenden Medien.

Ein erster Strukturmeilenstein ist dann erreicht, wenn Sie vom Allgemeinen zum Besondern vorgehen. Wir unterscheiden grundsätzlich fünf übergeordnete Präsentationsziele:

- Problembewusstsein wecken

- Motivieren und überzeugen

- Akzeptanz schaffen

- Entscheidungen vorbereiten und herbeiführen

- Informationen weitergeben

Wenn Sie sich zuerst Ihr übergeordnetes Grobziel klarmachen, können Sie schon all jene Informationen aussortieren, die für Ihre Zielgruppe und das zu erreichende Ziel uninteressant sind. Schon hier – also im frühen Planungszustand – generieren Sie einen großen Zusatznutzen, indem Sie sich von Anfang an auf das Wesentliche konzentrieren und in Summe eine Menge Zeit sparen. Aus der Arbeitsforschung wissen wir, dass acht Minuten Planung eine ganze Stunde Zeitgewinn zur Folge haben.

Angenommen, Sie wollen Ihren Kunden eine neue Software vorstellen und auch verkaufen. Wie würde dann Ihr konkretes Ziel lauten? Mit Blick auf unsere „Zielscheibe" gefragt: Wann genau haben Sie Ihre „12" getroffen? Schon an dieser Stelle merken Sie, dass es im Vorbereitungsstadium Ihrer Kundenpräsentation wenig hilfreich ist, von einer nebulösen Formulierung, wie: „Ich möchte meine Kunden über die neue Software informieren und sie zum Kauf animieren", auszugehen.

Mit einer solchen bloßen Absichtserklärung sparen Sie keine Zeit, sondern werfen nur Nebel. Wenn Sie sich jedoch folgende Masterfrage zu Beginn Ihrer Vorbereitung stellen, werden Sie automatisch effizienter:

„Was ist nach meiner Kundenpräsentation konkret anders als vorher?"

Das ist der Hebel, um von der reinen Absicht zum gewünschten Zielzustand zu kommen.

Ihr Grobziel lautet nun also: Entscheidungen vorbereiten und herbeiführen. Nun gilt es, am Feinziel zu arbeiten. Und hier greift eine weitere Strukturierungshilfe: die SMART-Formel.

SMART-Formel nutzen

Die SMART-Formel gibt uns klare Parameter an die Hand, um im Umgang mit unseren Zielen mehr Sicherheit und Orientierung aufzubauen. Die Faustformel lautet: Formulieren Sie Ihre Ziele SMART.

Spezifisch-konkret & schriftlich	=	Ist das Ziel hinreichend präzise formuliert?
Messbar	=	Woran kann ich erkennen, ob ich mein Ziel erreicht habe? Möglich Messgrößen:
		– quantitativ
		– qualitativ
		– zeitlich
Aktiv beeinflussbar	=	Kann ich persönlich die Zielerreichung weitgehend selbst beeinflussen?
Realistisch	=	Ist das Ziel anspruchsvoll und auch erreichbar?
Terminiert	=	Sind klare Termine festgelegt?

Überprüfen wir nochmals unsere Eingangszieldefinition:

„Ich möchte meine Kunden über die neue Software informieren und sie zum Kauf animieren."

Klingt das nach reinem „SMART"? Wohl eher nicht. Nach wie vor ist es schwierig, anhand dieser Definition zu entscheiden, wann und ob ich überhaupt meine „12" getroffen habe. An dieser Stelle lohnt es sich, etwas erbsenzählerischer vorzugehen. Und vor allem: Behalten Sie Ihren inneren Schweinehund im Blick. Der zieht nämlich in solchen Momenten gewaltig an der Kette und ruft Ihnen zu: „Warum quälst Du Dich mit dieser anstrengenden, peniblen und Zeit raubenden Zielearbeit. Bleib' locker und halt Dir lieber alles offen, dann kannst Du flexibel entscheiden."

Die Frage lautet hier: Wer geht mit wem Gassi? Oder: Wer ist Herr im eigenen Haus? Wenn Sie hier nachgeben, dann sind Sie nicht Herr Ihrer Möglichkeiten. Sie geben das Heft des Handelns aus der Hand, reagieren mehr, anstatt zu agieren. Mit der SMART-Formel hingegen legen Sie nicht nur Ihren inneren Schweinehund vorübergehend an die Kette, sondern können auch aktiv den Prozess in Ihre gewünschte Richtung lenken.

Eine angemessene Zieldefinition könnte nun lauten:

„Von 25 anwesenden Zuhörern haben 20 Personen die drei wichtigsten Vorteile der neuen Software verstanden und könnten mir diese auch richtig wiedergeben. 15 Personen werden die Software für einen Probezeitraum von vier Wochen testen und bei Zufriedenheit dann auch kaufen."

Überprüfen Sie selbst: Hier ist alles SMART formuliert. Das klar formulierte Ziel gibt die Inhalte vor. Es dient sozusagen als roter Faden, der sich durch Ihre komplette Kundenpräsentation zieht. Sie haben nun eine klare Struktur, die Ihr Verhalten prägt. Alles in allem erhöhen Sie deutlich die Wahrscheinlichkeit zu wissen, was Sie tun. Und das merken auch Ihre Kunden. Die denken nämlich: Wow, „Der" hat ein klares Ziel vor Augen, weiß, was er will, und will das auch mit uns gemeinsam erreichen.

Letztendlich ist es immer die Wirkung, die Sie erzielen, an der Sie gemessen werden. Mit der SMART-Formel haben Sie nun ein alltagstaugliches Zielenavigationsgerät, das Sie auf Kurs hält. Das Verhältnis von Aufwand zu Nutzen beträgt ungefähr 1:10. Das verspricht eine tolle Dividende, oder?

Um es noch deutlicher zu machen: Bei der Handhabung der SMART-Formel gibt es noch einen Königstipp. Differenzieren Sie zwischen Tätigkeit und Zustand. Es macht einen großen Unterschied, wie Sie Ihr Ziel formulieren. Das oben skizzierte Beispiel hat dies deutlich gemacht. Gut und wirkungsvoll formulierte Ziele wirken wie geistiger Treibstoff und bringen uns ins konkrete Tun. Sie wirken bestenfalls wie ein Magnet und lösen konkrete Tatkraft aus. Dabei ist es jedoch entscheidend, dass wir folgenden gedanklichen Schritt vollziehen:

Weg von der reinen Tätigkeitsbeschreibung und hin zu dem gewünschten Zielzustand

Wie immer sind Beispiele das Salz in der Suppe und veranschaulichen auch diesen Kerngedanken: Wenn Frauen zum Frisör gehen, wissen sie meistens schon vorher ganz genau, welche Frisur sie gern hätten. Und noch ein Klischee zur Verdeutlichung. Wenn sich Männer ein Auto kaufen, dann wissen sie meistens auch vorher ganz genau, welche Ausstattung das Gefährt haben soll. Und genau das ist der gewünschte Zielzustand. Nehmen Sie also die Zukunft vorweg und werfen Sie Ihr imaginäres Kopfkino an. „Der Hund muss den Hasen sehen." Das wirkt besser als jegliche Tätigkeitsbeschreibung. Stellen Sie sich vor, Sie sind überarbeitet und freuen sich sehr auf Ihren anstehenden Urlaub. Was ist Ihr

Ziel? Woran denken Sie zuerst? Wahrscheinlich an einen schönen weißen Sandstrand mit Palmen und sanftem Meeresrauschen oder an einen herrlichen Gipfel im Gebirge. Sie denken jedoch weniger daran, den noch fälligen Urlaubsantrag einzureichen, oder? Das Letztere wäre die notwendige Tätigkeitsbeschreibung. Doch diese hat wenig mit dem gewünschten Zielzustand gemein. Das ist die Trennschärfe, auf die es ankommt. Nutzen Sie die Kraft des Zielzustandes und die damit verbundene Kernkompetenz der vorausschauenden Vorstellungskraft. Kreieren Sie Wunschszenarien mit der handfesten SMART-Formel und gehen Sie dabei bitte immer vom gewünschten Zielzustand aus. Von Paul Cézanne ist eine ähnliche Arbeitsmethodik überliefert: Bevor ein Künstler seine ersten Pinselstriche setzt, etwa um eine Landschaft abzubilden, muss er bereits das Gesamtbild vor Augen haben.

Kopfkino betreiben

Auch die Neurobiologie stützt diese Annahme. Wir nehmen heute bis zu 80 Prozent unserer Informationen in Bildern auf. Das mediale Zeitalter kommt ohne Bilderflut nicht mehr aus. Also nutzen Sie verstärkt die intuitive Kraft der Bilder und werfen Sie nicht nur Ihr eigenes Kopfkino, sondern auch das Ihrer Mitmenschen an. Dann erreichen Sie auch andere wirkungsvoller und arbeiten effizienter an der Zielerreichung. Der Hund muss schließlich den Hasen sehen. Dazu noch ein weiteres Beispiel.

Herr Simon Schönebeck, Leiter der Materialwirtschaft eines mittelständischen Unternehmens, formuliert in einem Coachingprozess sein persönliches Entwicklungsziel: „Ich will Französisch lernen." Er führt dabei aus, schon viele vergebliche Anläufe unternommen zu haben, aber die „Zustände" hätten ihn immer wieder am Erfolg gehindert. Auch sei die Macht der Gewohnheit so stark, dass sein Französisch immer noch in den Anfangsschuhen stecke. Als Coach habe ich es mir zur Aufgabe gemacht, mit fein dosierten homöopathischen Provokationen meinen Klienten auf die Veränderungsspur zu bringen. Meine Replik: „Lieber Herr Schönebeck, was Sie da als Entwicklungsziel formulieren, ist kein Ziel, sondern eher ein frommer Wunsch. Genauso wie mein Wunsch, am nächsten Wochenende mit dem Papst gemeinsam einen Gebrauchtwagenmarkt in München zu eröffnen." Herr Schönebeck lacht laut auf und fragt mich, wie wir an dieser Stelle weiterarbeiten könnten. Ich führe die SMART-Formel ein, erkläre die Einzelparameter und fordere nun Herrn Schönebeck auf, sein Ziel „SMART" zu formulieren. Nach drei Versuchen entsteht folgende Zieldefinition:

„Ich werde in fünf Wochen so gut Französisch sprechen können, dass ich in ein französisches Feinschmeckerrestaurant gehen kann. Dort kann ich die französische Speisekarte lesen und auch verstehen, was dort geschrieben steht. Es wird mir dann auch gelingen, auf Französisch zu bestellen, und ich werde auch das bekommen, was ich mir vorgestellt habe."

Hier haben wir eine 100-prozentige SMART-Formulierung, die als Antriebsenergie gute Dienste leistet. Es ist wie beim Fußball: Der erste Pass muss beim eigenen Mitspieler ankommen, dann baut sich Sicherheit auf. Und genauso ist es auch bei Projekten oder einer Zielformulierung. Der erste Meilenstein ist oft der wichtigste. Wenn dieser erreicht ist, geht alles Weitere viel einfacher von der Hand. Und noch eines ist wichtig: Ein Ziel darf auch Spaß machen und Lust bereiten. Lustvoll formulierte Ziele lösen in uns eine produktivere Arbeitshaltung aus. Der Appetit kommt bekanntlich oft erst beim Essen und deshalb spielt auch das Kopfkino eine so entscheidende Rolle. Welche Bilder haben Sie von Ihrem erwünschten Zielzustand im Kopf?

Wir wissen aus der Sportpsychologie, dass gerade Hochleistungssportler stark mit inneren Bildern arbeiten und den persönlichen Wettkampferfolg bereits im Training vorweg üben. Es gibt Stabhochspringer, die schreiben sich daheim auf eine weiße Wand die Botschaft: „Ich werde noch 2010 die 6 m überspringen." Solche Selbstsuggestionsformeln wirken visuell noch stärker und lösen einen spürbaren Handlungswunsch aus. Dranbleiben ist dann schon die halbe Miete.

Noch mal zurück zu Herrn Schönebeck. Seine inneren Erfolgsbilder sind nun so kontraststark, dass sich ein konkreter Handlungsplan zwingend anbietet. Die zeitliche Ziellinie ist klar definiert. Der Tisch im Restaurant kann schon bestellt werden. Jetzt gilt es zu prüfen, ob Herr Schönebeck als Autodidakt lieber mit einer Sprach-CD alleine arbeitet oder sich einen Muttersprachler als Sparringspartner sucht. Bei diesen Grundüberlegungen fällt ihm die Kollegin Karin Feller aus dem Kundendienst ein, eine gebürtige Elsässerin, die perfekt Französisch spricht. Herr Schönebeck fragt bei nächster Gelegenheit bei ihr an, ob sie sich ein solches Sprachtraining vorstellen könnte. Frau Feller ist begeistert und willigt ein.

Nun müssen nur noch die festen Übungszeiten festgelegt werden. Beide einigen sich darauf, jeweils nach Dienstschluss, zweimal die Woche jeweils Dienstag und Donnerstag von 17.00 bis 18.30 Uhr das Sprachtraining durchzuführen. Diese Termine werden fest in den Terminkalender eingetragen. Jetzt steht der Trainingsplan und es kann losgehen.

An dieser Stelle noch etwas Grundsätzliches; immer wieder höre ich den Einwand: „Warum soll ich meine Ziele schriftlich formulieren? Das kostet doch so viel Zeit und Mühe." Stimmt. Es ist anstrengend, Ziele schriftlich zu formulieren, und mag dem einen oder anderen auch als bürokratischer Akt erscheinen. Doch es gibt Erfahrungswerte, die sind und bleiben hartes Brot, müssen gut gekaut werden, damit keine unangenehmen Magenprobleme auftreten. Verdeutlichen Sie sich in solchen Momenten immer das Ziel hinter dem Ziel. Was haben Sie also davon, wenn Sie sich dieser Mühe unterwerfen? Vor allem zwei Vorteile:

- Sie ersparen sich eine Menge Reparaturarbeiten, die andernfalls durch Missverständnisse, Irrtümer und Kommunikationsprobleme entstünden.

- Sie schaffen sich eine ausgezeichnete Basis für anstehende Leistungsbeurteilungen.

7.2   Trennschärfe von intrinsischen und extrinsischen Zielen beachten

Erinnern Sie sich noch? Zu Kapitelbeginn wurde ausgeführt, dass Ziele die Inhalte bestimmen. Wir haben dies als Arbeitshypothese klar formuliert und dann an mehreren Beispielen konkret durchgespielt. Wir haben ein praxistaugliches Controllingwerkzeug mit der SMART-Formel eingeführt und diese Schritt für Schritt angewendet. Natürlich gelingt die Durchführung leichter, wenn Sie von Ihrem Vorhaben auch innerlich überzeugt sind. Dies wirft ein kritisches Licht auf die Unterschiedlichkeit von intrinsischen und extrinsischen Zielen.

Unter intrinsischen Zielen verstehen wir die eigene Grundmotivation, ein Ziel erreichen zu wollen. Dies wurde im Zusammenhang mit den Werten und dem motivgestützten Führen in Kapitel sechs verdeutlicht.

Unter extrinsischen Zielen sind hingegen eher Leistungsvorgaben, die an mich von außen gestellt werden, zu verstehen. Ein groteskes Beispiel findet sich in der Ausgabe der *Süddeutschen Zeitung* vom 30.April, 1./2.Mai 2010. Dort heißt es:

„Manchmal verschickt jemand eine Botschaft und merkt nicht, was er eigentlich mitteilt. Die Mail, von der hier die Rede sein soll, ging an mehrere Filialleiter einer großen privaten Bank. Der Verfasser, ein Vorgesetzter aus dem mittleren Management, befasste sich damit, dass die Berater die Verkaufsvorgaben nicht erfüllt haben, weder bei Kredit- noch bei Versicherungsverträgen. ‚Verwunderlich, dass wir immer noch sechs Filialen unter 100 Prozent haben‘, fängt dieser Chef also an. Und fügt hinzu: ‚Zu bemerken ist auch, dass keine Filiale bisher die 200 Prozent erreicht hat.‘ "

Dieser letzte Satz fasst das ganze Elend von sogenannten Leistungsvorgaben zusammen. 100 Prozent reichen heute offenbar nicht mehr. Es müssen schon mindestens 200 Prozent sein. Und übermorgen? Gewiss, Zumutungen wie dieses hier geschilderte 200-Prozent-Ziel mögen eine maßlose Übertreibung eines einzelnen Vorgesetzten sein. Doch die versteckte Absicht, die dahintersteckt, ist offensichtlich: Es gilt heute immer mehr zu arbeiten und das in immer weniger Zeit. Damit ein solches Belastungsszenario nicht zum verhängnisvollen Unternehmens-Tsunami wird, gilt es, angemessen mit dem Zieleinstrument umzugehen. Gerade in Zeiten wie diesen, wo unser ganzes Wirtschaftssystem aus den Fugen zu geraten droht, stellt sich uns die Frage, wie wir unseren Arbeitsrahmen neu definieren können. Ziele können in diesem Zusammenhang eine sinnvolle Richtschnur sein oder aber zum gefährlichen Selbstzweck entarten. Fluch oder Segen? Es ist wie so oft nur ein kleiner Schritt auf dem schmalen Grat zwischen Sieg oder Niederlage.

7.3 Führen mit Zielen: Der Ansatz des „Management by Objectives"

Der „Management-Guru" Peter F. Drucker gilt als der geistige Ahnherr der Methode des Management by Objectives. Schon in den 50er Jahren hat Drucker das Führen mittels einer passenden Zielvereinbarung als Kernkompetenz guten Managements ausgegeben. Wer würde wohl diesem Altmeister zu widersprechen wagen? Doch würde diese Methode so reibungslos funktionieren, wie das Marketingversprechen vorgibt, so gäbe es heute keine raffgierigen Manager, die sich auf kurzfristige Zielvorgaben stürzen, nur ihren eigen Geldbeutel zur Richtschnur ihres Handelns machen und dabei weder nach links noch nach rechts schauen. Der Tatbestand der „Gier frisst Hirn-Mentalität" ist leider viel zu oft allgegenwärtig und führt das Werkzeug der Vernunft betonten Zielvereinbarung des Öfteren ad absurdum.

Paretoverteilung als Richtschnur des Handelns beachten

Andererseits scheitert das Führen mit Zielen oft auch, weil sich viele engagierte Menschen zu viele Ziele und vor allem auch zu viel Verschiedenartiges vornehmen. Als Faustformel sei schon hier auf die Pareto-Verteilung verwiesen. Mit 20 Prozent meiner wichtigsten Ziele erreiche ich 80 Prozent meines Erfolges. Dies entspricht in etwa drei bis fünf Tages-, Wochen-, Monats- und Jahreszielen. Ganz wichtig dabei: Es gibt nicht nur das eine Extrem, dass man sich nämlich zu viele Ziele vornimmt und dann leicht die Gesamtorientierung verliert und letztendlich vieles nicht richtig zu Ende führt, sondern auch das andere Extrem, die wichtigen Tagesziele gar nicht genau zu kennen. Letzteres hat wenig mit Weitblick und gutem Management zu tun und dient eher einem kurzfristig ausgerichteten Feuerlöscher-Krisenmanagement.

Erlauben Sie sich doch einmal folgendes Sensibilisierungsexperiment: Lassen Sie Ihre Mitarbeiter alles aufschreiben, was sie im nächsten halben Jahr alles erledigen wollen. Geben Sie ihnen dafür einen Tag Zeit. In der Regel wird Folgendes passieren. Acht von zehn kommen mit zwei, drei oder auch vier voll beschriebenen DIN-A4-Seiten zu Ihnen. Die anderen zwei kommen mit einer halben Seite Text zu Ihnen. Sie haben maximal zwei oder drei Dinge aufgeschrieben. Diese beiden haben die eigentliche Klärungsarbeit geleistet und die Spreu vom Weizen getrennt. Sie können sicher sein, dass diese beiden Mitarbeiter eher vom gewünschten Zielzustand ausgehen und die wirklich wichtigen „Big Points" im Auge haben. Während die zahlenmäßig größere Gruppe sicherlich auch Wichtiges notiert hat, fällt es dieser jedoch viel schwerer, jenes unter dem Gestrüpp von Nebensächlichkeiten klar und deutlich herauszufiltern. Den Erfolgsmeilenstein einer notwendigen Priorisierung haben sie nicht erreicht. Sicherlich haben beide Gruppen hart gearbeitet – nur mit unterschiedlichem Erfolg. Während die erste Gruppe „nur" gearbeitet hat, kann die zweite Gruppe klare Ergebnisse vorweisen. Es läuft immer wieder auf den Grundsatz hinaus: Weniger ist mehr. Konzentriere dich auf das Wesentliche. Behalte das große Ganze im Auge.

Damit die hohe Qualität unserer Ziele von Anfang an gewahrt bleibt, sollte die Trenn-schärfe der verschiedenen Arten von Zielen sauber herausgearbeitet werden. Wir unter-scheiden zwischen

■ persönlichen Entwicklungszielen: z. B. das Erlernen einer Fremdsprache oder der Auf-bau einer notwendigen Methodenkompetenz, und können diese Ziele zeitlich in lang-, mittel-, kurzfristig unterscheiden.

■ Führungszielen, die den Umgang mit Mitarbeitern oder im Team betreffen: z. B. Er-gebnisse von Mitarbeiterbefragungen, Senkung von Fehlzeiten.

■ Ergebniszielen, die betriebswirtschaftliche Größen betreffen: z. B. Budgeteinhaltung.

■ Organisationszielen, die den Aufbau und die Abläufe betreffen: z. B. notwendige Bear-beitungszeiten oder eine EDV-Umstellung.

■ Marktzielen, die die Zusammenarbeit mit internen und externen Kunden betreffen: z. B. Marktanteil, Kundenzufriedenheit, Erwartungen der Kunden.

Ziele transparent machen

In vielen Unternehmen wird in diesem Zusammenhang ein kategorischer Kardinalfehler begangen: die Mitarbeiter werden nicht oder nur äußerst unzureichend über die wichtigs-ten Eckdaten, die die Grundausrichtung des Unternehmens betreffen, informiert. Das Zeitalter der „Geheimdiplomatie" ist zwar längst passé, raubt heutzutage dennoch viel zu viel Energie. Den maßgeblichen „Schlüsselmitarbeitern" sollte klar sein, wohin die Unter-nehmensreise geht. Damit das große Ganze im Blick bleibt, braucht es klare Zielvorgaben, die mündlich und schriftlich zirkulieren sollten.

Den größtmöglichen Motivationshebel können Sie bei den persönlichen Zielen Ihrer Mit-arbeiter ansetzen. Die Grundempfehlung wurde schon etwas weiter oben angedeutet und lautet wie folgt: Weniger ist mehr. Jeder Mitarbeiter sollte seine zwei bis drei wichtigsten Ziele kennen und an deren Realisierung auch Tag für Tag arbeiten – das wirkt. Die alles entscheidende Gretchenfrage lautet in diesem Zusammenhang: „Ist das, was ich jetzt tue, wirklich wichtig?" Oder den Umkehrschluss formulieren: „Was passiert, wenn ich das jetzt nicht mache?"

Unser größter Alltagsfeind sind die vielen klein gestrickten Tätigkeiten, der sogenannte Kleinkram, die uns Sand ins Getriebe streuen. Denken wir an unser oft zwanghaftes, all-tagszerstückelndes E-Mail-Checken. Natürlich müssen diese Dinge auch erledigt werden, aber sie dürfen nicht die Überhand gewinnen. Es kann nicht sein, dass wir deshalb die Übersicht verlieren und uns an diesen nachrangigen Tätigkeiten abarbeiten. Die viel zu oft in uns nagende Unzufriedenheit am Ende des Arbeitstages resultiert aus der Einsicht, dass die wirklich wichtigen Dinge mal wieder liegen geblieben sind. Warum nur? Weil wir tagsüber viel zu viele unnötige Kompromisse eingegangen sind, vieles angefangen, aber nicht gescheit zu Ende gebracht haben und uns mit Halbheiten arrangiert haben. Die fran-zösische Kavallerie hatte im 19. Jahrhundert ein Motto: Im Zweifelsfall immer galoppieren. Auch unsere Arbeitswelt scheint davon immer noch stark beeinflusst zu sein. Hauptsache wir werkeln. Doch dabei wird viel zu oft reines Beschäftigtsein mit effizienter Wirksamkeit verwechselt. Eine solche anerzogene Arbeitshaltung trägt ebenfalls Züge des 19. Jahrhunderts und verträgt sich keinesfalls mehr mit dem globalen Fortschrittsgeist der Moderne. Heute werden wir an unseren Ergebnissen gemessen und nicht am Aufwand, den wir dafür betreiben.

Und deshalb sei an dieser Stelle noch einmal erwähnt: Die bei vielen Mitarbeitern fehlende Motivation rührt nicht allein daher, dass sie überlastet sind oder ihnen wichtige Ressourcen fehlen. Nein, was ihnen vor allem fehlt, sind die richtigen Ziele. Herausforderungen, die sich deutlich von den übrigen viel zu vielen kleingestrickten Arbeitspaketen unterscheiden. Dieser fatale Zustand führt eben zu jenem demotivierenden Ist-Stand, dass Mitarbeiter zwar viel arbeiten, aber in Summe keine „anfassbaren" Ergebnisse vorzuweisen haben und somit auch keine Erfolgserlebnisse generieren – eine stetige Abwärtsspirale, die wie ein Energiegully wirkt und Unzufriedenheit verbreitet. Wie schon weiter oben – im Kapitel 6 – deutlich gemacht wurde, kommt der wahre Antrieb von innen. Und so verhält es sich auch mit den Zielen. Im besten Fall macht sich ein Vorgesetzter „überflüssig": Der Job, die Aufgabe, das Ziel ist der Leistungstreiber und führt den Mitarbeiter zu guten Ergebnissen.

7.4 Das Mitarbeiterjahresgespräch als Fundament für Entwicklung, Förderung und Anerkennung nutzen

Der angemessene Rahmen für eine wirksame Zielvereinbarung ist und bleibt das Jahresgespräch. Dies ist das Fundament für Entwicklung, Förderung und Anerkennung. Hier haben Sie die Möglichkeit, über Sinn und Unsinn von Zielen zu sprechen und eine schriftliche Vereinbarung festzuhalten. Eine Empfehlung vorweg: Es hat sich in der Praxis auch als sehr wirkungsvoll herausgestellt, vorab einmal über „Musterbrüche" oder einen „Akt der kreativen Zerstörung" nachzudenken. Wir neigen alle dazu, liebgewordene Gewohnheiten, Verhaltensweisen, Tätigkeiten und Aufgaben wie einen alten Koffer mit uns „mitzuschleppen", ohne danach zu fragen, ob dieses „Transportmittel" auch noch angemessen ist. Zwar sind Jäger und Sammler in der Regel glückliche Menschen, doch zu viel Altlast macht auch „betriebsblind" und mindert unsere Wachstumschancen. Stattdessen sollten wir uns also auch beim anstehenden Jahresgespräch mit der folgenden Frage auseinander setzen:

„Von welchen konkreten Gewohnheiten, Tätigkeiten, Aufgaben will ich mich ab sofort trennen?"

Betreiben Sie diese Form der systematischen Müllabfuhr und schaffen Sie somit Platz für Neues. Und zwar schriftlich. Denn etwas Niederzuschreiben beruhigt nicht nur Körper und Geist, sondern fordert Sie auch auf subtile Art und Weise auf, mit sich selbst einen psychologischen Vertrag einzugehen. Denn nur was Sie auch Schwarz auf Weiß niederschreiben, hat auch eine angemessene Verbindlichkeit für Sie. Sonst würden Sie es schlichtweg nicht tun. In den Wind gesprochene vage Absichtsserklärungen sind hingegen nur eine mentale Beruhigungspille, die nichts mit Nachhaltigkeit zu tun hat. Apropos bloße Absichtserklärung: Ihre innere Haltung ist auch in dieser Angelegenheit der Dreh- und Angelpunkt. Im Folgenden ein Beispiel für einen Einstieg in ein Mitarbeitergespräch.

„Guten Tag, Herr Huber. Jetzt ist es wieder soweit. Wie jedes Jahr müssen wir wieder Ziele vereinbaren. Unsere Geschäftsleitung hat sich für das nächste Jahr mal wieder viel vorgenommen. Vergangene Woche habe ich unsere Ziele für den Vertrieb bekommen. Um ehrlich zu sein: Ich weiß gar nicht, wie wir das schaffen sollen, was sich da unser Vorstand ausgedacht hat. Die Ziele habe ich jetzt auf die verschiedenen Vertriebskanäle heruntergebrochen. Für Sie, lieber Huber, heißt das im nächsten Jahr noch viel mehr Arbeit. Ziehen Sie sich jetzt schon mal warm an."

Der hier im Gespräch offen zugrunde liegende Zwangscharakter lässt vermuten, dass es in diesem Gespräch um keine echten Vereinbarungen geht, sondern schlicht und einfach Leistungsvorgaben gemacht werden. Auch die oft sehr unterschiedlichen Redeanteile sind ein wichtiger Indikator für ein Gespräch auf gleicher Augenhöhe. Wenn die Führungskraft den Hauptredeanteil für sich verbucht, mutiert eine mögliche Vereinbarung zwischen zwei zumindest Beteiligten zu einem Vortrag. Die Kernbotschaft sind die zu erbringenden Leistungen. Von einer offenen und vertrauensvollen Gesprächsatmosphäre kann dann allerdings keine Rede mehr sein.

Effektives Führen setzt jedoch ein besonderes Führungsverständnis voraus. Zielvereinbarungen sollten deshalb kein Druckmittel sein, sondern ein Instrument zur Motivation von Mitarbeitern. Deshalb unterscheiden sich Zielvereinbarungen auch deutlich von Zielvorgaben. Wir können dann von einer motivierenden Zielvereinbarung zwischen Führungskraft und Mitarbeiter oder Team sprechen, wenn beide Seiten das Ergebnis – die Zielvereinbarung – bejahen und sowohl die Führungskraft als auch die Mitarbeiter oder das Team die Ziele als „ihre" Ziele ansehen. Dem sollte jedoch schon ein Klärungsprozess vorausgegangen sein. Alle Beteiligten sollten schon vorab ihre Ideen zu den Zielen gesammelt haben und strukturiert mit in das Zielvereinbarungsgespräch mit einfließen lassen. Auf dieser Basis kann dann eine Vereinbarung getroffen werden, die eigenverantwortliches Handeln der Mitarbeiter zur Folge hat.

Ziele sollten zur Unternehmensstrategie passen

Ein typischer Fehler ist auch, wenn die vereinbarten Zielsetzungen keinen oder nur einen unzureichenden Bezug zur Unternehmensstrategie aufweisen. Der Grundtenor lautet dann: „Hauptsache, es steht was drin und wir haben darüber gesprochen." Das passiert vor allem dann, wenn das Zielvereinbarungsgespräch nicht sorgfältig genug vorbereitet ist und eher einen spontanen Charakter aufweist. Dies führt dann auch oft dazu, dass Ziele mit aufgenommen werden, die eher zweitrangig sind. Steigt die Arbeitsbelastung während des Jahres dann, rutschen diese Nachrangigkeiten schnell aus dem Fokus und werden nicht mehr konsequent verfolgt.

Einer effektiven Zielvereinbarung läuft auch der Gedanke „Alles muss rein" zuwider. So manche Zielvereinbarung vermittelt den Eindruck, als ob eher die allgemeinen Tätigkeiten und Anforderungen einer bestimmten Position dokumentiert würden. Eine klare Priorisierung und Fokussierung auf wesentliche Leistungskriterien fehlt jedoch. Auch dominieren oft Tätigkeitsbeschreibungen und ausführliche Handlungsabläufe, anstatt den gewünschten Ergebnishorizont abzulichten.

„Top-down-Prinzip" beachten

Ein gelungener Zielvereinbarungsprozess folgt deshalb dem „Top-down-Prinzip". Der Vorstand definiert die Unternehmensstrategie, die sich in erster Linie am globalen Wettbewerb ausrichtet. Anschließend klären die leitenden Führungskräfte, wie die aus der Unternehmenstrategie abgeleiteten Zielvorgaben zu erreichen sind, was jede Abteilung und der einzelne Mitarbeiter dazu beitragen können. Hier bieten sich klassischerweise Workshops an, da sich auf dieser Ebene mögliche Zielkonflikte am schnellsten klären lassen. Beispielsweise ließe sich so ein möglicher Zielkonflikt zwischen dem Einkauf – der möglichst günstig und meist in großen Mengen einkaufen möchte – und der Logistik, die die Lagerkosten möglichst gering halten will, am schnellsten regeln. Letztendlich sollten alle leitenden Mitarbeiter klar über die Unternehmensziele informiert sein und welchen persönlichen Beitrag sie zur Erreichung der Ziele beisteuern können. Mit anderen Worten: Wichtigste Aspekte zur erfolgreichen Zielverfolgung sind die inhaltliche Qualität und strategische Relevanz der individuellen Ziele. Sind diese schlüssig aus der Unternehmensstrategie und der Strategie für den jeweiligen Bereich abgeleitet, so ergibt sich eine regelmäßige Diskussion und Besprechung während des Folgejahres fast automatisch. Und das ist die Basis des Erfolgs; miteinander im Gespräch bleiben, um gemeinsam vereinbarte Ziele auch zu erreichen. Wenn die beiden zentralen Fragen: „Wo wollen wir als Unternehmen hin?" und: „Wo kann ich als einzelner etwas bewegen?" auf oberster Ebene geklärt sind, dann macht es Sinn, mit den Mitarbeitern die typgerechten Zielvereinbarungen zu treffen.

Typgerecht führen

Aber Vorsicht: Lassen Sie die Gespräche nicht alle nach demselben Strickmuster ablaufen, ohne Rücksicht auf die individuellen Stärken und Schwächen des Betreffenden. Sonst fühlen sich Ihre Mitarbeiter nicht ernst genommen und empfinden das Zielvereinbarungsgespräch als Makulatur. Ihre Bringschuld als Vorgesetzter ist es nun, den Mitarbeiter zu ermutigen, seine Sichtweise darzulegen und diese immer wider mit der Gesamtstrategie und den unternehmerischen Zielen in Einklang zu bringen. Es gilt hier auch vor allem zu klären, ob der Mitarbeiter die angestrebten Ziele auch erreichen kann. Häufig suchen Führungskräfte Ziele aus, die dem Potenzial des betreffenden Mitarbeiters gar nicht angemessen sind. Die Gefahr, Ziele zu hoch oder zu niedrig anzusetzen, ist stets gegeben. Umso wichtiger ist es, typgerecht zu führen. Dies setzt voraus, dass ich die Stärken und Schwächen meiner Mitarbeiter gut kenne. Als Faustformel empfiehlt es sich, Ziele miteinander zu vereinbaren, die eine Schuhnummer größer sind, als die aktuelle. Dazu gehören natürlich ein gewisses Erfahrungswissen und eine gute Menschenkenntnis. Empathie heißt hier wieder das Zauberwort. Eine Gesprächsführung, die einerseits von dialogischer Offenheit, Klarheit und Durchsetzungsbereitschaft, andererseits von gegenseitigem Respekt und Wohlwollen getragen wird, ist der Schlüssel zum Erfolg.

7.5 Die Gesprächsvorbereitung im Rahmen der Zielvereinbarung aus der Sicht der Führungskraft

Die gründliche Vorbereitung ist die „halbe Miete". Gerade wenn Sie erstmalig oder nur selten Zielvereinbarungsgespräche führen, sollten Sie sich im Vorfeld des Gesprächstermins intensiv mit der Gesprächssituation auseinandersetzen: Zwei Leitfragen geben Klarheit und Orientierung vor:

1. Was will ich erreichen?

2. Was will der Mitarbeiter erreichen?

Rückschau und Vorschau sind die wesentlichen Elemente des Zielvereinbarungsgesprächs. Diese beiden Blickrichtungen gliedern auch sinnvoll die Gesprächsvorbereitung.

Vorbereitung der Führungskraft – Muster eines Fragenkatalogs

Rückschau auf die vergangene Arbeitsperiode:

- Welche Zielvereinbarungen wurden mit dem Mitarbeiter für die vergangene Arbeitsperiode getroffen?

- In welchem Maße wurden die vereinbarten Ziele erreicht, übertroffen bzw. nicht erreicht?

- Was ist besonders gut gelungen? (Messgrößen, Wahrnehmungen, Einschätzungen)

- Was ist nicht gut gelaufen? (Messgrößen, Wahrnehmungen, Einschätzungen)

- Wo sehen Sie Gründe für das Erreichen/Übertreffen bzw. Nicht-Erreichen von Zielen?

- Welche Stärken und besonderen Eignungen hat Ihr Mitarbeiter gezeigt, und wo sehen Sie noch Verbesserungsmöglichkeiten?

- Wie hat der Mitarbeiter seine Ziele verfolgt? (In konstruktiver und kollegialer Abstimmung mit anderen Kollegen/Abteilungen oder auf Kosten anderer?)

- Mit welchen Aktivitäten und Aufgaben hat Ihr Mitarbeiter im vergangenen Jahr die meiste Zeit verbracht? Spiegeln sich diese Aktivitäten in den Zielen wider?

- Hat Ihr Mitarbeiter Zusatzaufgaben übernommen?

- Welche Rahmenbedingungen haben die Erreichung der Ziele günstig oder ungünstig beeinflusst?

■ Waren Zuständigkeiten und der Verantwortungsbereich klar genug geregelt?

■ Waren die zur Verfügung gestellten Ressourcen (z. B. Arbeitsmittel) und die Möglichkeiten zur persönlichen Weiterentwicklung (z. B. Fortbildungen) hinreichend?

Vorschau auf die kommende Arbeitsperiode:

■ Welche mittel- und langfristigen Ziele hat sich das Unternehmen gesetzt, und welche Ziele werden insbesondere für den nächsten Vereinbarungszeitraum angestrebt?

■ Welches sind die mittel- und langfristigen Entwicklungsschwerpunkte Ihres Arbeitsplatzes?

■ Welche konkreten Ziele sind seitens des Unternehmens für Ihren Arbeitsbereich formuliert worden?

■ Welche Ziele haben Sie sich persönlich für Ihren Arbeitsbereich gesetzt?

■ Wo sehen Sie den Beitrag des Mitarbeiters zur Weiterentwicklung Ihres Arbeitsbereiches?

■ Auf welche Ziele sollte sich der Mitarbeiter im kommenden Vereinbarungszeitraum konzentrieren?

■ Bitte pro Ziel festhalten:
  – Was soll Ihr Mitarbeiter konkret erreichen?
  – Woran werden Sie feststellen können, dass das Ziel erreicht wurde?
  – Ziele „SMART" formulieren: spezifisch, messbar, aktiv beeinflussbar, relevant, terminiert.

■ Wie würden Sie diese Ziele gewichten? (Bitte begründen)

■ Kann Ihr Mitarbeiter die genannten Ziele mit seinen bisherigen Fähigkeiten erreichen?

■ Welche Voraussetzungen müssen gegeben sein, damit Ihr Mitarbeiter diese Ziele erreichen kann?
  – Welche Ressourcen (Arbeitsmittel, personelle Unterstützung, Zeit) werden benötigt?
  – Sind organisatorische Änderungen sinnvoll? (Z. B. Abläufe, Aufgabenverteilung)
  – Mit wem muss Ihr Mitarbeiter kooperieren, und welche Schnittstellen müssen mit einbezogen werden?
  – Benötigt Ihr Mitarbeiter spezifische Fortbildungen und Trainings, und wenn ja, welche?

Die Gesprächsvorbereitung im Rahmen der Zielvereinbarung aus der Sicht des Mitarbeiters – Muster eines Fragenkatalogs.

Rückschau auf die vergangene Arbeitsperiode:

■ Welche Zielvereinbarungen wurden mit Ihnen für die vergangene Arbeitsperiode getroffen?

■ In welchem Maße konnten Sie die vereinbarten Ziele erreichen, übertreffen bzw. nicht erreichen?

■ Was ist Ihnen besonders gut gelungen? (Messgrößen, Wahrnehmungen, Einschätzungen)

■ Was ist Ihnen nicht so gut gelungen? (Messgrößen, Wahrnehmungen, Einschätzungen)

■ Wo sehen Sie Gründe für das Erreichen/Übertreffen bzw. Nicht-Erreichen von Zielen?

■ Welche Stärken und besonderen Eignungen haben Sie an sich wahrgenommen, und wo sehen Sie noch Verbesserungsmöglichkeiten?

■ Konnten Sie Ihre Ziele in konstruktiver und kollegialer Abstimmung mit anderen Kollegen und Abteilungen verfolgen, oder hatten Sie eher den Eindruck, sich gegenüber anderen durchsetzen zu müssen, um erfolgreich sein zu können?

■ Mit welchen Aktivitäten und Aufgaben haben Sie im vergangenen Jahr die meiste Zeit verbracht? Spiegeln sich diese Aktivitäten Ihrer Meinung nach in den Zielen wider?

■ Haben Sie Zusatzaufgaben übernommen?

■ Welche Rahmenbedingungen haben die Erreichung der Ziele günstig oder ungünstig beeinflusst?

■ Waren Zuständigkeiten und der Verantwortungsbereich klar genug geregelt?

■ Waren die zur Verfügung gestellten Ressourcen (z. B. Arbeitsmittel) und die Möglichkeiten zur persönlichen Weiterentwicklung (z. B. Fortbildungen) hinreichend?

Vorschau auf die kommende Arbeitsperiode:

■ Wo sehen Sie die mittel- und langfristigen Entwicklungsschwerpunkte Ihres Arbeitsbereiches?

■ Welchen persönlichen Beitrag möchten sie im Rahmen dieser Entwicklung leisten?

■ Welche Ziele möchten Sie im kommenden Vereinbarungszeitraum erreichen?

Bitte pro Ziel festhalten:

– Was möchten Sie konkret erreichen?
– Woran werden Sie feststellen können, dass Sie Ihr Ziel erreicht haben?
– Ziele „SMART" formulieren: spezifisch, messbar, aktiv beeinflussbar, relevant, terminiert.

■ Wie würden Sie diese Ziele gewichten? (Bitte begründen)

■ Können Sie die genannten Ziele mit Ihren bisherigen Fähigkeiten erreichen?

■ Welche Voraussetzungen müssen gegeben sein, damit Sie diese Ziele erreichen können?

- Welche Ressourcen (Arbeitsmittel, personelle Unterstützung, Zeit) benötigen Sie?
- Halten Sie organisatorische Änderungen für sinnvoll? (Z. B. Abläufe, Aufgabenverteilung)
- Mit wem müssen Sie kooperieren, und welche Schnittstellen müssen mit einbezogen werden?
- Benötigen Sie spezifische Fortbildungen und Trainings, und wenn ja, welche?

7.6 So führen Sie mit Zielvereinbarungen: In acht Schritten zum Erfolg

Gehen Sie im Zielvereinbarungsgespräch Schritt für Schritt vor:

1. Klären Sie vorab das Gesprächsziel und den Gesprächsablauf.

2. Checken Sie den augenblicklichen Stand und Prozess der bisherigen Zielerreichung.

3. Erarbeiten Sie gemeinsam die Gründe für eventuelle Zielabweichungen.

4. Stellen Sie die Ziele des Unternehmens, des Bereiches und der Abteilung vor.

5. Sammeln Sie Vorschläge des Mitarbeiters zu den künftigen Zielen.

6. Stellen Sie die Ziele für die kommenden zwölf Monate aus Ihrer Sicht dar.

7. Definieren Sie gemeinsam die neuen Zielvereinbarungen.

8. Halten Sie die Ergebnisse schriftlich fest.

Sollten Ihre Mitarbeiter noch ungeübt sein im Formulieren von eigenen Zielen, so unterstützen Sie Ihre Mitarbeiter bei der Formulierung ihrer Ziele, indem Sie ihnen eine Masterfrage vorgeben: „Woran wollen wir am Ende der nächsten Periode feststellen und beurteilen können, ob wir dem Ziel nähergekommen sind oder nicht?"

Greifen wir hier bewusst noch einmal den Gedanken des gewünschten Zielzustands auf. Aktivieren Sie das Kopfkino Ihrer Mitarbeiter, indem Sie den gewünschten Soll-Zustand konkret „anfassbar" werden lassen. Anders gefragt: „Was soll z. B. am 31.12.2011 konkret anders sein als augenblicklich?"

7.7 Das Phänomen der eskalierenden Zielbindung

Doch bekanntlich ist nichts ohne sein Gegenteil wahr. Immer wieder passiert es, dass Menschen nach dem Motto verfahren „Der Weg ist das Ziel" – auch wenn dieser sich als zu steil und zu steinig erweist. Natürlich geht es an dieser Stelle in erster Linie um die Frage, was Menschen tun sollten, um ihre Ziele auch zu erreichen. Und natürlich brauchen wir dazu Tugenden wie Beharrlichkeit, Disziplin und einen gesunden Schuss Risikofreudigkeit. Aussagen wie „Verliere dein Ziel nie aus den Augen" oder „Führe zu Ende, was Du angefangen hast", erfüllen in der Regel eine gute Funktion. Aber wo Licht ist, da ist auch Schatten. Die freiwillige Selbstverpflichtung, die wir mit uns eingehen, wenn wir uns Ziele setzen, die wir auch erreichen wollen, kann auch in die Irre führen. Aus dem Alltag kennen wir solche Situationen: Da weiß man zum Beispiel längst, dass man sich verfahren hat, dreht aber trotzdem nicht um. Oder man spürt, dass man das falsche Studienfach gewählt hat, macht aber trotzdem weiter. Und manchmal ist es auch so, dass man im Innersten weiß, dass man nicht mit dem richtigen Partner zusammenlebt und ihm trotzdem ewige Liebe schwört. Anders formuliert: ein krampfhaftes Festhalten an unrealistischen Zielen kann eine Menge Kollateralschäden verursachen.

Natürlich wünscht sich jedes Unternehmen Mitarbeiter, die sich mit ihren Aufgaben und Projekten identifizieren und diese dann auch eigenverantwortlich umsetzen. Doch gerade diese hoch motivierten Mitarbeiter halten auch dann ganz besonders fest an ihren Zielen, wenn negative Folgen deutlich absehbar sind. Gerade hier spielen unsere mentalen Glaubenssätze und unsere „blinden" Flecken eine große Rolle. Wer nach dem Antriebsmuster „Wer bremst, verliert" oder „Aufgeben kommt für mich nie infrage" handelt, kann unter Umständen die Realitäten aus den Augen verlieren und sich und andere gefährden.

Im ökonomischen Bereich ist dieser Zustand erreicht, wenn Manager zum Beispiel immer mehr Geld in ein Projekt investieren, in das sie bereits sehr viel vergeblich hineingesteckt haben. Ist die innere Zielbindung zu stark ausgeprägt, wird zu viel Geld in falschen Projekten „verbrannt". BMW mit seinem Projekt „Rover" ist ein Beispiel dafür. Dieses Phänomen der eskalierenden Zielbindung ist von Motivationspsychologen längst wissenschaftlich erfasst und nur sehr schwer in den Griff zu bekommen. Eine Reihe von sozialen Faktoren wie drohender Imageverlust, die Angst, als „schlechter Entscheider" dazustehen und letztendlich das Gesicht zu verlieren, mögen hierfür ausschlaggebend sein. Doch dieses Wissen allein schützt noch nicht vor dem drohenden Schaden. Umso wichtiger ist es, vorab auch klare Kriterien miteinander zu vereinbaren, was im Falle einer Eskalation zu tun ist. Wer sehr lange und intensiv auf ein Ziel hinarbeitet, der glaubt auch daran, dass es bald klappen müsse. Es sind vor allem die sogenannten Kopfmenschen, die für ein solches Verhalten anfällig sind. Gerade sie haben viele vermeintlich gute Gründe für oder gegen eine Entscheidung gesammelt. Haben sie sich nun festgelegt, halten sie ihre Entscheidung für besonders durchdacht und stellen sie kaum noch infrage. Der Ausweg aus dieser Abwärtsspirale ist geradezu ein Dilemma. Es ist und bleibt schwer bestimmbar, ab wann eine Zielbindung eindeutig fehlerhaft ist. Einerseits ist es höchst risikoreich, ein Ziel zu früh aufzugeben. Zum anderen ist es genauso riskant, es ohne Rücksicht auf Verluste weiterzubetreiben. Insofern ist die Schärfung der inneren Achtsamkeit umso wichtiger.

Halten wir fest: Ziele sind keine Maßnahmen. Wenn z. B. der Zielvorschlag lautet: „Wir wollen ein neues Ablagesystem einführen", gilt es immer zu präzisieren: „Und wozu ganz konkret soll es dienen?" Die genauere Zieldefinition würde dann lauten: „…damit die Zugriffszeiten auf Dokumente um 40 Prozent verringert werden." Maßnahmen geben eine klare Antwort auf die Frage: Wie komme ich dahin? Welche konkrete Unterstützung und welche Mittel brauche ich dabei?

Ziele sind auch keine frommen Wünsche oder Appelle. Wenn es z. B. in einer Zielvorgabe heißt: „Arbeiten Sie künftig enger mit dem Kundendienst zusammen", ist sicherlich die Absicht, die dahintersteckt, verständlich. Aber weiterhin unklar bleibt, wo die konkreten Problempunkte liegen, die behoben werden sollen, und was mit einer engeren Zusammenarbeit letztendlich erreicht werden sollte. Ein konkretes Ziel könnte stattdessen lauten: „Redundanzen, also Doppelarbeiten bei der Auftragsbearbeitung, werden ausgeschlossen." Alle diesbezüglichen internen Abstimmungsprozesse mit dem beteiligten Kundendienst könnten als erste Aktivitäten beschlossen werden.

Ziele sind keine Glaubenssätze und keine Verlautbarungen zur Unternehmensphilosophie. Weichspüleraussagen, wie: „Das Wohl unserer Kunden", „Fairness", „Zuverlässigkeit", „partnerschaftliche Kommunikation", „ökologisches Handeln", sprechen zwar wichtige Unternehmenswerte an, sind jedoch eher abstrakt gehaltene Formulierungen und müssten analog zu unserer SMART-Denkweise noch operationalisiert werden.

Das Instrumentarium „Führen mit Zielen" sollte auf jeden Fall individuell angewendet werden. Es eignet sich sehr gut dafür, gegenseitige Erwartungen und Überlegungen aller Beteiligten kennenzulernen.

Mit einer klaren persönlichen Zielsetzung generieren Sie „anfassbare" Vorteile:

- Intensives Auseinandersetzen mit dem, was man von der Zukunft erwartet, wird ermöglicht.

- Klare Ziele fordern zum Handeln heraus. Der Wille zum eigenverantwortlichen Tun wächst.

- Die Ausrichtung auf „große" Aufgaben gibt der Vielzahl der täglichen Kleinaufgaben Struktur und Richtung.

- Die eigene Überzeugung vom Sinn und Zweck des eigenen Handelns verstärkt sich.

Denken Sie daran: Der Weg ist der Weg – das Ziel ist das Ziel. Achten Sie auf eine klare Trennschärfe von Maßnahmen und dem gewünschten Zielzustand.

Vergessen Sie bei all den bisher aufgezeigten Punkten bitte nicht die Jokerfrage: „Angenommen, die Götter verschwören sich gegen Sie: Was könnte Sie an Ihrer Zielerreichung hindern?" Schreiben Sie alle Einwände auf ein Blatt Papier und zwar im entspannten Zustand.

Und noch eines: Wo das Dogma beginnt, hört bekanntlich meist das Leben auf. Übertreiben Sie es nicht mit der Zielearbeit. Wenn Sie zum Beispiel abends nach Hause kommen und zu Ihrem Partner sagen: „So Liebling, jetzt ist es wieder soweit. Lass' uns nun über Deine ganz persönliche Performance sprechen. Wir haben uns ja Ziele gesetzt. Schauen wir gemeinsam auf das erste Aufgabenfeld, Haushaltsführung. Im letzten Quartal fehlte drei-

mal das Bier ...“ Spätestens an dieser Stelle haben Sie sich eine verdiente Watschen einge-
fangen. Natürlich kann man jedes Instrument in sein absurdes Gegenteil verkehren und es
damit in seiner tragfähigen Substanz entwerten.

Abschließend eine kleine Geschichte, die unser Thema aus einer anderen Perspektive in
den Fokus nimmt.

Zielgerichtet

Über Nacht war der erste Schnee gefallen. Und hüllte die ganze Landschaft unter einer
dicken, weißen Decke ein.

Zwei Jungen wetteiferten miteinander, wer von ihnen wohl in geradester Linie quer
über die große Wiese bis zum Schultor gehen könnte.

„Nichts leichter als das!“, sagte der Junge und schaute auf den Boden, um auch ja sorg-
sam einen Fuß vor den anderen zu setzen. Doch als er fast die halbe Strecke geschafft
hatte und den Kopf hob, stellte er auf seiner Spur zurückblickend fest, dass seine Fuß-
stapfen in einer großen Zickzacklinie durch den Schnee führten.

„Mach Du es erst mal besser!“, rief er seinem wartenden Freund zu.

„Nichts leichter als das!“, rief der zurück, und das Schultor mit erhobenem Kopf fest in
den Blick nehmend, stapfte er drauflos, bis er sein Ziel erreicht hatte. Seine Spur durch
den Schnee verlief in einer geraden Linie.

(Quelle: unbekannt)

8 Lobkultur und Feedback im Unternehmen

„Zu wenig und zu viel ist der Narren Ziel."

[Quelle: unbekannt]

Die Kernbotschaft lautet: Die Qualität der unternehmensinternen Feedbackkultur entscheidet maßgeblich über die Kompetenzentwicklung aller Mitarbeiter und deren Motivation. Neuere Studien der Hirnforschung dokumentieren eindeutig die Relevanz persönlicher Anerkenung und Wertschätzung für das neurobiologische Motivationssystem.

Eine Quelle großen Unbehagens löst immer wieder das Thema Lobkultur und damit eng verknüpft das dementsprechende Feedback aus. Es scheint ein ungeschriebenes Gesetz in vielen Firmen zu sein, dass keine Kritik schon das größte Lob darstellt. Doch damit begehen wir Raubbau an der Motivation vieler Mitarbeiter. Schaut man sich in deutschen Unternehmen um, so scheint es fast, als ob dem Lob etwas Manipulatives anhaften würde. Welche Gründe lassen sich hierfür anführen? Einerseits fehlt so machem Beteiligten die Fähigkeit oder aber auch die innere Bereitschaft, Lob im angemessenen Rahmen auszusprechen. Zum anderen gibt es viele Beschäftigte, denen es schwerfällt, ein Lob überhaupt anzunehmen. Die Angst, hinter dem Lob stünde lediglich eine Taktik des Vorgesetzten, um seine anvisierten Ziele leichter erreichen zu können, scheinen diesen Misskredit zu verursachen. Aber auch den Lobenden scheint die Angst zu quälen, dass ein Lob die schützende Distanz abbaut und er an Macht verliert.

Auch mit Kritik richtig umgehen zu können, ist mitunter ein schwieriges Unterfangen. Allgegenwärtig ist zwar zu hören, dass Kritik an sich gerne erwünscht sei, doch trifft sie die eigene Person, wird sie trotzdem nicht gerne gehört. Viel zu oft steckt die Angst dahinter, mit der vorgebrachten Kritik gehe auch immer ein gewisser Ansehensverlust einher. Somit wird deutlich: Sowohl Lob als auch Kritik sind stark emotional unterfüttert. Gutes und wirkungsvolles Feedback hat also auch eine ganze Menge mit dem Sich-Einfühlen in die Welt des anderen zu tun. Es bedarf eines gewissen empathischen Geschicks und viel Übung, um seine Botschaft angemessen und situationsstimmig zu formulieren. Die Gefahr, durch einseitig negatives Feedback beim Empfänger für unnötige Schuld- und Schamgefühle zu sorgen, ist immer gegeben.

Ausbleibende Wertschätzung gilt als eine der größten Motivationsbremsen

Noch einmal der Bezug zur Motivationsumfrage des Meinungsforschungsinstituts Gallup. Hier rangiert ausbleibende Wertschätzung unter den Top drei Ärgernissen. Der volkswirtschaftliche Schaden ist beträchtlich und verhagelt die Gesamtbilanz.

Grund genug, dieses Übel an der Wurzel zu packen und dem eine stimmige Gegenstrategie entgegenzustellen. Das Miteinander-Reden ist und bleibt das wirkungsvollste Motivationsmittel, was wir besitzen. Also sollten wir davon auch angemessen Gebrauch machen. Eine gute Führungskraft zeichnet sich sicherlich auch durch Präsenz aus. Jedoch nicht im Sinne eines „Management by Staubsauger", das zu einer kleinteiligen Überwachung der Mitarbeiter führt und die jede Form von Eigenverantwortung unmöglich macht. Wohin übertriebene Kontrollsucht führen kann, ist weitläufig bekannt: Die Anzahl der dafür notwendigen Besprechungen und internen Abstimmungen führt zu Arbeitsüberlastung und letztlich höheren Fehlzeiten. Noch schlimmer: Die so gegängelten Mitarbeiter beginnen, Strategien für den Umgang mit den Interventionen des Chefs zu entwickeln, anstatt ihre Arbeitskraft auf die normale Arbeit zu konzentrieren.

Ritualisierter Gesprächsrahmen

Stattdessen sollten Sie im regelmäßigen Turnus mit den Mitarbeitern über die relevanten Ziele und die damit zusammenhängenden Rahmenbedingungen der jeweiligen Aufgaben sprechen. Die Anforderungen sollten stets klar, die Bewertungskriterien transparent sein. Kurze Kontaktaussagen wie: „Passt alles?" signalisieren Hilfsbereitschaft und fördern den gemeinsamen Teamgeist. Zeigen Sie Interesse für den Menschen und nicht nur für Zahlen. Wenn Sie einen Bereichsleiter fragen, wie viele neue Kunden er im letzten Monat gewonnen und welche Probleme und Erfahrungen er gemacht hat, dann zeigen Sie echte Wertschätzung. Leider nehmen sich die wenigsten Führungspersonen die Zeit für solche regelmäßigen Feedbacks. Stattdessen schauen sie sich lieber die Zahlen und die prozentualen Abweichungen an. Auf dieser Basis werden dann Entscheidungen getroffen. Eigentlich schade, oder? Ein überstrapazierter Hierarchieanspruch raubt viel zu oft Motivation. Ein Mitarbeiter steht nicht unter einem Vorgesetzten, er hat nur andere Aufgaben.

Wie schon weiter oben zum Thema „Bewertungsfalle" ausgeführt, mündet jede Form der Selbstorganisation irgendwann in Kommunikation, weil jede Entscheidung, die Sie scheinbar nur für sich selbst treffen, auch Auswirkungen auf Ihr Umfeld hat.

Emotional inkompetentes Feedback vermeiden

Deshalb ist im Besonderen Ihr ganz persönliches Feedbackverhalten ein Schlüssel zur Motivation aller Beteiligten. Angenommen, Sie nehmen an einem Meeting teil und Hans Huber, Ihr Vertriebsleiter, präsentiert gerade die neuesten Quartalsumsatzzahlen. Ihnen fallen zwei Kritikpunkte auf, die Sie für sehr relevant halten und gerne bei nächstbester Gelegenheit ansprechen wollen. Natürlich können Sie sich wie die Axt im Walde verhalten und sich Herrn Huber direkt und vor versammelter Mannschaft zur Brust nehmen: „Mein lieber Huber, was Sie gerade über die neuen Umsatzzahlen beim Kunden Vielbauer gesagt haben, ist mehr als abenteuerlich und entbehrt jeglicher Grundlage. Ihre Fantasiegespinste behalten Sie besser das nächste Mal für sich. So geht das nicht!"

Solche „Du-Depp-Botschaften" oder auch als „Management by Darwin" bekannt, rauben Ihrem Mitarbeiter jegliche Motivation und grenzen eher an emotionale Inkompetenz. Erfahren Ihre Mitarbeiter solche Formen von Ausgrenzung und Demütigung, so führt das zu

Passivität oder Formen der Verweigerung. Neurobiologische Studien belegen, dass Ausgrenzungen und verbale Demütigungen vom Gehirn wie willkürlich zugefügter körperlicher Schmerz wahrgenommen werden. Ein emotional inkompetenter Führungsstil löst auf Mitarbeiterseite ein Abwehrverhalten aus, Motivation und Kooperationsbereitschaft bleiben somit auf der Strecke.

Neuere Studien der Hirnforschung belegen eindeutig, dass persönliche Anerkennung und Wertschätzung unser eigenes neurobiologisches Motivationssystem aktivieren. Die dabei freigesetzten Botenstoffe sorgen für pure Antriebsenergie. Deshalb ist es naheliegend, dass Mitarbeiter ein natürliches Eigeninteresse haben, sich verstärkt selbst einzubringen. Es wäre demzufolge verheerend, wenn ein übertrieben autoritärer Führungsstil diesen evolutionären Erfolgsprozess unterwandern würde.[36]

Abbildung 8.1   Motivation aus Sicht der Hirnforschung

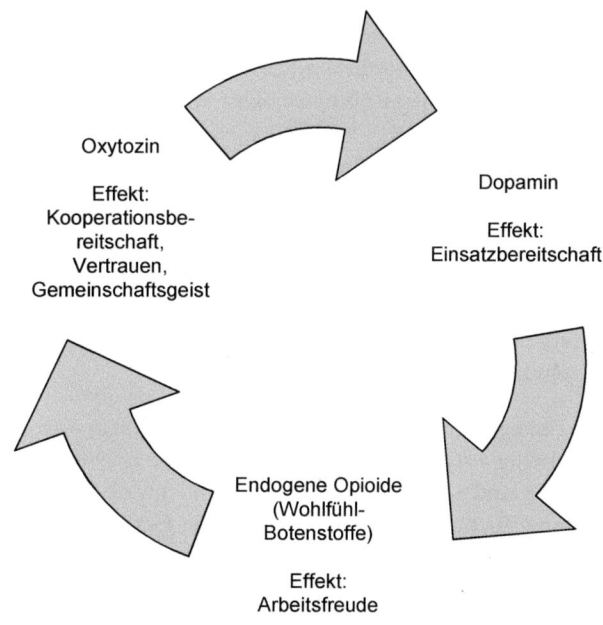

Oxytozin

Effekt:
Kooperationsbe-
reitschaft,
Vertrauen,
Gemeinschaftsgeist

Dopamin

Effekt:
Einsatzbereitschaft,

Endogene Opioide
(Wohlfühl-
Botenstoffe)

Effekt:
Arbeitsfreude

Bedenken Sie auch: Wir führen alle psychologische Gefühlskonten. Aus wahrnehmungspsychologischer Sicht gilt hier die „5:1 Formel". Erteilen Sie jemandem eine emotionale Ohrfeige, so brauchen Sie fünf positive Verhaltensimpulse, um das Gefühlskonto auf der anderen Seite wieder ins Haben zu bringen.

---

[36] Joachim Bauer: Prinzip Menschlichkeit. Warum wir von Natur aus kooperieren. Heyne, München 2008.

Hinzu kommt ein weiteres Problem: die große Kluft zwischen Selbst- und Fremdbild. Oft machen wir uns falsche Vorstellungen davon, wie wir auf andere wirken. So glaubten in einer Umfrage 83 von 100 Führungskräften, dass ihre Mitarbeiter sie als kooperative Vorgesetzte einschätzen würden. Tatsächlich wurden jedoch 86 von 100 als mehr oder weniger autoritär bezeichnet. Dieses Beispiel verdeutlicht, welche großen Lernchancen uns gut strukturiertes Feedback bietet. Solange wir annehmen, dass Selbst- und Fremdbild übereinstimmen, werden wir weder unser Verhalten überprüfen und ändern noch sonst eine Gelegenheit wahrnehmen, die Einstellungen des anderen zu mir zu korrigieren. Erst, wenn ich erfahre, wie der andere mich wirklich sieht, sind eine Annäherung und eine gewünschte Verhaltensveränderung möglich.

8.1   Unsere sinnesspezifische Sprache als Führungsinstrument nutzen

Um eine gewünschte Verhaltensänderung bei Ihren Mitarbeitern zu erzielen, gibt es jedoch noch eine Reihe zusätzlicher nützlicher Erkenntnisse aus der modernen Hirnforschung. Da wir unsere Welt mithilfe unserer fünf Sinne selektiv wahrnehmen, liegt auch hierrin viel Potenzial.

Das Resonanzphänomen

Aus der Physik ist folgendes Wahrnehmungsexperiment bekannt: Zwei auf den selben Ton gestimmte Stimmgabeln werden in einem nicht allzu großen Abstand voneinander positioniert. Schlägt man nun eine der beiden Stimmgabeln an, so setzt diese mittels Schallwellen die andere Stimmgabel ebenfalls in hörbare Schwingungen. Das Ergebnis: Die zweite Stimmgabel geht in Resonanz und ertönt hörbar.

Dieses physikalische Phänomen können Sie auch für Ihre Führungsarbeit nutzbar machen. Wollen Sie Ihre Mitarbeiter fordern und fördern, so reicht es eben nicht aus, nur auf die Kraft der reinen Wörter und somit auf Ihren Verstand zu vertrauen, sondern auch die Wirkkraft der Resonanz zu nutzen. Auch menschliche Gehirne können analog zu dem Stimmgabelbeispiel zueinander in Resonanz treten. Dabei spielen drei Einflussfaktoren in aufsteigender Reihenfolge eine entscheidende Rolle:

1. Unsere Körpersprache,

2. der Einsatz unserer Stimme,

3. die gesprochene Sprache.

Sie wissen, wie ansteckend ein befreiendes Lachen sein kann. Unser Hirn hat hierfür ein fantastisches neurobiologisches System entwickelt. Demzufolge sind unsere Spiegelnervenzellen dafür verantwortlich, dass wir nachempfinden können, was andere gerade empfinden. Das menschliche Gehirn ist so konzipiert, dass es die Körpersprache, die Stimme und die Sprache anderer Menschen blitzschnell erfasst und interpretiert. Erst auf diese

Weise kann ein empathisches Verhältnis zum Mitmenschen entstehen. Um also nachempfinden zu können, was mit dem anderen gerade los ist, brauchen wir das neurobiologische Feuerwerk unserer Spiegelnervenzellen.[37]

Übertragen wir nun diese Erkenntnis auf unseren beruflichen Kontext.

Der niederländische Verhaltensforschers Rick van Baaren zeigte in einem Versuch anschaulich auf, welche konkreten Auswirkungen dieses Resonanzphänomen haben kann. Er wies nach, dass Kellner ihr Trinkgeld um 70 Prozent steigern können, wenn sie bei der Aufnahme der Bestellung den Wunsch ihrer Gäste wörtlich wiederholen. Dieser Trick lässt sich aber auch effizient auf Verhandlungssituationen übertragen, bei denen alle Beteiligten bessere Ergebnisse erzielen. Dies legt zumindest eine wissenschaftliche Studie von Tanya Chartrand und John Bargh nahe. Die beiden US-amerikanischen Psychologen schickten ihre Assistenten in Verhandlungen mit nicht eingeweihten Partnern und gaben ihnen den Auftrag, während des Gesprächs die Haltung und Gestik ihres Gegenübers zu imitieren – also ebenfalls die Arme zu verschränken, wenn der Gesprächspartner dies tat, oder wie dieser mit dem Fuß zu wippen. Ergebnis: Die Beteiligten erreichten in 67 Prozent der Verhandlungen eine zufriedenstellende Einigung. In der Vergleichsgruppe, in der die Assistenten das Verhalten ihres Gegenübers nicht spiegelten, konnte nur in 12,5 Prozent der Fälle ein Abschluss erreicht werden.

Etwas verkürzt ausgedrückt, sind Spiegelneurone nichts anderes als die neurologische Erklärung für Sprichwörter wie „Wie man in den Wald ruft, so schallt es zurück". Entdeckt wurden sie zu Beginn der 90er Jahre von Neurophysiologen um den italienischen Forscher Giacomo Rizzolatti. Anwendung findet dieses Wissen inzwischen in vielen Forschungsgebieten, etwa der Psychologie oder bei der Behandlung von Hirnschäden.

Resonanz aufzubauen bedeutet also konkret, Ähnlichkeiten zu generieren. Als Führungskraft wollen Sie ja auch für Ihre Anliegen, Ihre Visionen und Wertvorstellungen werben und im besten Fall Begeisterung bei allen Beteiligten auslösen. Ausschlaggebend für Ihren Erfolg ist also in erster Linie, wie Sie Ihre Körpersprache, Ihr Blickverhalten, die Mimik und Gestik und auch die Modulation Ihrer Stimme so einsetzen, dass Ihr Optimismus und Ihre Zuversicht den gewünschten Spiegeleffekt auf der anderen Seite bewirken. Als Führungskraft wissen Sie: Je besser das Klima in einer Gruppe, desto höher die Produktivität, desto besser wird mit Stress-Situationen umgegangen, desto besser sind die Arbeitsergebnisse. Die Theorie der Spiegelneurone macht klar, dass Sie einen direkten Einfluss darauf haben. Je mehr Sie selber lachen, desto mehr werden die anderen lachen. Je mehr Freude Sie zeigen, desto mehr Freude werden die anderen haben. Die Freude der anderen an ihrer Arbeit wird wiederum auch Sie anstecken. Ein Gehirn formatiert so das andere.

---

[37] Joachim Bauer: „Warum ich fühle, was du fühlst – Intuitive Kommunikation und das Geheimnis der Spiegelzellen", Heyne Verlag, München 2006.

Wie ansteckend andererseits Pessimismus und Übellaunigkeit sein können, wissen wir von Menschen, die durch ihre bloße räumliche Präsenz wie ein Energiegully wirken. Auch das vermag die Kraft der Resonanz zu bewirken.

Abbildung 8.2   Vorsicht: Frust steckt an!

Wenn die „Wellenlänge" untereinander stimmt, dann klappt es auch gut mit der Zusammenarbeit. Um also eine vertrauensvolle und tragfähige Beziehung aufzubauen, bedarf es einiger besonderer Vorgehensweisen.

Das Generieren von Ähnlichkeiten geschieht am wirkungsvollsten, indem Sie verbal und nonverbal die Sprache des anderen sprechen. Ein guter und tragfähiger Kontakt entsteht dann, wenn wir unsere eigenen körpersprachlichen und verbalen Reaktionen denen unseres Gesprächspartners angleichen. Menschen, die in ein offensichtlich gutes Gespräch vertieft sind, spiegeln sich unbewusst hinsichtlich ihrer Körperhaltung, der Körperbewegungen, der Stimme, der Atmung, ihrer Gesten, des Tons, des Tempos beim Sprechen, der Lautstärke und des Sprechrhythmus.

Sie wirken in Summe überzeugender, wenn Sie Ihre Spiegelnervenzellen auf Trapp bringen. Probieren Sie es einfach aus. Lächeln Sie im Fahrstuhl oder bei der S-Bahnfahrt Ihren Mitmenschen an. In der Regel bekommen auch Sie ein Lächeln zurück.

Abbildung 8.3   Resonanz als Führungsstil

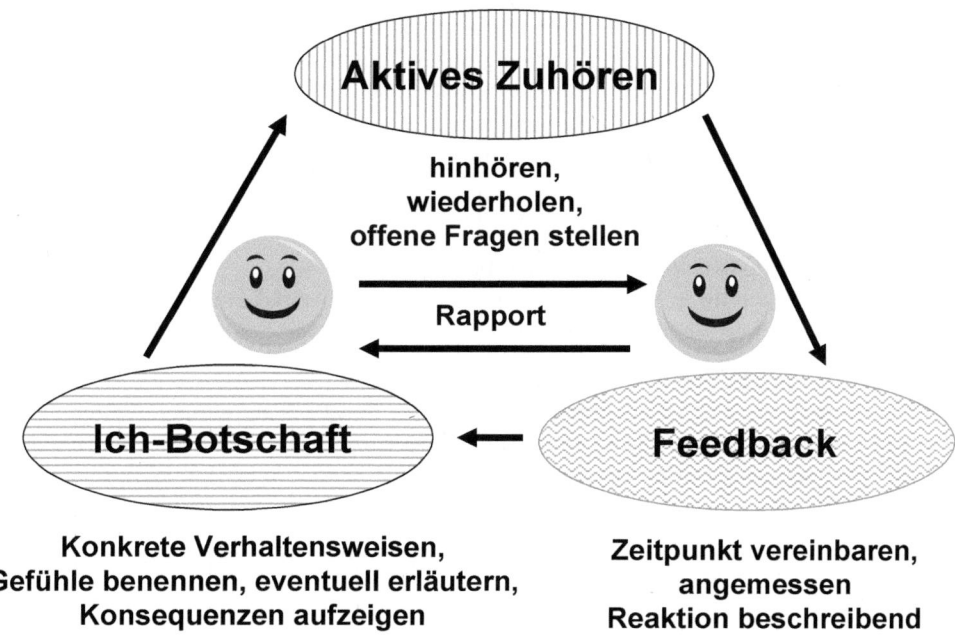

Das Ich als dauerhaftes Projekt

Interessant in diesem Zusammenhang ist auch, dass sowohl Soziologen als auch Sozialpsychologen heute davon ausgehen, dass die individuelle Identität sich kontinuierlich im Wandel befindet. Die althergebrachte wissenschaftliche Vorstellung, nach der sich der Mensch mit dem Erreichen des mittleren Erwachsenenalters in seinen wesentlichen Persönlichkeitsmerkmalen nicht mehr verändert, scheint somit obsolet zu sein. Die aktuelle Lehrmeinung geht davon aus, dass das Ich als ein dauerhaftes Projekt anzusehen ist. Hinzu kommt, dass Menschen dazu neigen, ihr Selbstkonzept an vorgegebenen Idealen auszurichten. Insofern kommt dem Feedback also eine bedeutende Schlüsselstellung zu.

8.2 Nützliche Feedbackspielregeln miteinander vereinbaren

Situationsgerechtes Feedback ist in erster Linie eine reine Rückmeldung auf ein zuvor beobachtetes Verhalten. Als Feedbackgeber sollten Sie sich zum einen etwas Zeit nehmen, um Ihre Beobachtungen angemessen zu reflektieren und in eine adäquate Form zu gießen. Zum anderen sollten Sie einen guten Augenblick abpassen, der dem Feedbacknehmer auch die Chance zum stimmigen Zuhören gibt. Gelungenes Feedback ist wie Tangotanzen: Sie brauchen ein gutes Takt- und ein gutes Rhythmusgefühl, um eine beabsichtigte Verhaltensweise beim Feedbacknehmer zu bewirken. Sie brauchen demnach das Einverständnis des anderen, sonst verhallt Ihr Anliegen wirkungslos.

Die wichtigsten Feedback-Grundsätze im Überblick:

- ■ Fördern Sie eine realistische Selbsteinschätzung.
  Ihr Feedback soll Ihren Mitarbeitern zu einer realistischen Selbsteinschätzung verhelfen. Missbrauchen Sie das Feedback nie, um sich als Besserwisser zu profilieren.

- ■ Achten Sie auf die Bereitschaft Ihrer Mitarbeiter.
  Überfordern Sie Ihre Mitarbeiter nicht mit zu viel Feedback auf einmal. Achten Sie darauf, ob Ihre Mitarbeiter Ihre Offenheit annehmen können bzw. auch wollen. Nehmen Sie sich genügend Zeit für das Feedback.

- ■ Achten Sie auf inhaltliche Angemessenheit.
  Nicht alles, was am Verhalten auffällig ist, muss für Ihre Mitarbeiter auch wichtig sein. Beschränken Sie sich auf das Wesentliche.

- ■ Bleiben Sie bitte stets konkret.
  Nur mit konkreten Aussagen bzgl. des eigenen Verhaltens kann Ihr Mitarbeiter etwas anfangen. Sprechen Sie daher immer ganz bestimmte Verhaltensweisen an. Kritisieren Sie nicht die ganze Person in allen Situationen, sondern nur bestimmte Merkmale in bestimmten Situationen. Wenn möglich, regen Sie konkrete und realisierbare Änderungsvorschläge an.

- ■ Interpretieren Sie nicht, sondern beschreiben Sie.
  Beschreiben Sie das konkrete Verhalten Ihres Gegenübers. Liefern Sie keine Interpretationen. Nicht: „Immer kommen Sie zu spät zum Meeting!", sondern: „Im letzten Monat sind Sie drei Mal zehn Minuten zu unserem Meeting zu spät gekommen, was ist los?"

- ■ Achten Sie auf den aktuellen Bezug.
  Beziehen Sie sich mit dem Feedback auf möglichst aktuelle Situationen. Rechnen Sie nicht das Verhalten in der Vergangenheit auf.

- ■ Betonen Sie positive und negative Aspekte.
  Feedback geben bedeutet nicht nur, ein Verhalten konstruktiv zu kritisieren, sondern auch die Dinge zurückzumelden, die positiv aufgefallen sind.

■ Bleiben Sie ehrlich und verbindlich.
Nicht nur, was man sagt, sondern auch wie man es sagt, ist beim Feedback entscheidend. Verwechseln Sie Schonungslosigkeit nicht mit Ehrlichkeit. Feedback ist sinnlos, wenn es Ihr Mitarbeiter nicht annehmen kann.

■ Beugen Sie Missverständnissen vor.
Achten Sie auf die Reaktionen Ihres Mitarbeiters. Fragen Sie nach, wie das Feedback beim Empfänger angekommen ist, dies beugt Missverständnissen vor. Lassen Sie sich ggf. selbst ein Feedback vom Mitarbeiter geben.

Greifen wir unser Eingangsbeispiel noch einmal auf und konzentrieren uns auf ein wertschätzendes Feedback: „Herr Huber, haben Sie fünf Minuten für ein Feedback zu Ihrer Kurzpräsentation von heute Vormittag? Mir wäre es wichtig, zwei Dinge konkret anzusprechen. Passt das jetzt für Sie?"

Wenn Sie das Einverständnis haben, formulieren Sie kurz und knackig drei Aspekte:

1. Wahrnehmung,

2. Wirkung,

3. Wunsch …

Klingt kompliziert? Es ist alles andere als das.

„Sie sprechen beim Kunden Vielbauer von 17 Prozent Wachstum im letzten Quartal und wollen deshalb für die Projektabwicklung einen zusätzlichen Mitarbeiter einstellen. Ich vermute, dass Sie diesen A-Kunden besonders gut pflegen möchten, um auch im nächsten Quartal ähnlich gute Zahlen vorlegen zu können.

Ihre Forderung nach mehr Personal verstimmt mich jedoch. Unsere Gewinnmargen sind in den letzten drei Monaten um sieben Prozent nach unten gegangen und geben somit keinen realistischen Spielraum für Neueinstellungen.

Ich bitte Sie deshalb, Ihre Projektkalkulation daraufhin abzustimmen."

Hier leistet unser Feedbackmodell konkreten Anschauungsunterricht. Es geht darum, irritierende Verallgemeinerungen aufzulösen und den Sachverhalt so konkret wie möglich auf den Punkt zu bringen. So kann Ihr Feedbacknehmer die vorgetragenen Punkte gut in seine Welt übertragen. Ihr Feedback soll ja schließlich auch eine gewünschte Verhaltensalternative aufzeigen, sodass Ihr Mitarbeiter „anfassbare" neue Handlungsalternativen zur Verfügung hat.

Mit dem dreimaligen „W"- Wahrnehmung, Wirkung, Wunsch – haben Sie ein einfaches und wirkungsvolles Führungswerkzeug zur Verfügung. Sie können es schnell und präzise anwenden und Ihren Mitarbeitern so wichtige Wachstumsimpulse geben.

Als Feedbacknehmer sollten Sie folgende Spielregeln beachten:

■ In die Demut des Zuhörens gehen. Bleiben Sie als Feedbacknehmer stumm wie ein
Fisch. Vermeiden Sie dringend quälende Rechtfertigungsdialoge nach dem Motto:
„Aber da haben Sie mich komplett falsch verstanden. Ich wollte eigentlich sagen, …"

Niemand interessiert, was Sie eigentlich sagen wollten. Sie werden nicht an Ihrer Absicht, sondern immer an Ihrer Wirkung gemessen. Betrachten Sie als Feedbacknehmer
die Rückmeldung wie einen Blick in den Spiegel. Mit Ihrem Spiegel führen Sie doch
wahrscheinlich auch keine Rechtfertigungsgespräche, oder?

■ Kurze Verständnisfragen sind erlaubt. Lassen Sie sich auch gerne anschauliche Beispiele geben, das prägt sich besser ein.

■ Das Wichtigste kommt zum Schluss: Bedanken Sie sich beim Feedbackgeber. Er hat
Ihnen vielleicht ein immer wiederkehrendes Muster oder einen Ihrer „blinden Flecken"
aufgezeigt. Das ist Grund genug, dafür Dankeschön zu sagen.

Zugegeben: Im Rahmen der jüngsten Wirtschaftskrise sind Feedbacks erheblich schwieriger geworden. Die Angst um den eigenen Arbeitsplatz verhindert leider öfter offene Gespräche. Es mag für einen Vorgesetzten mitunter sehr schwierig sein, einen Mitarbeiter zu
kritisieren, dessen Arbeitsplatz bedroht ist. Schließlich will er ihm auch keine unnötige
Angst machen. Diese innere Denkhaltung verhindert jedoch die notwendige Offenheit, um
gewünschte Verhaltensveränderungen herbeizuführen.

Es gibt allerdings noch einige weitere Engpasssituationen beim Feedbackgeben, die in
diesem Zusammenhang auch mitbedacht werden sollten.

8.3   Typische „Feedbackfallen" rechtzeitig erkennen

Sieg und Niederlage liegen bekanntlich oft nah beieinander. Die vielerorts zunehmende
Feedbackflut, die sich über den modernen Büromenschen ergießt, birgt auch Gefahren. Die
größte Gefahr entsteht dann, wenn wir das erhaltene Feedback nicht mehr kritisch genug
hinterfragen und es einfach ungefiltert übernehmen.

Vier „Feedbackfallen" werden deshalb im Folgenden angeführt:

1. Narzisstische Identifikation

   Menschen neigen dazu, sich Vorbilder zu suchen, die jene Eigenschaften besitzen, die
   ihnen erstrebenswert erscheinen. Je größer dabei die Bewunderung ist, desto höher ist
   die Wahrscheinlichkeit, dass sich der Bewunderer in sein Vorbild hineinfantasiert, um
   so das Gefühl zu genießen, dem eigenen Ideal zu entsprechen. Er tritt in seiner Wahrnehmung an die Stelle des anderen, ist mit ihm, wie es in der Psychoanalyse ausgedrückt wird, narzisstisch identifiziert. Die Folge: Die Eigenschaften des Vorbildes werden ins Selbstkonzept übernommen.

2. Selbstidealisierung

Rollenerwartungen beeinflussen nicht nur das Verhalten, sondern auch das Selbstkonzept. Dies konnten Psychologen experimentell mehrfach nachweisen. Da es zum Beispiel zur Rolle von Führungskräften gehört, durchsetzungsstark und selbstgesteuert zu sein, neigen diese dazu, sich selbst auch so wahrzunehmen – selbst wenn diese Eigenschaften nicht oder nur sehr schwach in ihrer Persönlichkeit ausgeprägt sind.

Solche Fehleinschätzungen bestätigt auch der Psychotherapeut Dr. Thomas Müller-Holthusen. Er ist Chefarzt der Abteilung Psychosomatik an der Reha-Klinik Möhnesee. Viele Führungskräfte zählen zu seinen Patienten. „Es gibt Manager, die halten sich für Teamplayer, dabei sind sie extrem selbstgesteuert – und umgekehrt."

3. Unkritische Identitätsbildung

Das Feedback anderer über uns selbst ist ein zentrales Element der Identitätsbildung. Normalerweise werden die Rückmeldungen aus der Umwelt kritisch überprüft und mit eigenen Erfahrungen abgeglichen. Aufgrund der großen Anzahl an Rückmeldungen aus der Umwelt finden jedoch eine kontinuierliche, sorgfältige Überprüfung und ein Abgleich mit eigenen Erfahrungen nicht mehr statt. Es kommt zu einer unkritischen Identitätsbildung. Wir werden so, wie andere uns sagen, wie wir sind.

4. Kontextüberlagerung

Wenn Zusammenhänge aus einem Kontext in einen anderen übertragen werden, spricht man von Kontextüberlagerung. Dieser Wirkmechanismus kann auch bei der Bildung der Identität eine Rolle spielen, etwa dann, wenn der Ruf der eigenen Abteilung ins Selbstkonzept übernommen wird: „Ich arbeite in einer kreativen Abteilung, also bin ich ein kreativer Mensch."

Halten wir fest: Feedback ist und bleibt eine entscheidende Wachstumschance. Erst wenn der Mitarbeiter einen wertschätzenden Resonanzboden in Form von konstruktiver Rückmeldung vorfindet, ist eine gewünschte Verhaltensweise möglich. Gelungenes Feedback ist eine große und mächtige Motivationsquelle, die Leistungssteigerung bewirkt. Viel zu oft berauben wir uns jedoch dieser qualitativ so wertvollen Möglichkeit, weil wir meinen, keine Zeit dafür zu haben. Denken Sie daran: Zeit ist nicht nur ein Kostenfaktor, sondern auch Ausdruck von gegenseitiger Wertschätzung und Würde. Als Führungsverantwortlicher ist es von existenzieller Wichtigkeit zu begreifen, dass Sie in erster Linie immer durch Ihr eigenes Verhalten führen.

Richtig eingesetztes Feedback dient auch der notwendigen Transparenz und macht Entscheidungen deutlicher. Ein Beispiel: Mit Schweißperlen auf der Stirn stürmt der Chef aus seinem Büro und ruft: „Kann mir das mal jemand schnell kopieren?" Auf dem Flur stößt er mit einem neuen Praktikanten zusammen. Wortlos drückt er dem jungen Mann einen Papierstapel in die Hand. Doch der macht keinerlei Anstalten, die Unterlagen an sich zu nehmen, sondern erwidert: „Warum? Können Sie das nicht selbst?" Dem Chef stockt der Atem. Der Praktikant fügt noch hinzu: „Ich kann Ihnen gerne zeigen, wie man den Kopierer bedient."

Sie werden vielleicht denken, dass diesem jungen Praktikanten jeglicher Respekt vor Vorgesetzten fehlt. Doch bedenken Sie bitte auch, dass zukünftig eine neue Generation von Mitarbeitern ins Berufsleben drängt, die eine komplett andere Sozialisation durchlaufen haben und vor allem Feedback statt Befehle gewohnt sind. Diese auch „Generation Y" genannten Berufseinsteiger bevorzugen z. B. schnelles Feedback per SMS statt einmal jährlich warmer Worte im Eckbüro des Chefs. Gerade dem talentierten Nachwuchs sollten Sie mit einem konstruktiven Feedback begegnen. Anstatt einfach zu kommandieren, könnten Sie dem Praktikanten auch antworten, dass in einer halben Stunde ein wichtiger Kunde ins Haus kommt und Sie sich noch vorbereiten müssen. Deshalb haben Sie selber keine Kapazitäten frei, um selbst zu kopieren.

Somit leisten Sie wichtige Überzeugungsarbeit und ersparen sich unnötige Reibungsverluste, die letztlich viel Energie kosten.

8.4   Wer fragt, der führt!

Natürlich bietet es sich in diesem Zusammenhang auch an, den Gesprächsrahmen inhaltlich zu erweitern. Nutzen Sie die Chance, durch gezielte Fragen den Handlungsraum für alle Beteiligten zu erweitern.

In der Führungspraxis haben sich sechs Fragetypen bewährt. Bei der Anwendung der jeweiligen Frageformen ist es ganz entscheidend, vorab zu klären, welches konkrete Frageziel damit verbunden ist.

Sieben Frageformen im Praxischeck

1. Geschlossene Fragen zielen stets auf eine Entscheidung hin. Beispiel: „Herr Huber, kommen Sie mit Ihrer neuen Aufgabe zurecht?"

    Die Vorteile dieses Fragetyps liegen klar auf der Hand: Bei der Verwendung der geschlossenen Frage erwarten Sie von Ihrem Mitarbeiter eine klare und prägnante Kurzantwort im Sinne von: „Ja, ich komme gut zurecht."

    Die geschlossene Frageform grenzt somit das Antwortspektrum Ihres Gesprächspartners deutlich ein. Damit verkürzen Sie das Gespräch und können schnell weitere Fragen stellen. Alles in allem halten Sie somit die Fäden in der Hand.

    Auf der anderen Seite könnte jedoch der nachteilige Eindruck entstehen, mit dieser straffen Frageform einem Staatsanwalt zu gleichen, der sich auf das Ausfragen seines Gegenübers spezialisiert hat. Zudem erhalten Sie durch die kurzen Antworten keine neuen weiterführenden Informationen.

2. Mit offenen Fragen klären Sie die Sicht Ihres Gesprächspartners. Beispiel: „Herr Huber, wie zufrieden sind Sie augenblicklich mit Ihrer neuen Aufgabe?"

Offene Fragen sind der beste Weg, um zu neuen Informationen zu gelangen. Mit den sogenannten „W"-Fragen (wie, was, weshalb, welche, wodurch) fordern Sie Ihren Gesprächspartner auf, ausfürlicher Stellung zu beziehen. Damit verbindet sich für Sie als Fragesteller auch die Chance, Unerwartetes und wichtige Details zu erfahren.

Nachteilig kann sich auswirken, dass sich das Gespräch in Nebensächlichkeiten verliert. Einerseits signalisieren Sie mit dieser Frageform Interesse und Wertschätzung für Ihren Gesprächspartner. Andererseits kann Ihnen damit jedoch auch die Zeit davonlaufen. Umso wichtiger ist es, konzentriert zuzuhören, um gegebenenfalls mit einer anderen Frageform einen gewünschten Methodenwechsel einzuleiten.

3. Mit einer Alternativfrage engen Sie den Gesprächsrahmen ein. Beispiel: „Herr Huber, sind Sie momentan mit dieser bestimmten Aufgabe mehr oder weniger zufrieden?"

Diese Frageform ist eine Variante der geschlossenen Frageform und eignet sich sehr gut für Entscheidungssituationen. So können z. B. am Ende eines Gesprächs die Standpunkte nochmals kurz wiederholt werden, um zusammenfassend zu einem Ergebnis zu kommen.

4. Mit einer zirkulären Frage bringen Sie die vermutete Außenperspektive anderer mit ein. Beispiel: „Herr Huber, angenommen, ich würde Ihre beiden Projektkollegen zu Ihrer derzeitigen Zusammenarbeit befragen. Was würden die mir dazu sagen?"

Mit dieser Frageform stärken Sie den „Empathiemuskel" Ihres Mitarbeiters. Der Mitarbeiter wird durch die Frageform indirekt aufgefordert, sich in andere hineinzuversetzten und deren mögliche Sichtweise zu reflektieren. Diese Frageform erweitert den Sichtkreis um eine entscheidende weitere Perspektive. Viele zwischenmenschliche Probleme entstehen erfahrungsgemäß erst dann, wenn sie nur von der eigenen Warte aus betrachtet werden. Mit einer zirkulären Frage fördern Sie auch die emotionale Kompetenz Ihres Gesprächspartners. Ein probeweise eingenommener veränderter Blickwinkel kann viel Druck aus Situationen nehmen und neue Handlungsoptionen aufzeigen.

5. Mit einer skalierenden Frage lösen Sie Verallgemeinerungen auf und fordern Ihren Gesprächspartner auf, Position zu beziehen. Beispiel: „Herr Huber, wie hoch ist Ihre augenblickliche Arbeitszufriedenheit auf einer Skala von 0 bis 10?"

Diese Frageform macht Meinungen oder Aussagen hinsichtlich eines klar definierten Kriteriums eindeutig fassbar. Unterschiede zwischen scheinbar identischen bzw. gleich wichtigen Sachverhalten werden sichtbar. Verallgemeinerungen werden wirkungsvoll aufgelöst. Der Befragte muss Farbe bekennen und eine eindeutige eigenverantwortliche Position beziehen.

6. Mit einer Wunderfrage lenken Sie den Blick auf Positives und eröffnen neue Lösungsmöglichkeiten. Beispiel: „Herr Huber, angenommen, eine gute Fee erschiene und würde Ihnen umgehend einen Herzenswunsch erfüllen. Welcher wäre das?"

Mit dieser sicherlich ungewöhnlichen Frageform wechseln Sie die Perspektive und richten das Augenmerk Ihres Gesprächspartners auf Positives. Selbst auferlegte Denkbeschränkungen werden somit aufgelöst und neue Lösungsmöglichkeiten mitbedacht.

7. Mit einer hypothetischen Frageform loten Sie Überzeugungen Ihres Gesprächspartners aus. Beispiel: „Herr Huber, nur einmal angenommen, Sie würden Projekt X abgeben und sich dafür intensiver um das Neugeschäft kümmern. Wäre das in Ihrem Interesse?"

Mit dieser Frageform führen Sie fiktive Situationen geschickt ins Gespräch mit ein. Formulierungshilfen, wie: „Stellen Sie sich vor ...", „Gesetzt den Fall ..." oder „Angenommen ..." helfen, dieses „So-als-ob-Szenario" anzumoderieren. Sie erhalten somit einen wichtigen Einblick in die Denkweise des Befragten. In den derart ausgelösten, reflektierenden Prozessen kommen dessen zentrale Werte und Überzeugungen klar zum Vorschein.

8.5   Nicht „Nein-Sagen" können

Ihr Feedbackverhalten hat aber auch noch ganz andere Facetten. Tagtäglich stehen wir immer wieder vor der Herausforderung, unsere wohlbekannten „Zeitdiebe" zu fassen. Viel zu viel Zeit geht uns dadurch verloren, dass wir die Bitten anderer erfüllen: „Könnten Sie mal eben ...", „Haben Sie mal kurz fünf Minuten?" Das Ende vom Lied ist nur allzu bekannt. Aus fünf Minuten werden gerne dreißig. Der persönliche Frust ist vorprogrammiert.

Stellen Sie sich vor, es ist spätnachmittags und Sie wollen gerade noch vor Ihrem Feierabend eine anspruchsvolle Aufgabe in Ruhe erledigen. Plötzlich kommt Ihr Chef überraschend mit einer umfangreichen Anfrage auf Sie zu. „Können Sie das bitte noch heute erledigen?" „Klar", erwidern Sie zähneknirschend und verlegen Ihren wohlverdienten Feierabend um zwei Stunden nach hinten. Lieber hätten Sie Nein zu dieser Anfrage gesagt, aber das haben Sie sich einfach nicht getraut. Dafür zahlen Sie den Preis, dass Sie wieder mal Überstunden produzieren. Den Ärger über den verspäteten Feierabend tragen Sie mit nach Hause und lassen ihn vielleicht unkontrolliert an anderer Stelle heraus.

Warum verhalten wir uns eigentlich des Öfteren so? Nein zu sagen fällt offenbar schwer. Es scheint ein ungeschriebenes Gesetz zu geben, das wir stillschweigend befolgen. Nein zu sagen ist per se unhöflich und schadet meiner Karriere. Sie werden sicherlich jetzt einwenden, dass man seinem Chef nun mal nicht zu widersprechen hat, denn der Chef hat immer Vorfahrt. Doch diese ungeprüfte Vorannahme kann zu einem „mentalen Schluckauf" mit gravierenden Folgen führen. Wird das nicht Nein-Sagen jedoch zur Gewohnheit, bleibt schnell die eigene Zufriedenheit auf der Strecke. Ständiges Nachgeben schafft auf Dauer viel zu viel überflüssigen Frust.

Machen Sie sich bewusst: Tag für Tag rauben uns überraschende „Störungen" bis zu 25 Prozent unserer Arbeitszeit. Schließlich gibt es ja nicht nur den gefürchteten „Chef-Torpedo", wie eingangs skizziert. Die Bandbreite möglicher „Zeitdiebe" reicht von der freundlichen Kollegenanfrage über spontane Kundenwünsche bis zum Chef. Das Ergebnis ist immer das gleiche: Sie werden aus Ihrem Arbeitsprozess herausgerissen, verlieren wertvolle Zeit und müssen sich nach der Unterbrechung stets erst wieder aufs Neue mühevoll in Ihr Themengebiet hineindenken. Um diesen zeitraubenden Kreislauf zu unterbrechen, sollten wir als Erstes eine Ursachenanalyse durchführen. Fragen wir uns zuerst: Welche Gründe sind eigentlich dafür ausschlaggebend, dass wir große Schwierigkeiten mit dem Nein-Sagen haben?

■ Selbermachen spart Zeit

Das ist sicherlich der größte Denkfehler. Oft glauben wir, mit geringem zeitlichen Aufwand sei das Thema schnell vom Tisch. Oberflächlich betrachtet haben Sie sicherlich kurzfristig Zeit gewonnen. Sie wissen ja aufgrund Ihres Erfahrungswissens, wie es am schnellsten geht. Zusätzlich haben Sie auch die Gewähr, dass es richtig gemacht wird. Doch auf Dauer befriedigen Sie damit nur Ihren Kontrollgedanken. Alles Selbermachen bringt Sie nicht wirklich weiter und führt auf Dauer eher in die Mittelmäßigkeit. Es bindet wertvolle Zeitressourcen und laugt aus.

■ Eigenes Helfersyndrom befriedigen

Natürlich tut es gut, anderen spontan weiterzuhelfen, und spendet in der Regel auch Anerkennung. Sie können so auch Ihren Expertenstatus untermauern und Eindruck schinden. Zusätzlich beleben Sie den wichtigen Solidaritätsgedanken untereinander. Schließlich wäscht eine Hand die andere. Sie brauchen ja in anderen Situationen auch die Unterstützung von anderen. Sie wissen: Niemand ist eine Insel.

■ Höflichkeit hat Vorfahrt

Natürlich wollen Sie niemanden vor den Kopf stoßen. Schließlich haben Sie auch eine gute Kinderstube genossen und wissen, was der Anstand von Ihnen fordert. Doch bedenken Sie: Die Schattenseite der Höflichkeit heißt Friedhöflichkeit. Von Franz Josef Strauss ist der Ausspruch übermittelt: „Everybody's darling is everybody's Arschloch." Anders formuliert: Wer nach allen Seiten hin lächelt, bekommt davon bestenfalls Falten, aber kein Profil.

■ Hierarchien sind stets zu würdigen

Es ist wie beim Kartenspiel: Ober sticht Unter. Der Chef hat immer recht und muss zuerst bedient werden. Diese Einstellung verursacht aber auf Dauer eher schöne „Spannungskopfschmerzen".

■ Konsequenzen sind unklar

In vielen konkreten Alltagssituationen herrscht schlichtweg die Angst vor Konsequenzen. Wir trauen uns deshalb nicht, eine Bitte abzulehnen, zumal in der heutigen unsicheren Jobsituation die Angst vor dem Arbeitsplatzverlust sehr weit oben rangiert.

■ Die Situation „nervt" einfach

In manchen Fällen tappen wir auch einfach in die „Ungeduldsfalle". Die Störung geht uns einfach auf die Nerven und muss deshalb so schnell wie möglich abgestellt werden. Die eigenen inneren Antreiber sind in diesem Fall Herr im eigenen Haus und bringen uns aus dem Arbeitstakt.

■ Aufgaben sind nicht klar genug abgegrenzt.

Oft ist einfach nicht klar, wer für was der richtige Ansprechpartner ist. Ein unklares Aufgabenprofil kann zu zeitraubenden Redundanzen führen. Fehlende Zuständigkeiten sind ein verheerender Energiegully und rauben uns wertvolle Ressourcen im Umgang miteinander.

Resümierend ist an dieser Stelle festzuhalten: Es gibt offensichtlich eine Menge Gründe, die uns bewusst oder auch unbewusst davon abhalten, Nein zu sagen. Wir meinen viel zu oft, dass die reine Logik unser Verhalten steuert. Doch wenn dem so wäre, dann müssten wir viel öfter für situationsgerechte Grenzziehungen sorgen, um schließlich das zu tun, wofür wir auch bezahlt werden: unseren Job. Noch etwas Entscheidendes kommt hinzu: Wenn Sie glauben, anderen keinen Gefallen abschlagen zu können, dann wird dieses Verhalten auf Dauer zu einem ganz selbstverständlichen Standard. Sie können mit der anstrengenden Mehrarbeit bei niemandem mehr punkten. Deshalb sollten Sie dieses Verhaltensmuster auch schleunigst gegen ein wirksameres austauschen.

Lösungsstrategie: Das freundliche und bestimmte argumentative Nein

Die erfolgversprechendste Strategie im Umgang mit Forderungen und Bitten anderer ist das freundliche und bestimmte argumentative Nein. Das Motto lautet: Hart, aber fair, klar und deutlich in der Sache, freundlich im Ton. Wir haben alle schon die Erfahrung gemacht, dass Kommunikation oft auch ein gefährliches Minenfeld sein kann. Eine schroffe „Du-Depp-Botschaft" kann viel Vertrauen in Kürze zerstören. Da wir im täglichen Umgang miteinander natürlich aufeinander angewiesen sind, sollten wir auch die Kommunikation so gestalten, dass eine konstruktive und gute Zusammenarbeit stets gewährleistet ist. Schließlich steht und fällt unsere Zielerreichung auch mit der Art und Weise, wie wir miteinander Gespräche führen. Letztendlich verdienen wir alle unser Geld mehr oder weniger damit, gute Gespräche zu führen. Das Erstaunliche bei alldem ist: Im richtigen Tonfall und mit der richtigen Wortwahl kann man alles sagen. Da braucht man kein Blatt vor dem Mund nehmen.

Lösungsstrategie: Termin anbieten

Wie können wir diese Strategie nun in die Praxis umsetzen? Der Schlüssel zum Erfolg liegt in der Grundannahme, den anderen da abzuholen, wo er sich gerade befindet. Angenommen Ihr Kollege Brennschneider kommt auf dem Weg zur Kantine auf Sie zu und sagt: „Gut, dass ich Sie hier erwische. Ich bräuchte da dringend Projektdaten für unser Angebot an ..." Analog zu unserem Lösungsansatz könnte nun Ihre Replik lauten: „Herr Brennschneider, Sie machen sich Sorgen, dass Sie die Unterlagen nicht rechtzeitig bekommen.

Reicht es Ihnen, wenn ich Ihnen die Fakten morgen Nachmittag gegen 15 Uhr auf den Schreibtisch lege?" In der Regel wird Ihr Kollege erleichtert einwilligen und das anstehende Mittagessen kann auch in Ruhe genossen werden.

Mit dieser einfachen Strategie, Ihrem Kollegen einen konkreten Termin anzubieten, haben Sie einen wichtigen Zeitpuffer gewonnen. Für den Erfolg der Maßnahme sorgt auch die unterschwellige Botschaft an Ihren Kollegen, dass Sie sein Anliegen ernst nehmen und eine konkrete Vereinbarung treffen. Somit kommunizieren Sie wertschätzend und signalisieren auch die Fähigkeit zum souveränen Zeitmanagement. Dies baut Selbstvertrauen auf und stärkt Ihr Profil nach außen.

Viel zu oft meinen wir jedoch, alles müsste sofort erledigt werden. Tappen Sie nicht in diese Zeitfalle.

Lösungsstrategie: Konsequenzen aufzeigen

Auch für den Umgang mit dem gefürchteten „Cheftorpedo" gibt es Abhilfe. Viel zu oft erliegen wir dem Denkfehler, der andere müsste doch wissen, was mit uns los ist und dass wir eh schon zu viel eigene Arbeit haben. Dieser Denkfehler schließt auch den Chef mit ein, doch hier beißen wir lieber auf die Zähne, anstatt respektvoll Klartext zu sprechen. Angenommen, Ihr Chef kommt schon wieder mit einem eiligen Sofortanliegen auf Sie zu, so könnten Sie einmal Folgendes ausprobieren: „Klar, kann ich Ihr Anliegen sofort klären. Allerdings müsste dann die Budgetplanung für das morgige Vorstandsmeeting warten. Wäre das so in Ihrem Sinne?" Verdutzt schaut Sie Ihr Chef an und erwidert: „Gut, dass Sie mich daran erinnern. Das hatte ich gerade ganz vergessen. Machen Sie bitte erst die Budgetplanung fertig, der Rest kann warten."

Machen Sie sich bitte bewusst: Auch Ihr Chef ist nur ein Mensch und kann nicht immer wissen, womit Sie sich gerade beschäftigen. Es ist deshalb Ihre Bringschuld, kurz für Klarheit in der Situation zu sorgen. Dies beinhaltet, dass Sie sagen sollten, was mit Ihnen gerade los ist bzw. womit Sie sich gerade beschäftigen. Dann überlassen Sie ihm die Priorisierung. Somit machen Sie alles richtig und signalisieren auch die Fähigkeit, die richtigen Prioritäten setzen zu können. Das wird Ihr Chef zu schätzen wissen.

Lösungsstrategie: Hilfe zur Selbsthilfe

Immer wieder kommt es vor, dass wir es auch mit „toxischen" Kollegen zu tun haben. Diese besondere Kollegenspezies hat es darauf abgesehen, sich Kollegen zu suchen, die sie vor ihren Wagen spannen kann. Sie sind angeblich nicht in der Lage, z. B. eine Kundenpräsentation fertigzustellen oder eine Exeltabelle zu pflegen und brauchen mal wieder schnell noch Ihre Hilfe. Aus reiner Gutmütigkeit sagen Sie wieder ja zu der Störung und spielen bereitwillig dieses „Täter-Opfer-Spiel" mit. Das Tückische an dieser Situation ist, dass dieses Machtspiel so lange weiter gespielt wird, bis Sie bereit dazu sind, die Spielregeln zu ändern. Nur wenn Sie bewusst erkannt haben, dass Sie stets in der Opferrolle sind, können Sie auch den Schalter umlegen. Steigen Sie aus diesem Machtspiel aus, indem Sie Folgendes ausprobieren: Fordern Sie Ihren Kollegen zu einer „Selbsthilfeaktion" auf.

„Herr Schulze, im letzten Monat sind Sie viermal zu mir gekommen mit der Bitte, schnell noch ein paar Grafiken für eine dringende Kundenpräsentation fertigzustellen. Das kostet mich jedes Mal 30 Minuten extra. Meine eigene Arbeit bleibt dabei liegen. Ich helfe Ihnen diesmal noch einmal, wünsche mir jedoch nun von Ihnen, dass Sie sich genau aufschreiben, wie dieser Arbeitsschritt funktioniert. Das nächste Mal können Sie es dann selber machen. Ich helfe Ihnen dann nicht mehr, einverstanden?"

In der Regel haben Sie mit dieser Variante gewonnen. Der Kollege hat erkannt, dass er dieses Spielchen nicht mehr mit Ihnen machen kann, und wird sich deshalb ein neues Opfer suchen. Sie haben ihm eine klare Grenze aufgezeigt und müssen sich jetzt nur noch um Konsequenz bemühen.

Lösungsstrategie: Win-Win-Situation schaffen

Schaffen Sie eine echte „Win-Win-Situation". Natürlich können Sie nicht jede Kollegenanfrage abschmettern. Was Sie aber auf jeden Fall machen können, ist, eine konkrete Gegenanfrage zu stellen. „Gerne helfe ich Ihnen in dieser Frage schnell weiter. In einer anderen Sache bräuchte ich hingegen auch etwas von Ihnen. Könnten Sie mir …"

Somit haben auch Sie einen anfassbaren Vorteil aus dieser Situation gewonnen und gehen gestärkt aus dem Gespräch heraus.

Lösungsstrategie: Gegenseitigkeit funktioniert

Hiermit ist das Prinzip der Reziprozität gemeint. Das Gefühl kennt jeder: Wer eine Gefälligkeit erhalten hat, hat das Bedürfnis, sich dankbar zu erweisen und diese zu erwidern – sogar wenn ihm der Schenkende nicht besonders sympathisch ist. Deshalb sind auch Werbegeschenke und Gratisgaben so weit verbreitet. Aus der Verhaltensforschung ist bekannt, wie sich die Höhe des Trinkgeldes ändert, wenn Kellner mit der Rechnung auch eine kleine Aufmerksamkeit wie ein paar Pfefferminzbonbons an den Tisch bringen. Tatsächlich sind diejenigen Gäste, wenn sie zwei Bonbons bekommen, in der Regel bis zu 14 Prozent großzügiger als jene, die leer ausgingen. Wurde den Gästen die Aufmerksamkeit mit einer persönlichen Bemerkung überreicht, stieg das Trinkgeld sogar um 23 Prozent.

Dieses Wirkgesetz lässt sich auch auf andere Berufssituationen gut übertragen. Persönliche Zugeständnisse, die Sie einem Mitarbeiter machen, funktionieren ähnlich. Sie werden von Ihren Kollegen als Entgegenkommen gewertet, das den Verhandlungspartner dazu veranlasst, ebenfalls einen Schritt auf sein Gegenüber zuzugehen. Angenommen, Sie wollen von Ihrem Chef die Zustimmung für eine Fortbildung erhalten. Natürlich wissen Sie auch, dass das Fortbildungsbudget recht knapp bemessen ist. Dann wäre es z. B. geschickt, zunächst für eine kosten- und zeitintensive Fortbildungsmaßnahme anzufragen. Wird diese abgelehnt, reduzieren Sie Ihre Bitte und schlagen ein nur zweitägiges Seminar vor. In der Regel steigt Ihre Chance, dass der Chef diese zweite, bescheidenere Bitte gewährt.

Auf unseren Zusammenhang übertragen, bedeutet das Reziprozitätsprinzip: Jeder Gefallen, den man einem Kollegen tut, und jedes Entgegenkommen, das ein Vorgesetzter seinen

Mitarbeitern gegenüber zeigt, ist eine lohnende Investition in ein hilfreiches Netzwerk. Bedenken Sie: Vieles wirkt auf eine subtile Weise. Bringen Sie Ihren Verhandlungspartner in eine indirekte „Schuld". Früher oder später wird er das Bedürfnis verspüren, diese „Schuld" zu tilgen und Ihnen etwas Gutes zu tun.

Lösungsstrategie: Humor

Von Thomas Mann ist der Ausspruch übermittelt: „Humor ist die Humanisierung der Wahrheit." Wenn es Ihnen einfach irgendwann wieder zu viel wird mit Ihren „Zeitdieben", so versuchen Sie doch mal den Königstipp: Lösen Sie das Problem mit Humor.

Folgendes Beispiel soll den kreativen Künstler in Ihnen zum „Basteln" animieren:

> Ein Busfahrer der Stadtwerke München litt unter folgendem Verhalten seiner Fahrgäste. Im starken Berufsverkehr blieben viele Fahrgäste beim Einsteigen vorne beim Fahrer stehen. Schnell bildete sich hier ein Fahrgaststau, der unseren Busfahrer sehr bedrängte. Auf die Durchsagen, nicht vorne beim Fahrer stehen zu bleiben, sondern nach hinten durchzurücken, reagierten die Fahrgäste äußerst zurückhaltend und sporadisch. Dies ärgerte unseren Busfahrer zunehmend. Die wiederholte Durchsage brachte keine dauerhafte Entspannung. Das Prinzip des „immer mehr desselben" ließ keine wirksame Lösung zu. Eines Abends besprach unser Busfahrer sein Problem zuhause mit seiner Frau. Sie überlegten lange und kamen dann zu einer ungewöhnlichen Lösung. Am nächsten Morgen stellte sich rasch das altbekannte Ärgernis wieder ein. Diesmal jedoch verzichtete unser Busfahrer auf seine Standarddurchsage und sagte stattdessen: „Alle Fahrgäste, die saubere Unterwäsche anhaben, gehen bitte nach hinten durch."

Humor ist, wenn man trotzdem lacht. Oft können Sie auch die interessante Beobachtung machen, dass Sie das Problem nicht auf der Ebene lösen können, auf der es entstanden ist. Wir stehen dann sprichwörtlich im Walde und sehen vor lauter Bäumen den Wald nicht mehr. Mit der Strategie des „Immer-mehr-desselben" kommen wir jedoch nicht weiter. In diesem Bewusstseinszustand kommen wir nur noch an 30 Prozent unseres kreativen Potenzials heran. 70 Prozent liegen brach. Diese Problembefangenheit lässt sich am ehesten dadurch lösen, die Ebenen, auf denen wir agieren, zu wechseln.

Festzuhalten bleibt: Die oben aufgeführten Lösungsstrategien zeigen, dass Sie sehr wohl über attraktive Wahlmöglichkeiten im Umgang mit Ihren ganz persönlichen „Zeitdieben" verfügen. Haben Sie nur eine Handlungsoption, so sind Sie zwanghaft in Ihrer Reaktion. Verfügen Sie nur über zwei Handlungsoptionen, so unterliegen Sie einem „Entweder-oder-Muster". Auch diese Option ist wenig lustvoll. Die wahre Freiheit fängt jedoch erst mit Option drei und vier an.

Natürlich gehört auch eine große Portion Mut dazu, anderen eine natürliche Grenze aufzuzeigen. Doch der Aufwand lohnt sich.

9   Quo vadis Führungskraft?

Die Kernbotschaft lautet: Um die wachsenden beruflichen Anforderungen auch in Zukunft gut bewältigen zu können, bedarf es des weiteren Ausbaus zweier entscheidender Schlüsselkompetenzen: eines verbesserten Emotions- und Selbstmanagements.

Unsere Arbeitswelt ist im Umbruch. Massive Umstrukturierungswellen und sich einander ständig ablösende Change-Management-Zyklen geben den Takt vor. Die sich ständig verändernden und sich beschleunigenden Arbeitsverhältnisse fordern ihren Preis. Da drängen sich Fragen auf, wie: Wohin wird sich unsere Arbeitswelt zukünftig entwickeln? Welche einschneidenden Trends und Entwicklungen werden in den nächsten Jahren unser Arbeiten nachhaltig beeinflussen? Werfen wir abschließend einen Blick in die Zukunft. Im Wesentlichen zeichnen sich drei Megatrends ab. Die folgenden Leitfragen stehen deshalb im Zentrum unseres Interesses:

1. Wie wird sich das berufliche Umfeld in den nächsten Jahren verändern?

2. Welche Kernkompetenzen werden von leitenden Mitarbeitern zukünftig noch dringender gebraucht?

3. Wie wirkt sich diese Veränderungsdynamik auf den einzelnen Menschen aus?

9.1   Megatrend: Das Verschwinden der altvertrauten Bürowelt

Zum einen wird sich der Arbeitsplatz als solcher grundlegend verändern. Die klassische altvertraute Bürowelt verschwindet. Büro ist zukünftig, wo man sich aufhält. Die Grundausstattung des modernen Büromenschen besteht künftig aus einem Rollcontainer, einem Laptop und einem multifunktionsfähigen Smartphone. Der fest zugeordnete Schreibtisch verschwindet aus dem Büroalltag.

Das „Desk-Sharing-Prinzip"

Der moderne Büronomade sucht sich in der Früh einen freien Schreibtisch und schlägt dort für seine tägliche Verweildauer seine „Zelte" auf. Am Abend wird wieder zusammengepackt und am nächsten Morgen beginnt dieses „Arbeitsplatzsuchritual" von Neuem. Der globale Wettbewerb fordert besonders aus betriebswirtschaftlicher Sicht eine kontinuierliche Steigerung der Effizienz und vor allem eine drastische Kostenreduzierung. Gerade im Bürogebäudemanagement bieten sich enorme Einsparpotenziale an: weniger Bürofläche, weniger Strom, weniger Heizung. Die Betriebskosten hellen die Gesamtbilanz erfreulich auf.

Zum anderen eröffnet uns der mentale und physische „Umzug" von der analogen in die digitale Welt neue Gestaltungsmöglichkeiten. Immer mehr Menschen arbeiten von zu

Hause aus, verfügen über einen multifunktionsfähigen digitalen Heimarbeitsplatz. Lästige Anfahrtswege zum Arbeitsplatz und wieder nach Hause entfallen. Die uns zur Verfügung stehende Zeit kann effizienter genutzt werden. Vor allem findet ein mentaler Paradigmenwechsel statt: Das Leben wird nicht mehr in die Arbeit integriert, sondern die Arbeit kann selbstbestimmter ins Leben integriert werden. Was bedeutet das konkret? Dem Arbeitgeber ist es letztlich egal, wie Sie Ihre Arbeitsschwerpunkte setzen, ob Sie vielleicht einen notwendigen Arztbesuch tagsüber erledigen und dafür abends zwei Stunden länger arbeiten. Was zählt, ist allein das erbrachte Ergebnis. Wann und wie Sie das Ergebnis liefern, bleibt Ihnen überlassen. Das klassische Arbeitszeitmodell von „neun bis fünf" wird somit ersetzt durch selbst organisierte Arbeitsintensität.

Gefahr des „emotionalen Kapitalismus"

Diese neu gewonnene Selbstverantwortung kann jedoch auch einen verstärkten psychischen Druck bedeuten, die Gefahr, sich in einem übermäßigen Perfektheitsstreben nach Identifikation mit dem beruflichen Tun selbst zu verlieren. Der berufliche Freiraum führt dann dazu, dass man eher mehr als weniger tut. In der Soziologie spricht man deshalb schon verstärkt vom Phänomen des „emotionalen Kapitalismus". Der persönlichen Möglichkeiten an Selbstausbeutung sind kaum Grenzen gesetzt. Umso wichtiger erscheint es, die Kernkompetenzen der emotionalen Selbstregulierung und des eigenen Selbstmanagements weiter zu fördern.

9.2   Megatrend: Gutes Emotions- und Selbstmanagement und die Befähigung zum Fördern und Fordern sind gefragt

Das Anforderungsprofil an einen Arbeitsplatz der nächsten Jahre wird vor allem zwei Kernkompetenzen verstärkt in der Vordergrund rücken: ein gutes Emotionsmanagement und ein verbessertes Selbstmanagement. Zu diesem Ergebnis kommt eine neue Arbeitsstudie, „Arbeitswelt 2030", von der Johannes-Gutenberg-Universität in Mainz. Christian Dormann, Professor für Wirtschaftspsychologie in Mainz, kommt hier zu folgenden Schlüssen:[38]

Dienstleistungstätigkeiten werden der Studie zufolge weiter an Boden gewinnen und in 15 Jahren wahrscheinlich einen Anteil von 85 bis 90 Prozent in Deutschland ausmachen. Dies wird für alle dort Erwerbstätigen mit neuen Anforderungen und Belastungen einhergehen. Deshalb schlussfolgert Dormann, dass vor allem das Emotionsmanagement der Beschäftigten dringend gefördert werden sollte. Nicht nur für Krankenpfleger und Erzieher, sondern von allen Beschäftigten wird zukünftig erwartet, dass sie ihren Auftraggebern, Projektlei-

---

[38] Arbeitsstudie „Arbeitswelt 2030", herausgegeben von der Johannes-Gutenberg-Universität in Mainz. Feb. 2009.

tern und Kooperationspartnern ein kompetentes Gefühl der Sicherheit, des Vertrauens und der Sympathie vermitteln. Dies kann nur gelingen, wenn der Mitarbeiter zur eigenen Emotionskontrolle befähigt ist. Der „Kompetenzmuskel" sollte ausdauernd trainiert werden, damit er den künftigen Anforderungen gerecht werden kann.

Ein zweiter wichtiger Einflussfaktor kommt hinzu: Nur wer darüber hinaus in der Lage ist, sein persönliches Zeit- und Selbstmanagement den neuen Berufsanforderungen anzupassen, wird gestärkt aus diesem Veränderungsprozess hervorgehen. Immer wichtiger wird es werden, selbst Prioritäten und Entscheidungen treffen zu können. Dazu Dormann: „Es ist wichtig, dass die Menschen selbst Entscheidungen treffen können, dass sie selbst Verantwortung übernehmen, sich selbst Ziele setzen und ihre Zeit selbst einteilen können."[39]

Die künftigen Aufgaben werden deutlich an Komplexität zunehmen, sodass ein Vorgesetzter nicht mehr alles allein überblicken und kontrollieren könne. Das verantwortungsvolle Selbsttätigwerden des einzelnen Mitarbeiters wird zu einer notwendigen Schlüsselkompetenz der Zukunft.

Die Studie differenziert ferner zwei unterschiedliche Jobqualitäten. Während auf der einen Seite der auf Dauer krank machende „Stressjob" vorherrsche, gäbe es auf der anderen Seite auch den „Active-Job", der sich durch ein hohes Maß an individuell selbstregulierbaren Gestaltungsmöglichkeiten definiert. Hier herrschen Freiräume für eigenes Denken und Handeln. Die Vorteile liegen auf der Hand: Mehr „Active-Jobs" senken nachweisbar signifikant den Krankenstand in vielen Unternehmen.

Dieses neue Anforderungsprofil ist ausschlaggebend dafür, dass sich die Erwerbstätigen in zwei Gruppen teilen. Die eine Gruppe sei zu einem erfolgreichen Selbstmanagement befähigt und werde an den neuen Herausforderungen wachsen. Die andere Gruppe hingegen, die in Bezug auf die eigene Selbstregulation weniger erfolgreich agiert, würde deutlich mehr Schwierigkeiten bekommen als heute, vor allem psychischer Natur. Noch einmal Dormann: „Es hat sich gezeigt, dass ohne erfolgreiches Emotionsmanagement die Wahrscheinlichkeit drastisch steigt, von der Arbeit zerrieben zu werden."[40]

Führungskompetenz des Forderns und Förderns verbessern

Noch in einer weiteren Hinsicht wird sich das Anforderungsprofil einer guten Führungskraft in den nächsten Jahren verändern. Zum Führungsgeschäft einer guten Führungskraft gehört nicht nur das Delegieren, Kontrollieren und Motivieren, sondern auch das Weiterentwickeln von Mitarbeiterkompetenzen. Fragt man junge Berufseinsteiger, worauf sie besonderen Wert bei der Arbeitgeberwahl legen, so steht an erster Stelle der Wunsch nach Entwicklungsmöglichkeiten. Der Wertigkeit entsprechend folgen auf den weiteren Plätzen: eine kollegiale Arbeitsatmosphäre und ein ausgeglichenes Verhältnis zwischen Arbeit und

---

[39] Christian Dormann, Professor für Wirtschaftspsychologie in Mainz In: „Arbeitswelt 2030", Arbeitsstudie herausgegeben von der Johannes-Gutenberg-Universität in Mainz. Feb. 2009.
[40] Ebd.

Freizeit. Das Gehalt folgt erst an vierter Stelle. Interessante Arbeitsinhalte, Freude an der auszuübenden Tätigkeit sowie Karriereperspektiven führen dazu, dass sich Mitarbeiter mit ihrer Arbeit und mit ihrem Arbeitgeber dauerhaft identifizieren. Dieser Zusammenhang darf nicht vernachlässigt werden, denn er fördert in erheblichem Umfang die Motivation und die Bindung des Mitarbeiters.

Mit diesen neuen Prioritäten verschieben sich auch die Machtverhältnisse in den Unternehmen. Im Kampf um die guten Talente von morgen hat der Arbeitgeber eine Bringschuld, die deutlich über die Gehaltszahlung hinausgeht, was Konsequenzen für jede Führungskraft mit unmittelbarer Personalverantwortung hat. Das unmittelbare Führungsverständnis rückt somit noch mehr in den Fokus.

Die Schlüsselfrage lautet deshalb: Wie gelingt es mir als Führungskraft, zukünftig noch mehr trotz des anspruchsvollen operativen Tagesgeschäfts meine Mitarbeiter angemessen zu fordern und zu fördern? Wie kann ich mein Führungsverhalten so gestalten, dass ich die Selbstorganisationskräfte meiner Mitarbeiter fördere, sodass Stress, Krisen und Konflikte spürbar nachlassen?

Wirkungsvolles und wertvolles Führen richtet sich künftig noch mehr an folgenden Wirkprinzipien aus:

Das Prinzip der Nichteinmischung leben!

Die oberste Erfolgsformel im Umgang mit Ihren Mitarbeitern lautet: Nehmen Sie Ihren Mitarbeitern niemals den eigenen Erfolg. Geben Sie klare Zielvorgaben vor und überlassen Sie es den Mitarbeitern, wie sie die Zielerreichung konkret sicherstellen. Holen Sie Ihre Mitarbeiter aus der geistigen Hängematte und fordern Sie sie zum aktiven Problemlösen auf. Im Idealfall kommen Ihre Mitarbeiter mit konkreten Lösungsideen zu Ihnen und nicht mehr mit Problemen.

Die innere Haltung entscheidet über den Grad der Eigenverantwortlichkeit

Doch dieses Verhalten setzt von Ihnen als Führungskraft eine besondere innere Haltung voraus. Sie sorgen dafür, dass Ihre Mitarbeiter im Vollbesitz ihrer Arbeitsressourcen sind und den gewünschten Zielzustand kennen. Sie vertrauen auf die Selbstverantwortlichkeit jedes Einzelnen und schärfen bei allen Beteiligten immer wieder den Blick für das große Ganze. Das motiviert und setzt Kräfte frei. Sie erweitern mit dieser Haltung Schritt für Schritt den Gestaltungsrahmen Ihrer Mitarbeiter und fördern gleichzeitig deren Verantwortungsbereitschaft.

Anders formuliert bedeutet das: Das Führungsverständnis alter Schule hat ausgedient: zackige Anweisungen, Mitarbeitern enge Grenzen setzen und diese kleinschrittig kontrollieren, über alles Bescheid wissen zu wollen, wer z. B. woran arbeitet und wie diese Aufgaben optimal erledigt werden können. Diese innere althergebrachte Haltung zeigt sich auch darin, dass nicht nur Ziele, sondern auch der Weg der Zielerreichung haargenau vorgegeben wird. Das Anweisen, Steuern und Kontrollieren steht hier als zentrale Führungsaufgabe über allem. Last but not least mündet diese antiquierte Führungsauffassung in der Denkhaltung, stets für meine Mitarbeiter mit-, vor- oder nachzudenken. Diese Haltung ist weit von einer respektvollen, wertschätzenden und auf eigenverantwortliche Selbsttätigkeit ausgerichteten Personalführung entfernt.

Prinzip des Musterbruchs leben!

Die Faustformel guten Führens lautet hier: Brechen Sie mit eingefahrenen Mustern. Immer mehr desselben macht auf Dauer betriebsblind. Vertrauen Sie im übertragenen Sinne von Zeit zu Zeit auf die Kraft der „kreativen Zerstörung". Ein großer Energiegully beim Führen von Organisation und Mensch besteht im blinden Vertrauen auf starre Verfahrensabläufe. Doch die Erfahrung lehrt, dass hier oft viel Kapital brachliegt. Überprüfen Sie deshalb ihre eingeübten Musterbildungen immer wieder auf Ihre Umfeldverträglichkeit. Das gelingt am besten, wenn Sie Ihre Musterabläufe kritisch hinterfragen. Wechseln Sie hierzu auf die Metaebene. Aufschlussreich in diesem Zusammenhang ist auch eine Untersuchung des Management-Zentrums St. Gallen aus dem Jahr 2003.[41]

Der Studie zufolge sind vier von fünf deutschen Managern davon überzeugt, dass ein radikaler Wechsel im Managementdenken erforderlich ist, um mit den neuen Führungsherausforderungen zukünftig besser klarkommen zu können. Dabei orientiert sich die herkömmliche Managementdenkweise an den klassischen sieben Führungsmustern.

„Die glorreichen Sieben"

Die folgenden sieben klassischen Führungsmuster gelten als ungeschriebene Gesetzmäßigkeiten guten Managements. Da Führungskräfte heutzutage vor sehr komplexen Aufgaben stehen, greifen althergebrachte Methoden jedoch nicht mehr. Die Führungsrolle einer modernen Führungskraft verlangt einen deutlicheren Schwerpunkt auf eine positive emotionale Beziehungsgestaltung. Deshalb ist es vonnöten, mit den klassischen Mustern zu brechen, um substanzielles Neuland erreichen zu können.[42]

Muster 1: Führung muss steuern!
Manager gehören ans Ruder. Sie geben die Marschrouten vor und kennen als Einzige die relevanten Stellhebel, um die Organisation zu lenken. Dazu befähigt sind sie durch ihre Ausbildung und ihre Erfahrung.

---

[41] Management-Zentrum St. Gallen „Manager 2003 – Selbstreflexionen, Herausforderungen". 500 Manager aus dem deutschsprachigen Raum wurden gefragt, wie sie ihre Situation als Führungskraft beurteilen und was sie um sich herum im Unternehmen beobachten. Zentrales Ergebnis: 80 Prozent der Manager glauben, dass ein radikaler Richtungswechsel im Management nötig sei. Die Studie kann unter www.mariapruckner.com/inh/publikationen.htm als 32-seitiges PDF kostenlos heruntergeladen werden.

[42] Hans A. Wüthrich, Dirk Osmetz, Stefan Kaduk: Musterbrecher. Führung neu leben. Gabler, Wiesbaden 2006.

Muster 2: Führung muss kontrollieren!
Ohne Kontrolle bliebe jeder Regelverstoß folgenlos, dem „Systemverfall" wäre Tor und
Tür geöffnet. Daher müssen Führungskräfte sicherstellen, dass sämtliche Vorschriften und
Regeln in der Organisation eingehalten werden.

Muster 3: Führung muss standardisieren!
Standards und Normen machen Arbeit darstellbar und vergleichbar. Um Arbeit bewerten
zu können, müssen Führungskräfte Abläufe standardisieren und Kriterien für Erfolg definieren.

Muster 4: Führung muss rational entscheiden!
Entscheidungen müssen rational, also vor allem auf der Grundlage von Zahlen, Daten,
Fakten getroffen werden. Rationalität sichert Akzeptanz und führt zu den besten Lösun-
gen.

Muster 5: Führung muss den kurzfristigen Erfolg suchen!
Aktuelle Probleme sind immer die dringlichsten. Führungskräfte müssen sich bei ihrer
Arbeit daher auf das Hier und Jetzt konzentrieren.

Muster 6: Führung muss beschleunigen!
Zeit ist der entscheidende Faktor im wirtschaftlichen Wettbewerb. Führungskräfte müssen
daher stets versuchen, durch effiziente Planung, Steuerung und Kontrolle Durchlaufzeiten
zu verkürzen und Prozesse so schlank wie möglich zu gestalten.

Muster 7: Führung muss sich an Rahmenbedingungen orientieren!
Die Möglichkeiten der Führung sind sowohl durch die Rechtsprechung als auch durch die
Beobachtung durch die Medien und die Managementlehre festgelegt. Wer sich nicht an die
Rahmenbedingungen hält, wird scheitern.

Resümierend bleibt darauf hinzuweisen: Auch hier entscheidet wieder die innere Haltung
über Motivation oder Demotivation Ihrer Mitarbeiter. Überraschen Sie Ihre Mitarbeiter
immer wieder mit Ihrem variantenreichen Führungsstil.

9.3   Megatrend: Mentale Widerstandsfähigkeit als aktiver Stresspuffer

Abbildung 9.1   Im Hamsterrad des täglichen Tuns

Viele Mitarbeiter leiden heute an dem Gefühl, mit den steigenden Ansprüchen nicht mehr Schritt halten zu können: ständig neue Ideen generieren, passgenaue Lösungen finden, kontinuierliche Verbesserungen, hohe Qualität sicherstellen, Schnelligkeit und die viel beschworene Flexibilität.

Tatsache ist: Arbeitnehmer fehlen immer häufiger wegen psychischer Erkrankungen am Arbeitsplatz.[43]

---

[43] Zu diesem Befund kommt der aktuelle Fehlzeiten-Report 2010, der vom Wissenschaftlichen Institut der AOK (WIdO) und der Universität Bielefeld herausgegeben wird.

Die Anzahl der Krankheitsfälle ist nach einer Untersuchung des Wissenschaftlichen Instituts der AOK im Jahre 2009 auf einen neuen Rekordwert gestiegen. Alarmierend ist die Nachricht deshalb, weil trotz Rezession und der Sorge um den eigenen Arbeitsplatz die Zahl der Krankheitstage sogar leicht zugenommen hat. Schon jetzt sind psychische Erkrankungen die häufigste Ursache für Frühverrentungen. 2007 begründete jeder Dritte seinen vorzeitigen Berufsausstieg mit hartnäckigen Depressionen oder anderen seelischen Störungen. Laut Berechnungen des Statistischen Bundesamtes entstand durch die neue Volkskrankheit im Jahre 2006 ein volkswirtschaftlicher Schaden von 26,7 Milliarden Euro.

Denken Sie daran: Der Körper ist der „Handschuh der Seele". Ständige Erreichbarkeit und Einsatzbereitschaft rund um die Uhr machen auf Dauer krank. Mehrdimensionales Multitasking funktioniert nicht! Der Illusion eines Realtime-Managements nachzulaufen, ist wenig hilfreich.

Um mit diesem Anforderungsdruck produktiv umgehen zu können, bedarf es stattdessen einer erhöhten Widerstandsfähigkeit jedes Einzelnen.

Die Stressforschung arbeitet heutzutage vermehrt mit dem Begriff der „Resilienz". Befragt man hierzu Wikipedia, so erhält man folgende Auskunft: Resilienz leitet sich aus dem Lateinischen resilire ‚zurückspringen' ‚abprallen' ab. Im deutschen Sprachgebrauch steht Resilienz für Widerstandsfähigkeit und meint die Fähigkeit, Krisen durch Rückgriff auf persönliche und sozial vermittelte Ressourcen zu meistern und als Anlass für Entwicklungen zu nutzen.[44]

Für den Kontext der hier relevanten Zielgruppe kann Resilienz definiert werden als die psychische Widerstandsfähigkeit von Menschen gegenüber biologischen, psychologischen und psychosozialen Entwicklungsrisiken. Resilienz zielt insofern auf psychische Gesundheit trotz hoher Risikobelastungen und zeichnet sich durch eine hohe Bewältigungskompetenz aus.

Das Phänomen ist allseits bekannt: Während der eine Rückschläge locker wegsteckt, aus Krisen sogar gestärkt hervorgeht, berappeln sich andere nur mühsam. Kinder werden als resilient bezeichnet, die in einem risikobelasteten sozialen Umfeld aufwachsen, das durch Armut, Drogenkonsum und Gewalt gekennzeichnet ist – und sich dennoch zu erfolgreich sozialisierten Erwachsenen entwickeln. Eine der spektakulärsten Untersuchungen war die „Kauai"-Studie auf Hawai. Über einen Zeitraum von 40 Jahren, bis in die 90er Jahre hinein, beobachtete die Entwicklungspsychologin Emmy Werner 700 Kinder aus schwierigen Verhältnissen. Ein Drittel der Probanden verkraftete die widrigen Umstände gut und wuchs in stabile Lebens- und Familienverhältnisse hinein. Das Ergebnis stellte die Lehre von der frühkindlichen Prägung auf den Kopf. Aus den Befunden lässt sich schließen, dass sogenannte protektive Schutzfaktoren existieren, die die Wirkung von Risikofaktoren beeinflussen. Aber welche Faktoren sind das? Welche Fähigkeiten haben lebenstüchtige

---

[44] Wikipedia. Die freie Enzyklopädie. Resilienz (Psychologie und verwandte Disziplinen).

Kinder, die andere aus ganz ähnlichen Familien nicht haben? Sind diese Eigenschaften angeboren oder lassen sie sich erlernen? Die gute Nachricht: Resilienz ist trainierbar.

„Es ist wie mit dem Glück", stellt Resilienz-Expertin Micheline Rampe fest. „Ein bisschen bekommt man als Geschenk mit auf den Weg, den Rest, das entscheidende ‚Mehr' muss sich jeder selbst erarbeiten." In ihrem Buch „Der R-Faktor" beschreibt die Autorin das „Geheimnis unserer inneren Stärke".[45]

Dabei spielen sieben Einflussfaktoren eine entscheidende Rolle.

Die sieben Säulen der Resilienz

1. **Optimismus leben:** Optimismus bedeutet ein tief verankertes Vertrauen zum Leben zu haben. Dieses Grundvertrauen schließt die Gewissheit mit ein, dass alle auftretenden Krisen nicht von Dauer sind, also zeitlich begrenzt. So manches vermeintliche Unglück stellt sich in diesem Denkzusammenhang später als Glück heraus. Resiliente Menschen nehmen mit dieser Geisteshaltung bewusst Einfluss auf ihren inneren Optimismus und setzen diese Ressource zielgenau und effektiv im Krisenfall ein.

2. **Akzeptanz einüben:** In dieser sogenannten „Ernüchterungsphase" ist es ganz wichtig, die eingetretene Krise – z. B. den Jobverlust – grundsätzlich zu akzeptieren und kein Fluchtverhalten zu zeigen. Eine nüchterne Bestandsaufnahme befragt die eingetretene Ist-Situation nach konkreten Lösungsschritten: Welche ganz konkreten Handlungsmöglichkeiten stehen mir jetzt zur Verfügung?

3. **Individuelle Lösungsorientierung:** Den beiden vorausgegangenen Schritten folgt nun eine weitere Fokusierung auf die individuellen Erwartungen und Ziele. Was muss konkret geschehen, damit wieder mehr Selbstkontrolle möglich ist?

4. **Opferrolle aufgeben:** Auch resiliente Menschen sind nicht vor der Opferrolle gefeit. Nach einer gewissen inneren Durststrecke gelingt es ihnen jedoch wieder, lösungsorientiert über die eigene Situation nachzudenken. Resilientes Verhalten zeigt sich auch darin, nicht andere oder nur äußere Umstände für die eigene prekäre Lage verantwortlich zu machen.

5. **Eigenverantwortung übernehmen:** Hiermit ist die Bereitschaft gemeint, Verantwortung für das eigene Tun oder Lassen zu übernehmen. Das heißt jedoch nicht, sich per se immer den Schwarzen Peter selbst zuzuschieben. Wer hingegen den eigenen Anteil an der Krise realistisch einzuschätzen vermag und daraus die richtigen Schlüsse zieht, der ist in der Regel auch schneller über den Berg. So ist z. B. von Unfallopfern, die mit ihrem eigenen Schicksal hadern, bekannt, dass sie sich langsamer von ihren Verletzungen erholen, als Patienten die daran glauben, nicht oder nicht ausschließlich schuld zu sein.

---

[45] Micheline Rampe: Der R-Faktor. Das Geheimnis unserer inneren Stärke, Eichborn Verlag, Frankfurt am Main 2004.

6. **Netzwerke aufbauen:** Ein stabiles und funktionierendes Netzwerk aufzubauen, stärkt den Resilienzmuskel. Widerstandsfähige Menschen lösen in der Regel ihre Probleme nicht im Alleingang, sondern suchen aktiv nach Netzwerkpartnern, die sie bei der Lösungssuche unterstützen können. Das nimmt oft Druck aus der Situation und lässt es uns leichter um's Herz werden.

7. **Zukunft planen:** Für eine stimmige Zukunftsplanung benötigen wir ausreichende Gestaltungsmöglichkeiten, die Alternativen und Visionen mit einschließen. Für eine zufriedene Lebensführung ist das Gefühl, das eigene Leben selbst bestimmen und weitestgehend auch selbst aktiv steuern zu können, existenziell.

Dieses „Sieben-Säulen-Modell" zielt ausnahmslos auf eine Stärkung der mentalen Verfassung. Resiliente Menschen zeichnen sich durch ein kontaktfreudiges Temperament aus, sie sind optimistisch, durchsetzungsfähig und seelisch ausgeglichen. Sie akzeptieren Krisen, sind aber der festen Überzeugung, dass sich die Dinge wieder zum Besseren wenden werden. „Niemand kann sich von Grund auf verändern", betont Rampe. „Aber wer seine Achillesferse kennt, wird wieder handlungsfähig." Das Maß aller Dinge ist, hier nicht länger die Defizite, sondern die Stärken eines Menschen in den Mittelpunkt zu stellen.

In diesem Sinne stellt Resilienz ein persönliches Entwicklungskonzept dar. In der zukünftigen Berufs- und Arbeitswelt werden alle hier skizzierten sieben Säulen eine zunehmende Rolle spielen. Die Stärkung Ihrer eigenen Resilienzkompetenz hängt entscheidend von dem gelungenen Zusammenspiel aller Säulen ab.

Auch beim Brückenbau wird der Begriff der Resilienz verwendet. Damit die Brücke auch ungewöhnlichen Belastungsszenarien gut standhalten kann, z. B. einem Erdbeben, muss bei der Planung ein gewisser „Schwingungsfreiraum" mitbedacht werden. Diesen Spielraum braucht die Brücke, um im Notfall wieder in die richtige Balance zu kommen.

Genauso ist es auch beim Menschen. Eine gesunde Widerstandskraft ist jedoch nicht angeboren, sondern wird nur in der aktiven Auseinandersetzung mit den Widrigkeiten des Lebens erworben. Dreh- und Angelpunkt ist hier die Entwicklung der eigenen Persönlichkeit. Nur wer ausreichend in der Lage ist, sich gut zu kennen, die eigenen Stärken, aber auch die eigenen Schwächen, förderliche und selbst sabotierende Muster im Denken und Handeln, der kann ein starkes Selbstkonzept entwerfen. Dies ist die Basis, die Stabilität und innere Festigkeit gewährt. Dann gelingt es auch leichter, sich gegen ärgerliche Reize von außen unabhängiger zu machen.

Nur wenn der Mensch über ausreichende attraktive Handlungsoptionen verfügt, kann er den hohen Tagesanforderungen gerecht werden und auch bei Kräften bleiben. Es geht immer wieder darum, aus dem täglichen Hamsterrad auszusteigen und für eine gesunde persönliche Entschleunigung zu sorgen. Zahlreiche Studien haben gezeigt, dass ein wesentlicher Faktor für Balance und Entschleunigung das Gefühl der Selbstbestimmtheit ist. Eigene Handlungsspielräume und kooperative Führungsstile tragen dazu bei. Das beeinträchtigende Gefühl, wie ein Hamster im Rad immer schneller laufen zu müssen, resultiert hingegen aus dem Gefühl der Fremdbestimmtheit und kann im schlimmeren Falle auch

Ohnmachtsgefühle auslösen. Die Gefahr einer Entgrenzung unserer Arbeitswelt ist heute groß: Überstunden werden schnell zu Überallstunden. Grenzenloses laptopen, ständiges Arbeiten unterwegs kann in die direkte „Burnout-Falle" führen.

Abbildung 9.2   Burnout gefährdet Ihre Gesundheit

Sicherlich gibt es keinen allein selig machenden Königsweg, die innere Ruhe und Balance zu erreichen. Es ist jedoch von Vorteil, wenn wir über genügend attraktive Wahlmöglichkeiten verfügen, um rechtzeitig für einen stimmigen Tempowechsel zu sorgen.

Das „Fünf-Säulen-Modell der eigenen Identität"

Eine konkrete Möglichkeit zur Förderung der eigenen inneren Balance ist die Arbeit mit dem Modell der „Fünf Säulen meiner eigenen Identität".[46]

Die Grundidee ist, dass unser Leben von fünf Säulen getragen wird:

- Arbeit und Leistung
- Soziales
- Körperlichkeit
- Normen und Werte
- Materielles

Alle fünf „Säulen" spielen eine existenzielle Rolle in unserem Leben. Nur wenn alle Säulen ausreichend stabil und stark sind, stellt sich eine tiefere Zufriedenheit ein und wir empfinden unser Leben in einer gesunden inneren Balance. Droht jedoch durch eine Lebenskrise, eine dieser Säulen „wegzubrechen", so fallen wir aus unserem seelischen Gleichgewicht.

Angenommen, wir verlieren unseren Arbeitsplatz, so ist die Gefahr, in ein tiefes schwarzes Loch zu fallen, sehr groß. Unsere Lebenssäule „Arbeit und Leistung" vermag uns kurzfristig nicht mehr zu tragen. Umso wichtiger ist es dann, dass die übrigen Identitätssäulen auf einem festen Grund gebaut sind und uns in dieser akuten Krise genügend innere Stabilität und Festigkeit bieten. Deshalb ist es so wichtig, auch den anderen vier Säulen die nötige Aufmerksamkeit und Zuwendung zu widmen.

Betrachten wir unsere Identitätssäulen noch aus einer anderen Perspektive. Stellen Sie sich vor, Sie haben bei einer Bank fünf Konten. Die Konten stehen stellvertretend für Ihre fünf Säulen. Ihr ganzes Leben lang zahlen Sie auf diese Konten ein. Warum? Um im Krisenfall – und Krise ist irgendwie immer – etwas abbuchen zu können.

Greifen wir nun unser obiges Beispiel wieder auf. Wenn wir akut von Arbeitslosigkeit bedroht sind, wäre es für unsere innere Balance jetzt sehr wichtig, z. B. etwas vom Konto „Soziales" abbuchen zu können. Doch von diesem Konto können wir natürlich nur etwas abbuchen, wenn wir zuvor dort auch etwas eingezahlt haben. Kurzum: Nur wenn wir unsere sozialen Netzwerke wie Partnerschaft, Familie, Freunde, Kollegen etc. entsprechend gepflegt haben, kann uns dieses Netz nun auch tragen.

Andererseits kann man es auch mit der „Einzahlung auf ein Konto" übertreiben. Menschen, die den Leistungsgedanken überinterpretieren und nur mit 120-prozentigen Lösungen zufrieden sind, laufen Gefahr, sich im Streben nach Perfektion selbst zu verlieren. Andere wichtige Lebensbereiche wie Hobbys oder Freundschaften bleiben dann unbeachtet. Denn dafür ist ja dann auch keine Zeitressource mehr vorhanden.

---

[46] Friedemann Schulz von Thun gilt als geistiger Ahnherr des Modells des inneren Teams. Weiterführende Ideen finden sich in Bd. 3, Miteinander Reden, rororo, Reinbek bei Hamburg 2000.

Wollen Sie an einem Marathon teilnehmen, so ist es ganz selbstverständlich, dass Sie zuvor auf Ihr Konto „Körperlichkeit" einiges einzahlen müssen, um im Wettkampf auch die passende Währung abheben zu können.

Schauen wir uns das Konto „Körperlichkeit" noch etwas genauer an. Wer in seinem Job auf Dauer erfolgreich sein will, der sollte auf jeden Fall auf sein Konto der körperlichen Fitness einzahlen. Die Realität sieht jedoch häufig ganz anders aus: Viel zu oft bewegen wir uns zu wenig, ernähren uns nach dem Zufallsprinzip, ignorieren wichtige Erholungsphasen und sind meilenweit davon entfernt, auf eine stimmige und angemessene Lebensbalance zu achten. Ein notwendiges präventives Engagement gilt immer nur für die anderen, man selbst lebt lieber in der Illusion von der eigenen Robustheit. Karriere und Job haben Vorfahrt. Unterm Strich bleibt einfach keine Zeit, um sich auch noch um die eigene Gesunderhaltung zu kümmern.

Doch mit der Gesundheit ist es wie im Straßenverkehr. Wir können schon mal „ungestraft" eine rote Ampel überfahren. Vielleicht geht es auch bei der zweiten noch gut. Bei der dritten Ampel steigt jedoch das potenzielle Unfallrisiko dramatisch an und irgendwann „kracht" es dann gewaltig. Neue berufliche Herausforderungen hängen auch auf das Engste mit Ihrer körperlichen Konstitution zusammen. Karriere und Gesundheit sind zwei Seiten einer Medaille. Deshalb sollten wir auch dieser Säule unserer Identität sehr viel Aufmerksamkeit und Engagement widmen. Es ist ein aktiver Beitrag zur Förderung der eigenen Widerstandsfähigkeit.

Abbildung 9.3   Fünf Säulen unserer Identität

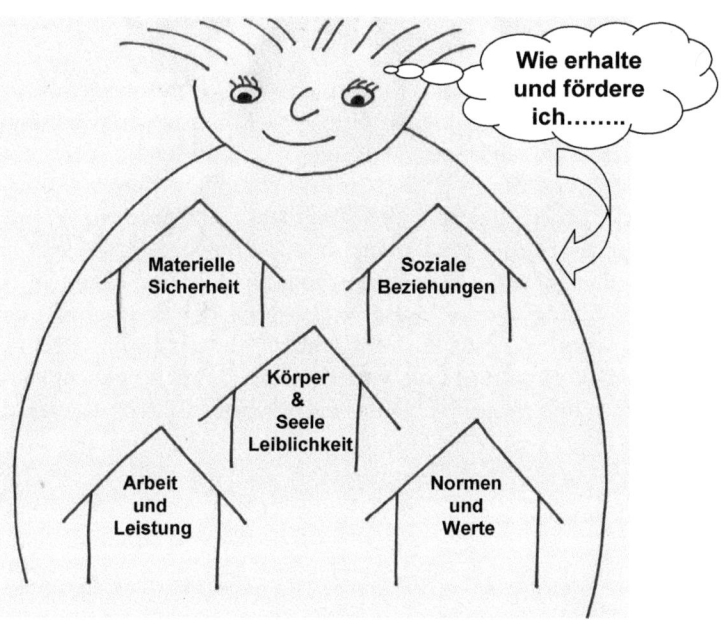

Gesundheitscoaching als Präventivmaßnahme

Mittlerweile gibt es eine Reihe von spannenden Konzepten, wie das Thema Gesundheit in die professionelle Managementberatung mit integriert werden kann. Im Folgenden wird deshalb das Konzept des Gesundheitscoachings von Matthias Lauterbach kurz vorgestellt.[47]

Grundsätzlich geht dieser Denkansatz von einem sehr dynamischen Gesundheitsverständnis aus. Gesundheit wird hier nicht als statischer Zustand aufgefasst, sondern als ein lebenslanger Veränderungs- und Lernprozess, der bewusst zu gestalten ist. Analog zu unserem „Säulenmodell der eigenen Identität" geht es hierbei um ein Lebensgleichgewicht, das es zu entwickeln und aufrechtzuerhalten gilt.

Ziel ist es, die Entfaltung der eigenen persönlichen Anlagen und der entsprechenden Lebensentwürfe miteinander zu verbinden, sodass in Summe eine sinnstiftende Einheit erkennbar wird. Deshalb steht auch eine Masterfrage im Zentrum: „Wozu will ich eigentlich gesund bleiben?" Es klingen die Leitfragen nach der Sinnhaftigkeit meines Tuns von Viktor Frankl wieder an. Hier spielt ein weiterer Gedanke eine tragende Rolle: Menschen bleiben in der Regel eher dann gesund, wenn sie ihr Leben als „stimmig" empfinden. Dazu bedarf es drei mentaler Schritte, die als Modell der Salutogenese umschrieben werden.

1. Wir sollten erkennen können, was in unserem Wirkumfeld, beruflich wie privat, geschieht,

2. die grundsätzliche Möglichkeit erkennen, die Herausforderungen des Lebens auch bewältigen zu können,

3. den eigenen Herausforderungen den dahinter liegenden Sinn entlocken können und unser Engagement als erstrebenswert ansehen.

Die alltagstaugliche Wirksamkeit dieses Konzeptes steigt erfahrungsgemäß dann, wenn es gelingt, konkrete Maßnahmen wie Joggen oder eine Ernährungsumstellung mit den Lebensbalancen und den dazugehörigen Sinnfragen zu verknüpfen. Noch etwas Entscheidendes kommt hinzu. Wenn es uns gelingt, auf unsere innere Körperstimme zu hören, so können wir von der körpereigenen Selbstregulation profitieren. Wenn wir genau hinspüren, sagt uns unser Körper ganz genau, wie viel Bewegung, wie viel Erholung oder welche Beziehungen uns gut tun. Unser Körper lügt nicht. In ihm liegen alle Lösungen für die eigene Gesunderhaltung. Dieses „intuitive Wissen" hat eine ganze Menge mit dem Prinzip der inneren Achtsamkeit zu tun. Wir können dieses Wissen wieder aktiv nutzen, wenn wir aufmerksam, konzentriert und wertschätzend damit umgehen. Leider liegt diese Wissen viel zu oft brach und muss erst wieder ins Bewusstsein befördert werden.

---

[47] Matthias Lauterbach: Einführung in das systemische Gesundheitscoaching. Carl-Auer Verlag, Heidelberg 2008.

Verbindliche Vereinbarungen mit mir selbst treffen

Um dieses Konzept erfolgreich in den eigenen Alltag zu übertragen, braucht es jetzt klare Vereinbarungen mit uns selbst. Nur wenn wir uns klare Ziele setzen und diese in erreichbare Meilensteine formulieren, werden wir Erfolg haben. Konkret bedeutet das: Maßnahmen wie Joggen oder den Besuch eines Fitnesscenters sollten in dem persönlichen Terminkalender eingetragen werden.

Klären Sie vor allem Ihr Vorhaben mit Ihrem sozialen Umfeld ab. Eine Ernährungsumstellung macht keinen Sinn, wenn Sie Ihre Familie nicht von den geplanten Maßnahmen ausreichend vorab informieren.

Halten wir fest: Unsere beiden Übersichtsmodelle der fünf Säulen der eigenen Identität und der Resilienz können uns wieder etwas mehr Orientierung und Sicherheit mit Blick auf unsere innere Balance geben. Wie sicher oder brüchig sind unsere Lebenssäulen augenblicklich? Wo täte es vielleicht gut, die eine oder andere Renovierungsarbeit durchzuführen? Betrachten Sie diese Ansätze als kontinuierlichen Verbesserungsprozess und als Aufforderung zur praktizierten inneren Achtsamkeit.

Bewegung bleibt die beste Medizin

Selbstverständlich gibt es viele unterschiedliche Ansätze, die eigene Widerstandsfähigkeit zu erhöhen. Alles in allem bleibt jedoch Bewegung die beste Medizin gegen Stress, da die Stressreaktion aus aufgestauter Bewegungsenergie resultiert.

Wichtig bei alldem ist, dass Sie für sich stimmige Handlungsoptionen entwickeln, die zu Ihnen auch passen. Immer mehr Firmen bieten ihren Mitarbeitern heutzutage die Option für ein Sabbatical: eine zeitlich klar definierte Jobauszeit, um das eigene Akku wieder aufzuladen und vielleicht auch die Gelegenheit, mal das zu tun, wozu man bisher einfach nicht gekommen ist.

Machen Sie sich bewusst, dass sich unser Leben stets zwischen zwei Polaritäten abspielt: Der sogenannte „Tun-Pol" umschreibt unser aktives Leistungsstreben in der Welt. Die andere Polarität nennt sich „Selbst sein Pol". Hierunter verstehen wir unser Dasein in der Welt, das einfache Präsentsein, unabhängig von jeder Bewertung und jeglichem Effizienzgedanken. Wir können niemals nur in einer Polarität leben. Es geht immer darum, eine gesunde Pendelbewegung zwischen diesen beiden Polaritäten zu erreichen.

Persönliche „Wachstumsbremsen" lösen

Die Tücken schlechter Angewohnheiten hat niemand schöner und trefflicher beschrieben als Mark Twain: Es sei doch ganz leicht, mit dem Rauchen aufzuhören, sagte er. Er habe das schon 1000 Mal getan.

Abschließend noch ein Blick auf ein recht ungewöhnliches Stilmittel, nämlich das der provokativen Intervention. Es soll Sie in gesunder Weise provozieren, um einen ganz besonderen Gedanken zum Vorschein zu bringen. Wann immer in Ihrem Leben – beruflich wie privat – etwas schiefzulaufen droht, könnten gewisse menschliche Schwächen dafür ausschlaggebend sein. Drei große Stolpersteine stellt uns unser „innerer Schweinehund" immer wieder gerne in den Weg. Die Stolpersteine heißen:

- Faulheit
- Feigheit
- Eitelkeit

Oft sind wir einfach zu faul, um z. B. neues Wissen, neue Methoden des Selbst- und Zeitmanagements nachhaltig anzuwenden. Immer wieder passiert es, dass unser „innerer Schweinehund" an der Kette zerrt und uns zuflüstert: „Was soll denn dieser neue Schnickschnack? Es ging doch bisher auch ganz gut ohne. Spar' dir die Mühe und leg' dich lieber öfter in deine geistige Hängematte und entspann' dich."

Feigheit bedeutet, z. B. notwendige Entscheidungen oder Konflikte hinauszuzögern oder ganz zu vermeiden. Wir alle verspüren natürliche „Beißhemmungen", wollen lieber immer freundlich, liebenswürdig und hilfsbereit erscheinen. Einfacher ist es, Konflikten aus dem Weg zu gehen und darauf zu hoffen, dass sie sich irgendwann von alleine lösen. Die Realität spricht jedoch oft eine andere Sprache.

Eitelkeit bedeutet z. B., dass das lebenslange Lernen vielleicht für andere Berechtigung und Gültigkeit besitzt. Man selber weiß Bescheid und muss sich nicht mehr ständig in die Demut des Lernens begeben. Die Beratungsresistenz mancher Führungskräfte spricht Bände und kann im schlimmsten Fall zu einer „hochgradigen Sozialallergie" führen.

Die Erfahrung lehrt: Der „innere Schweinehund", kann weder verjagt noch geschlachtet werden. Doch wann immer ein Lebensengpass auftritt und seine Stimme erschallt, können Sie sich fragen: Wer ist Herr im eigenen Haus? Ich oder er?

Selbstverständlich lässt sich dem Phänomen des „inneren Schweinehundes" auch eine positive Seite abgewinnen. Beschäftigen Sie ihn angemessen. Lassen Sie ihn für sich eine wichtige Funktion ausüben, z. B. als Schutzvorrichtung vor zu hoher Arbeitsbelastung. Er könnte somit als Mahner fungieren, der Sie rechtzeitig auf nötige Ruhephasen hinweist. Es gilt, ihn nicht per se vorzuverurteilen, sondern ihn zu einem wichtigen eigenen Verbündeten zu machen.

Abbildung 9.4 Innerer Schweinehund

Drei „Wachstumsbremsen" können Sie immer wieder stoppen:

- **Faulheit,**
- **Feigheit,**
- **Eitelkeit**

Eine weitere Spielart der paradoxen Intervention stellen „Umgangsregeln für Verlierer" dar.

Unsere bisherigen Untersuchungen und Ergebnisse könnte man auch um 180 Grad drehen und in ein paradoxes Format übertragen. Vergessen Sie alles, was Sie bisher gelesen haben, und leben Sie folgende Spielregeln:

■ Vermeiden Sie Fehler um jeden Preis.

■ Klären Sie im Gespräch stets die Schuldfrage.

■ Geben Sie Botschaften aus, die möglichst viele Widersprüche enthalten.

■ Versuchen Sie, ständig recht zu behalten.

■ Erlauben Sie oder helfen Sie niemals anderen, ihre Gefühle auszudrücken, denn das Ausdrücken vor allem negativer Gefühle zeigt Ihre Unbeholfenheit, Inkompetenz und einen gehörigen Mangel an Diplomatie.

Abbildungsverzeichnis

Literaturverzeichnis

Agassi, Andre: Open, Eine Autobiografie. Droemer/Knauer, München 2009

Aristoteles: Poetik. Griechisch-Deutsch, Reclam, Stuttgart 1982

Barsade, S. G., Ward, A. J., Turner, J. D. F., Sonnenfeld, J. A.: To your heart's content: The influence of affective diversity in top management teams. In: Administrative Science Quarterly, 45, 2000.

Bauer, Joachim: Prinzip Menschlichkeit. Heyne Verlag, München 2008

Bauer, Joachim: Warum ich fühle, was du fühlst - Intuitive Kommunikation und das Geheimnis der Spiegelzellen. Heyne Verlag, München 2006

Burger, Christoph: Der Zornkönig. Wie Sie Ihren Ärger positiv nutzen. Moderne Verlagsgesellschaft, München 2007

Cube, Felix von: Führen durch Fordern. Die BioLogik des Erfolgs. Piper Verlag, München Zürich 2006

Cube, Felix von: Lust an Leistung. Die Naturgesetze der Führung. Piper Verlag, München Zürich 2006

Damasio, Antonio R.: Descartes' Irrtum. Fühlen, Denken und das menschliche Gehirn. DTV, München 1999

Diderot, Denis: Jakob und sein Herr. Eichborn Verlag, Frankfurt am Main 1999

Frankl, Viktor E.: Der Mensch vor der Frage nach dem Sinn. Eine Auswahl aus dem Gesamtwerk. Piper Verlag, München 2004

Frankl, Viktor E.: Logotherapie und Existenzanalyse. Texte aus sechs Jahrzehnten. Beltz Verlag, Weinheim 2002

Kellner, Oliver Alexander: Speed Control. Die neue Dimension im Zeitmanagement. Gabler Verlag, Wiesbaden 2010

Lauterbach, Matthias: Einführung in das systemische Gesundheitscoaching. Carl-Auer Verlag, Heidelberg 2008

Meckel, Miriam: Brief an mein Leben. Erfahrungen mit einem Burnout. Rowohlt Verlag, Reinbek bei Hamburg 2010

Panse, Winfried: Angst macht Erfolg. Erkennen Sie die Macht der konstruktiven Angst. Volk Verlag, München 2004

Pöppel, Ernst: Zum Entscheiden geboren. Hirnforschung für Manager. Hanser Verlag, München 2008

Rampe, Micheline: Der R.Faktor. Das Geheimnis unserer inneren Stärke. Eichborn Verlag, Frankfurt am Main 2004

Rosenberg, Marshall B.: Gewaltfreie Kommunikation. Eine Sprache des Lebens. Junfermann Verlag, Paderborn 2005

Roth, Gerhard: Persönlichkeit, Entscheidung und Verhalten. Warum es so schwierig ist, sich und andere zu ändern. Klett-Cotta, Stuttgart 2008

Schulz von Thun, Friedmann: Miteinander Reden Band 1, 2 und 3. rororo, Hamburg 2000

Seelig, Carl (Hrsg.): Albert Einstein – mein Weltbild. Berlin 2005

Sprenger, Bernd: Die Illusion der perfekten Kontrolle. Kösel-Verlag, München 2009

Wüthrich, Hans. A.: Musterbrecher. Führung neu leben. Gabler Verlag, Wiesbaden 2006

Der Autor

Der Kommunikationswissenschaftler **Achim Neubarth** (M.A.) ist seit langen Jahren als Berater, Trainer und Coach für namhafte Wirtschaftsunternehmen tätig. Die Schwerpunkte seines Beratungs- und Trainingsinstituts in Gräfelfing bei München liegen im Bereich Coaching, Kommunikation, Service und Qualität. Zudem ist er Lehrbeauftragter der Bundeswehr Universität für den Themenbereich der emotionalen Kompetenzschärfung in München/Neubiberg.

Im Zentrum seiner Beratungstätigkeit stehen u.a. das Coaching für Führungskräfte, die Persönlichkeitsentwicklung, die individuelle Zielfindung und das professionelle Selbstmanagement sowie die Einführung von Qualitätszirkeln als Beitrag der Prozessoptimierung.

Sein Arbeitsmotto stammt von Galileo Galilei, der da sagte:

„Ich kann einen Menschen nichts lehren. Ich kann ihm nur helfen, es in sich selbst zu entdecken."

Kontaktdaten:
www.kompetenz-institut.de
achim.neubarth@virtual-earth.de

MIX
Papier aus verantwortungsvollen Quellen
Paper from responsible sources
FSC® C105338

If you have any concerns about our products,
you can contact us on
ProductSafety@springernature.com

In case Publisher is established outside the EU,
the EU authorized representative is:
**Springer Nature Customer Service Center GmbH
Europaplatz 3, 69115 Heidelberg, Germany**

Printed by Libri Plureos GmbH
in Hamburg, Germany